생태 환경 수업 대백과 100

한 권으로 끝내는 초등 생태 환경 수업의 모든 것

생태 환경 수업 대백과 10○

전상현 지음

카시오페아
Cassiopeia

수업에서 시작하는
환경 교육

수업을 기록한 지 7년 정도 되었습니다. 어제보다 조금 더 나은 오늘의 수업을 만들기 위해 수업을 기록하기 시작했습니다. 그렇게 기록한 수업이 450여 개, 아직 기록하지 못하고 분류만 해 놓은 수업이 200여 개입니다. 약 650개의 수업 중 환경에 관한 수업 100개를 찾았습니다. 이 중에는 국어, 수학, 과학 등 교과와 연계한 수업이 있고 놀이, 행사와 연계한 수업이 있습니다. 100개의 환경 관련 수업을 보면서 '내가 환경에 관심이 많은 사람이었구나'라는 사실을 새롭게 알게 되었습니다. 특히 탄소 중립 선도 학교를 운영하면서 지구 환경에 대해 더욱 고민해 볼 수 있었습니다.

아이들은 학교에 와서 매일 공부를 합니다. 국어 시간, 글을 읽고 자신의 생각을 글로 쓰며 발표합니다. 수학 시간에는 더하고 빼고 곱하고 나눕니다. 과학 시간에는 실험을 하며 과학적 원리를 익힙니다. 이렇듯 모든 과목에서 꼭 배워야 할 내용을 배웁니다. 하지만 환경 교육은 어떤가요? 환경 교육을 할 수 있는 별도의 시간은 확보되지 못한 채 창체 시간이나 환경 관련 행사 때에만 이루어지는 게 현실입니다. 환경 교육 관련 시간이 있다고 하더라도 아이들이 충분히 환경에 대해 고민하고 실천하기에는 너무도 짧은 시간입니다.

그래서 생각했던 게 매일 하는 수업과 연계한 환경 교육이었습니다. 아이들이 매일 참여하는 수업 시간에 환경 교육이 이루어진다면 더 효과적으로 기후 위기, 생태 환경 등에 대해 생각할 수 있을 것 같았습니다.

지난 7년간 기록한 수업 중에서 환경과 관련된 100개의 수업을 정리하며 잠시 생각에 잠겼습니다. 100개의 수업안에는 지구 환경의 중요성과 기후 위기의 심각성을 알리고 아름다운 지구를 지키기 위해 노력하는 많은 분이 계셨습니다. 이렇게 많은 사람이 일상 속 여러 곳에서 지구 환경의 소중함과 기후 위기의 심각성을 글, 그림, 전시, 공연, 강연 등으로 알리고 있습니다. 이분들을 개인적으로 알지는 못하지만, 수업 시간에 만나면서 고마움과 함께 존경심마저 들었습니다. 이분들이 있기에 환경 수업이 더욱 풍성해질 수 있었습니다.

지금도 지구 환경을 지키기 위해 노력하는 분들을 위해서 제가 할 수 있는 일은 교실에서 열심히 수업하는 것입니다. 매일 반복되는 수업 속에서 아파하는 지구에 대한 안타까움, 푸르른 지구의 소중함을 아이들이 자연스럽게 느낄 수 있도록 하는 게 제가 할 수 있는 일입니다. 각자 하는 일은 달라도 지구를 사랑하는 마음은 모두 다 같을 겁니다.

그래서 저는 어두운 우주 속에서도 푸르게 빛나는 지구를 만들기 위해 오늘도 환경 수업을 합니다.

차례

1장 교실 속 생태 환경 수업 |국어 교과 연계|

2장 교실 속 생태 환경 수업 |과학 교과 연계|

6장 교실 속 생태 환경 수업 |미술 교과 연계|

7장 교실 속 생태 환경 수업 |융합 교과 연계|

8장 교실 속 생태 환경 수업 |놀이 연계|

9장 교실 속 생태 환경 수업 |행사 연계|

1장

교실 속
생태 환경 수업

| 국어 교과 연계 |

국어 교과 연계 ― 제안하는 글쓰기

그림책 《검정토끼》를 읽고 제안하는 글을 써요

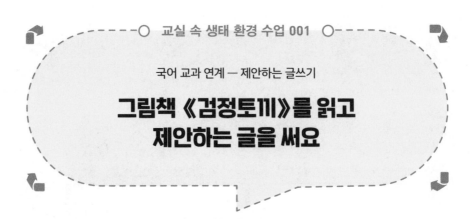

  그림책 《검정토끼》는 2022년 볼로냐 아동 도서전 올해의 일러스트레이터 수상작입니다. 책을 한 장씩 넘겨보면서 왜 이 그림책이 수상을 했는지 알 수 있었습니다. 책에는 아름다운 색감의 그림들이 마음을 편안하게 만들어 줍니다. 또한 토끼라는 상징을 통해 지구의 오염과 아픔을 이야기하고 있기에 책을 읽는 우리에게 많은 생각거리를 남겨 줍니다. 특히 독특한 디자인을 한 표지의 검은색을 밀어내면 그 안에 아름다운 풍경이 펼쳐집니다. 오색찬란하게 오염되어 가고 있는 지구의 슬픔과 아름다움이 아이러니하게 함께 나타나 있습니다.

아이들은 책을 읽으면서 '검정토끼'가 실제로 무엇인지에 대해 생각합니다. 그리고 책 속에 쓰여 있는 '오백 년, 오색찬란하게 천년이 지나도 죽지 않는다는 것'이 어떤 뜻인지 학습지에 기록합니다.

그림책을 읽고 아이들과 함께 비닐봉지에 관한 영상을 보았습니다. 비닐봉지는 본래 스웨덴의 화학자인 스텐 구스타프 툴린이 종이봉투의 무분별한 사용 때문에 산림이 파괴되는 것을 막고자 만든 것입니다. 즉, 환경을 보호할 용도로 고안한 물건입니다. 아이들은 영상을 보면서 환경을 파괴하는 물질이라고 생각했던 비닐봉지가 원래 의도는 그와 정반대였다는 사실을 새롭게 알게 되었습니다. 어떤 물건이라도 누가, 어떻게 사용하느냐에 따라 좋은 것이 될 수도, 반대로 나쁜 것이 될 수도 있습니다.

다음으로 우리나라 쓰레기 매립과 관한 영상을 하나 더 보았습니다. 아이들은 쓰레기통에 담겨 있는 쓰레기, 종량제 봉투에 있는 쓰레기만 볼 뿐, 이 쓰레기들이 어디로 가는지 잘 알지 못합니다. 아이들의 생활에 직접적으로 영향을 미치지 않으니 큰 관심을 가질 필요가 없던 것입니다. 하지만 아이들은 영상을 통해 쓰레기가 처리되는 과정을 보면서 쓰레기에 대한 생각이 많아집니다.

제안하는 글쓰기 활동을 위해 학습지를 미리 제작했습니다. 학습지에는 그림책《검정토끼》와 관련된 내용을 생각해 보는 부분이 있습니다. 아이들은 이 부분을 기록하면서 책에 표현된 '검정토끼'가 실제로 무엇인지 생각해 봅니다.

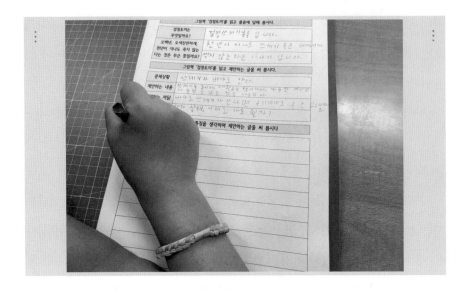

책에 대한 생각이 정리된 이후에는 이를 바탕으로 문제 상황, 제안하는 내용, 제안하는 까닭, 제목을 기록하면서 글의 얼개를 짭니다. 아이들은 이 과정을 통해 자신이 쓰고자 하는 글의 흐름을 머릿속으로 정리할 수 있습니다. 아이들은 제안하는 글쓰기를 어려워합니다. 하지만 대략적인 글의 흐름을 생각하는 과정을 거치면 큰 어려움 없이 한 편의 제안하는 글을 완성할 수 있습니다.

 **준비물**

그림책 《검정토끼》, 비닐봉지 영상, 쓰레기 매립 영상, 학습지

지도 방법

1. 그림책 《검정토끼》 표지를 보고 내용에 대해 이야기를 나눈다.
2. 책을 함께 읽고 학습지를 기록한다.
3. 비닐봉지와 쓰레기 매립에 관한 영상을 시청한다.
4. 제안하는 글의 흐름을 머릿속으로 정리한다.
5. 환경과 관련된 제안하는 글을 쓴다.
6. 친구들과 글을 돌려 읽으며 서로의 생각을 나눈다.

환경 수업 tip

제안하는 글에는 문제 상황, 제안하는 내용, 제안하는 까닭, 글의 제목 등이 들어간다. 이와 같은 내용을 머릿속으로 생각하지 않으면 학생들은 추상적으로 '환경을 보호하자'라는 글을 쓰게 된다. 그래서 학생들에게 환경과 관련된 문제 상황을 신문 기사, 뉴스 등을 활용해 구체적으로 제시하는 것이 좋다.

상현달 선생님의 eco talk

그림책 《검정토끼》 본문 중에는 이런 글귀가 있습니다. "오백 년, 오색찬란하게 천년이 지나도 죽지 않는 신비로운 색으로 살아가요." 글 자체는 참 아름답지만, 그 안에 숨겨져 있는 뜻은 비참합니다. 아이들에게 비닐봉지는 쉽게 사용하고 쉽게 버리는 물건에 불과합니다. 그런 아이들에게 '쓰레기를 버리지 말아야 한다', '환경을 지켜야 한다'라고 말하는 게 얼마나 와 닿을까요? 책을 읽고 자신의 생각을 제안하는 활동을 통해 지금 우리가 살고 있고, 앞으로도 우리가 살아가야 할 지구가 정말 괜찮은지 스스로 느끼는 시간이 되면 좋겠습니다.

국어 교과 연계 ─ 글쓴이의 생각 알기

그림책 《눈보라》를 읽고 글쓴이의 생각을 짐작해요

국어 시간, 글쓴이의 생각을 알아보는 활동을 하고 있습니다. 글쓴이의 생각을 알기 위해서는 글을 꼼꼼하게 읽고 왜 이런 내용을 글로 썼는지 생각해 봐야 합니다.

그림책을 함께 읽기 전, 북극곰이 먹을 것을 찾아 마을에 나타난 뉴스 영상을 보았습니다. 뉴스에 등장하는 북극곰은 우리가 알고 있는 통통한 북극곰이 아닌 뼈가 보일 정도로 앙상하게 마른 북극곰이었습니다. 아이들뿐만 아니라 저도 깜짝 놀랐습니다. 이후 비슷한 내용의 그림책인 《눈보라》를 읽으니, 아이들의 관심과 흥미가 높아졌습니다.

학습지에는 네 가지 질문이 있습니다. 누가 쓰레기통을 뒤지고 있을까, 주인공이 겪은 어려움은 무엇일까, 내가 만약 주인공이라면 배고픔을 해결하기 위해 어떻게 행동했을까, 책의 마지막 부분에서 사라진 주인공은 어떻게 되었을까. 이 질문에 대해 아이들은 자신의 생각을 학습지에 기록합니다. 아이들은 책의 내용을 정리하면서 글쓴이가 책을 쓴 의도와 목적을 생각해 봅니다. 그리고 마을로 내려온 북극곰을 위해 내가 할 수 있는 일은 무엇일까 고민도 해 봅니다. 뉴스 영상을 보고 그림책을 읽은 후 학습지를 썼지만, 이대로 수업을 마치기에는 무언가 아쉬웠습니다.

'보고 읽고 쓰고 이야기를 나눴는데 뭐가 빠졌더라…. 맞다!'

색칠하고 자르고 붙이는 활동이 빠졌습니다. 핀터레스트 사이트에서 수업 시간에 활용할 여러 가지 도안을 검색했습니다. 이렇게 검색한 북극곰, 빙산, 펭귄 등의 도안을 아이들에게 나눠 줬습니다. 도안에 있는 북극곰은 뉴스에서 봤던 뼈가 앙상하고 마른 북극곰이 아닌 웃는 얼굴의 통통한 북극곰이라 한결 마음이 가벼웠습니다.

아이들은 자기가 원하는 도안을 색칠하고 잘랐습니다. 아이들이 작업한 도안이 모아지자, 코팅지에 차곡차곡 넣어 코팅을 했습니다. 그리고 다시 아이들에게 나눠 주었습니다. 아이들은 코팅한 그림 중에서 자신이 색칠한 그림을 찾아 예쁘게 잘랐습니다. 이렇게 코팅된 그림을 오린 후에는 양면 벨크로를 그림

에 붙였습니다. 아이들은 벨크로가 붙은 북극곰과 빙산, 펭귄, 이글루 등을 칠판에 준비한 배경 사진 위에 배치합니다. 북극곰이 배경 위에 하나씩 붙여질수록 북극곰의 환한 웃음이 되살아 나는 것 같습니다.

 **준비물**

그림책 《눈보라》, 마을로 내려온 북극곰 영상, 북극곰 등 도안, 학습지

지도 방법

1. 마을로 내려온 북극곰 뉴스 영상을 시청한다.
2. 그림책 《눈보라》 표지를 보고 어떤 장면인지 이야기를 나눈다.
3. 책을 함께 읽고 학습지를 기록한다.
4. 빙산, 북극곰 등의 도안을 색칠한다.
5. 색칠한 도안을 코팅하고 벨크로를 붙인다.
6. 배경 판에 빙산, 북극곰 등의 도안을 배치한다.

환경 수업 tip

북극곰이 자신이 살던 곳을 떠나 사람이 살고 있는 마을로 내려온 이유는 무엇일까? 단순히 먹을 것이 부족하기보다는 그 이면에 숨어 있는 지구 온난화에 대해 생각해 볼 필요가 있다. 아이들에게 왜? 라는 질문을 계속 던지면서 깊이 있게 생각하는 시간을 가질 수 있도록 한다.

상현달 선생님의 eco talk

사람들이 각자의 공간에서 평화롭게 살아가는 것처럼 북극곰도 북극에서 다른 북극곰들과 함께 어울려 살아가는 것이 맞습니다. 사람이든 동물이든 자신이 태어나고 자란 곳이 가져다주는 안정과 즐거움이 있습니다. 북극곰이 사람이 사는 곳에 내려왔다는 것은 먹을 것이 없거나 북극곰이 살 곳을 잃었다는 뜻입니다. 원래 그랬던 것처럼 북극곰이 자신이 살던 그곳에서 앞으로도 행복하게 살았으면 좋겠습니다.

국어 교과 연계 — 이어질 내용 상상하기

그림책 《남극 코끼리》를 읽고 일어난 일과 일어날 일에 대해 상상해요

국어 시간, 상상해서 이야기를 만드는 활동을 하고 있습니다. 내용을 상상하기 위해서는 글의 전체적인 내용을 알고 있어야 합니다. 즉, 글을 꼼꼼하게 읽어야 내용에 어울리는 상상을 할 수 있습니다.

이야기 만드는 활동을 위해 《남극 코끼리》라는 그림책을 선택했습니다. 이 책은 코끼리들이 자신의 고향을 떠나 남극까지 이사를 한다는 내용으로 이루어져 있습니다. 지구 온난화라는 낱말은 책에 나오지 않지만 그림과 이야기를 통해 지구 온난화에 대해 명확하게 말하고 있습니다. 작가는 동물들의 서식지가 바뀌는 내용을 이야기하면서 지구 온난화에 대해 아이들에게 생각거리들을 던져 줍니다. 책의 마지막 부분에는 코끼리가 앞으로 어떻게 해야 할지 고민하는 장면이 나옵니다. 작가는 아무런 이야기도 하지 않고 그림으로 코끼리의 뒷모습만을 보여 주면서 독자 스스로 앞으로 어떤 일이 일어날지 상상해 볼 수 있도록 합니다.

먼저 아이들과 함께 그림책을 읽습니다. 뒷이야기를 상상하기 위해서는 어떤 일들이 일어났는지 정확하게 알고 있어야 합니다. 그래야 전체적인 이야기의 흐름에서 벗어나지 않을 수 있습니다. 책을 한 번 읽고 내용을 파악한 아이들도 있지만 한 번 읽는 것만으로는 부족한 아이들도 있습니다. 이 아이들은 학습지를 바로 기록하기보다는 한 번 더 책을 읽고 내용을 확실하게 이해하는 것이 좋습니다.

아이들은 학습지에 코끼리가 남극으로 가게 된 이유, 남극에서 어떤 일이 일어나고 있는지, 낙타가 남극에 오게 된 이유를 기록합니다. 앞서도 말했지만, 이 내용을 기록하기 위해서는 책의 내용을 정확하게 알고 있어야 합니다. 또한 책에 등장하는 동물들에게 일어난 일을 시간의 흐름에 따라 정리하기 위해서는 사건의 전체적인 흐름도 알고 있어야 합니다.

학습지는 두 종류가 있습니다. 첫 번째 학습지는 위와 같이 책의 전체적인 내용을 알아볼 수 있도록 이루어져 있습니다. 두 번째 학습지에는 그림책에 있는 마지막 장면을 넣었습니다. 이 장면을 보면서 아이들은 그림책의 주제를 생

각해 봅니다. '주제'라는 낱말의 의미가 아이들에게는 조금 어렵게 다가올 수 있다는 생각이 들어 교과서에 쓰여 있는 내용을 풀어서 학습지에 기록해 두었습니다.

　[주제: 이야기에서 나타내려고 하는 생각/주제를 찾을 때는 제목, 인물의 말이나 행동, 일어난 일 따위를 살펴봅니다.]

 **준비물**

그림책 《남극 코끼리》, 학습지

지도 방법

1. 그림책 《남극 코끼리》 표지를 보고 어떤 장면인지 이야기를 나눈다.
2. 책을 함께 읽고 일어난 일을 순서대로 정리한다.
3. '주제'라는 낱말의 의미를 살펴보고 주제를 찾는 방법을 알아본다.
4. 이어질 내용을 상상해서 글로 나타낸다.
5. 자신이 쓴 내용을 친구들과 돌려 읽는다.

환경 수업 tip

일반적으로 코끼리는 풀이 많은 초원이나 더운 곳에서 사는 것으로 알고 있다. 하지만 그림책의 제목은 우리의 기존 생각과는 다르게 남극에 살고 있는 코끼리라고 쓰여 있다. '남극'과 '코끼리'라는 두 낱말은 서로 어울리지 않지만, 책을 이해하는 데 핵심적인 낱말이다. 책을 살펴보기 전에 '남극'과 '코끼리', 두 낱말에 관해 이야기를 나누면 아이들의 흥미가 높아질 것이다.

상현달 선생님의 eco talk

그림책 《남극 코끼리》는 기후 위기, 지구 온난화의 심각성을 알려 주는 내용입니다. 아이들이 상상한 뒷이야기가 이 주제와 관련 있게 이어졌으면 하고 바랐습니다. 다행히 제 바람처럼 글을 쓴 아이들도 있습니다. 하지만 제 바람과는 다르게 내용을 상상한 아이들도 있습니다. 그렇다고 틀린 것은 아닙니다. 아이들이 자유롭게 생각하고 상상하며 글을 썼다면 모두 허용해 주는 것이 좋습니다.

국어 교과 연계 — 문장 짜임 놀이하기

그림을 본 후 문장의 짜임에 대해 알아보고 문장 짜임 놀이를 해요

오늘 수업은 문장의 짜임에 대해 알아보는 내용입니다. 문장의 짜임은 '누가/무엇이', '어찌하다(동작)/어떠하다(상태)'로 이루어져 있습니다. 아이들이 반복적으로 연습하면서 자연스럽게 문장의 짜임에 익숙해질 수 있도록 합니다.

오늘은 환경 관련 그림책 전체를 활용하지 않습니다. 여러 인물이 등장하며 다양한 동작을 하고 있는 장면을 찾아 사진으로 찍은 후 학습지 안에 넣었습니다.

아이들은 문장의 짜임에 맞게 사용할 수 있는 내용을 찾아 그림을 꼼꼼하게 살펴봅니다. 강아지를 산책시키고 있는 사람, 풍선을 팔고 있는 사람, 서 있는 눈사람, 동글동글한 구름, 파란 집 등을 학습지에 기록합니다.

다음으로 아이들은 자신의 학습지에 기록한 내용 중에서 친구들과 겹치지 않을 것 같은 세 개의 문장을 골라 포스트잇에 적습니다. 그리고 해당 그림의 위치에 포스트잇을 붙입니다. 포스트잇에 쓴 문장들이 겹치는 것도 있지만 겹치지 않고 하나만 붙어 있는 것도 있습니다. 아이들은 친구들이 포스트잇에 쓴 내용을 함께 읽어보면서 여러 종류의 문장 짜임에 대해 살펴봅니다.

학습지에 내용을 기록하고 포스트잇에 문장을 쓰면서 아이들은 문장의 짜임에 익숙해졌습니다. 이제 문장 만들기 놀이를 통해 배운 내용을 적용해 보는 활동을 합니다.

한 명의 학생이 '누가/무엇이'에 해당하는 부분을 기록하고 자신이 쓴 내용을 큰 목소리로 읽습니다. 이때 나머지 아이들은 친구가 쓴 '누가/무엇이'에 어울리는 '어찌하다/어떠하다'를 씁니다. 모든 학생이 '어찌하다/어떠하다'를 쓴 후에는 다시 '누가/무엇이'를 기록한 학생이 자신이 쓴 부분을 크게 읽습니다. 그러면 나머지 학생들은 돌아가며 자신이 적은 '어찌하다/어떠하다' 부분을 읽습니다.

이렇게 서로가 학습지에 기록한 내용들을 주고받으면 어떤 문장은 말이 되기도 하고 또 어떤 문장은 전혀 말이 되지 않기도 합니다. 아이들은 말이 되는

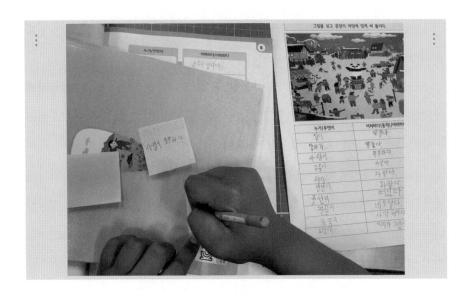

문장이 나오면 놀라기도 하고 반대로 말이 되지 않는 문장이 나왔을 때는 함께 웃기도 합니다. 이렇게 모든 아이가 '누가/무엇이', '어찌하다/어떠하다' 부분을 기록하는 역할을 바꾸어 가며 다양한 문장들을 만들고 놀이를 이어 갑니다.

 **준비물**

그림책, 포스트잇, 학습지

지도 방법

1. 학습지를 보며 문장의 짜임에 맞게 다양한 문장들을 완성한다.
2. 자신이 쓴 문장 중에서 세 개를 골라 포스트잇에 적는다.
3. 문장을 적은 포스트잇을 해당 그림 부분에 붙인다.
4. 문장 만들기 놀이를 위해 순서를 정한다.
5. 한 학생이 '누가/무엇이'에 해당하는 부분을 읽으면 나머지 학생들이 '어찌하다/어떠하다' 부분을 읽는다.

환경 수업 tip

포스트잇은 붙였다 떼면서 여러 번 활용할 수 있는 수업 도구이다. 문장의 짜임을 포스트잇에 쓴 후, 그림에 해당하는 곳에 붙이면서 활용할 수 있다. 같은 내용은 겹칠 수도 있고 위치 조정도 가능하다. 수업이 끝난 후에는 자신이 기록한 포스트잇을 교과서에 붙여 놓고 복습하는 용도로 사용한다.

상현달 선생님의 eco talk

'문장 만들기 놀이'를 하기 위해서는 먼저 문장의 짜임에 대해 정확히 알고 있어야 합니다. 그렇지 않으면 교육 의도와는 다르게 문장의 짜임에 맞지 않는 문장이 만들어질 때가 많습니다. 따라서 놀이 전에 문장의 짜임에 맞는 글을 작성하는 과정이 필요합니다. 반복 학습이 아이들에게는 지루하고 귀찮기도 하지만 학습을 위해서는 꼭 필요한 과정입니다.

국어 교과 연계 ─ 의견과 뒷받침 문장 쓰기

그림책 《고래는 왜 돌아왔을까?》를 읽고 자신의 의견과 뒷받침 문장을 써요

며칠 전에 아이들은 《쓸모가 없어졌다》, 《전국 2위 이제나》 등의 작품을 쓰신 윤미경 작가님과 만남의 시간을 가졌습니다. 작가님께서 쓰신 작품 중에 《고래는 왜 돌아왔을까?》라는 그림책이 있습니다. 이 책은 아이들이 이해하기 쉽게 그림과 함께 환경 오염을 알려 줍니다.

먼저 책의 제목을 보며 어떤 내용이 쓰여 있을지 친구들과 이야기를 나눕니다. '친구를 만나기 위해서', '먹이를 찾아서', '집이 사라져서' 등 다양한 내용이 아이들의 입에서 나옵니다. 책을 읽으며 자신이 이야기한 내용이 맞는지 확인합니다. 아이들은 책의 내용을 보며 놀라기도 합니다. 하지만 고래가 돌아온 이유는 작가의 상상이 아니라 실제 우리 주위에서 일어나고 있는 일입니다.

그림책의 내용과 흡사한 다큐멘터리 하나를 찾았습니다. 〈죽은 새끼 고래 배 속에서 발견된 '플라스틱 뚜껑'〉이라는 다큐멘터리는 고래가 우리 곁으로 돌아올 수밖에 없는 이유의 답을 알려주고 있습니다. 고래가 우리 곁으로 돌아온 이유는 먹이를 찾기 위해서도, 친구를 만나기 위해서도 아닙니다. 고래는 살아서 우리에게 온 것이 아닌, 결국 죽어서야 비로소 우리들 곁으로 돌아올 수 있었습니다. 20분 정도의 짧은 다큐멘터리를 보는 동안 교실에는 웃음소리도, 친구와 장난치는 소리도 들리지 않습니다. 고요한 정적만이 흐를 뿐입니다.

아이들은 그림책과 다큐멘터리를 보면서 환경에 관한 배경지식을 쌓았습니다. 이를 바탕으로 자신의 생각을 브레인스토밍 방법으로 학습지에 기록합니다. 그런 다음 브레인스토밍한 내용을 토대로 환경에 대한 자신의 의견과 뒷받침 내용을 구분하여 학습지에 구체적으로 정리합니다. 뒷받침 내용은 최소 세 가지 이상 기록해야 나중에 한 편의 글을 쓸 때 분량을 채우는 부담을 줄일 수 있습니다.

브레인스토밍, 의견, 뒷받침 내용을 기록하면서 한 편의 글을 쓰기 위한 개요가 아이들의 머릿속에 그려집니다. 자신의 생각을 한 편의 글로 완성하는 것은 쉽지 않습니다. 하지만 이렇게 천천히 개요를 작성하며 얼개를 짜면 글의 완성도가 높아집니다. 아이들은 이제 긴 글을 쓸 준비가 되었습니다. 지금까지

정리한 내용을 보면서 환경을 주제로 자신의 의견과 뒷받침 내용이 잘 드러나
는 글을 씁니다.

 **준비물**

그림책 《고래는 왜 돌아왔을까?》, 다큐멘터리 〈죽은 새끼 고래 배 속에서 발견된
'플라스틱 뚜껑'〉 영상, 학습지

생태 환경 수업 대백과 100

지도 방법

1. 그림책 《고래는 왜 돌아왔을까?》의 제목을 보며 내용을 상상한다.
2. 다큐멘터리를 보며 고래가 돌아온 이유에 대해 이야기를 나눈다.
3. 브레인스토밍 방법으로 환경에 관한 자신의 생각을 기록한다.
4. 의견과 함께 뒷받침 내용을 세 가지 이상 기록한다.
5. 환경을 주제로 자신의 의견과 뒷받침 내용이 잘 드러나는 글을 쓴다.
6. 친구들과 돌려가며 읽는다.

환경 수업 tip

환경과 관련한 다양한 영상들이 있다. 이 중에서 20분 정도의 영상을 찾아 수업에서 활용하면 좋다. 수업에서 활용하기 전, 교사가 먼저 영상을 시청하면 불필요한 영상을 아이들에게 보여주지 않을 수 있다. 또한 영상과 관련된 학습지를 제작한다면 아이들의 집중력을 높일 수 있다.

상현달 선생님의 eco talk

그림책을 읽고 다큐멘터리를 보면서 고래에 대해 새롭게 알게 된 내용이 많았습니다. 그리고 아이들은 바다가 심각하게 오염되고 있다는 사실도 깨달았습니다. 우리가 학교에 있는 이 순간에도 땅과 바다, 하늘은 모두 오염되고 있습니다. 이 사실이 슬프기도 하고 화가 나기도 합니다. 그리고 그 중심에는 자신의 이익만을 추구하는 사람들이 있다는 사실에 부끄럽기도 합니다.

국어 교과 연계 — 의견 나타내기

생태 체험 학습 후
자신의 의견을 기록하는 글을 써요

아이들과 함평자연생태공원과 함평양서파충류생태공원에 체험 학습을 다녀왔습니다. 자연생태공원과 양서파충류생태공원은 근처에 있어서 두 곳을 함께 관람하기 좋습니다. 함평 군민은 입장료가 무료라 아이들은 무료로 입장했습니다.

자연생태공원에는 다양한 종류의 우리 꽃과 외래 꽃이 자라고 있고, 생태

연못에는 수련, 연꽃 등 많은 수생 식물과 함께 잉어와 붕어도 있었습니다. 하지만 무엇보다도 아이들의 시선을 끄는 건 반달가슴곰입니다. 이곳에는 네 마리의 반달가슴곰들이 생활하고 있으며 아이들은 가까운 거리에서 곰들을 볼 수 있었습니다. 양서파충류생태공원에서는 양서류, 파충류 등의 동물들을 관찰하고 초식 동물들에게 먹이도 주었습니다.

생태공원을 둘러보면서 자유롭게 지내야 할 동물들이 작은 공간에 갇혀 있는 것에 마음이 쓰였습니다. 한편으로는 인간의 보호를 받았기에 지금까지 살 수 있지 않았을까 하는 생각도 들었습니다. 생태공원을 걸으며 아이들과 잠시 이런 이야기들을 나누었습니다.

국어 시간에 아이들은 자신의 의견을 나타내는 글을 쓰고 있습니다. 다음 날, 생태공원 체험 학습을 다녀온 내용을 바탕으로 자신의 의견을 나타내는 활동을 합니다.

먼저 아이들은 도심 속 동물원에 관한 뉴스 영상을 시청합니다. 영상 내용과 함께 생태공원 체험 학습에서 본 내용을 종합하여 자연 속에 살고 있는 동물들이 동물원으로 옮겨진 것에 대해 나는 어떻게 생각하는지 고민해 봅니다. 찬성한다면 그 이유는 무엇인지, 반대한다면 그 이유는 무엇인지 학습지에 세 가지 이유를 기록합니다.

아이들은 자신의 생각을 기록하면서 친구들과 서로의 입장에 대해 이야기를 나눕니다. 어떤 것을 선택하든지 정답은 없기에 적절한 이유를 찾기 위한 생각들을 공유합니다. 찬성과 반대, 그에 대한 이유를 찾은 후에는 본격적으로 자신의 의견을 기록합니다. 아이들은 글을 쓰면서 크게 생각하지 않고 봤던 반

달가슴곰과 여러 종류의 동물들을 떠올립니다. 그리고 그 동물들이 어떻게 살아갔으면 좋을지에 대해서도 자신의 의견을 나타냅니다.

 **준비물**

생태 체험 학습에서 찍은 사진, 동물원과 관련된 뉴스 영상, 학습지

지도 방법

1. 생태 체험 학습에서 찍은 사진을 보며 경험을 떠올린다.
2. 동물원과 관련된 뉴스 영상을 시청한다.
3. 동물원에 대해 어떻게 생각하는지 찬성과 반대 중에 선택한다.
4. 찬성과 반대 의견에 따라 적절한 이유를 세 가지 찾는다.
5. 자신의 의견을 제시하는 글을 쓴다.
6. 친구들과 학습지를 돌려 읽으며 서로의 생각을 공유한다.

환경 수업 tip

각 지역에는 생태 체험을 할 수 있는 장소들이 있다. 인터넷에서 '생태 체험'이라고 검색하거나 학교에 오는 공문 중에는 생태 체험을 소개하는 것도 많이 있다. 문화 체험, 과학 체험, 놀이공원 체험과 함께 생태 체험도 어우러져 운영된다면 아이들의 생태 감수성도 높아질 것이다.

상현달 선생님의 eco talk

동물원에 대해 반대하는 사람이 많지만, 동물원의 순기능도 존재하는 것이 사실입니다. 그래서 무조건 동물원을 반대할 것만도 아닙니다. 동물들의 삶에 대해 고민하면서도 그들을 보호하고 지켜줄 방법이 필요합니다. 물론 단순히 사람들의 돈벌이 수단으로 활용되는 동물원은 사라져야 합니다. 지금이라도 동물들과 함께 공존하는 방법을 고민해야 합니다.

국어 교과 연계 ─ 장소에 따라 일어난 일 살펴보기

그림책 《할머니의 용궁 여행》을 읽고 어떤 일이 일어났는지 살펴봐요

오늘은 아이들과 《할머니의 용궁 여행》 그림책을 읽었습니다. 그림책은 바다가 오염되었다는 사실과 함께 오염된 바다에서 병에 걸리거나 아파하는 동물들의 모습을 가벼우면서도 진지하게 전달하고 있습니다.

책에는 주인공 할머니 외에도 바다에 사는 여러 동물이 등장하며 할머니가 이동하는 장소에 따라 여러 사건이 펼쳐집니다. 이야기의 구성 요소를 배우고 있는 아이들에게 활용하기 좋은 책입니다.

이야기는 인물, 사건, 배경으로 이루어져 있습니다. 책에는 세 가지 요소가 뚜렷하게 나타나 있습니다. 그래서 아이들은 어렵지 않게 책을 읽고 이야기의 구성 요소를 찾아 학습지에 기록합니다.

다음으로 시간 흐름에 따라 학습지에 제시된 네 개의 장소 그림에 어떤 일들이 일어났는지 살펴봅니다. 네 장면은 사건이 크게 바뀌는 지점으로 이야기가 핵심적으로 변화하는 부분이기도 합니다. 이 중에서 세 번째 장면은 예시 문장을 넣어 아이들이 어떻게 내용을 써야 하는지 도움을 주었습니다.

장소의 변화에 따라 일어난 일들을 모두 기록한 아이들은 모둠원들과 자신의 학습지를 돌려가며 내용을 읽습니다. 친구는 어떻게 기록했는지 내 것과 비교하며 친구 글에서 장점을 찾고, 내 글에서 부족한 점을 찾아 함께 성장할 수 있는 바탕을 마련합니다.

책의 마지막 페이지에는 '해녀 수칙'이 나옵니다. 주인공인 해녀 할머니가 물질을 하기 위해 세운 나름의 규칙이 적혀있습니다. 열 가지 해녀 수칙 중 눈에 띄는 한 가지가 있습니다. 바로 0번째인 '무조건 바다부터 살린다'입니다. 이 책은 바다 오염에 대해 쓴 내용입니다. 그래서 작가는 해녀 수칙 중 가장 중요한 것을 0번 수칙으로 만들었을 것이라고 아이들은 생각합니다.

마무리 수업 활동은 책에 쓰여 있는 '해녀 수칙'을 아이들이 실제로 사용할 수 있도록 '지구인 수칙'으로 내용을 변경했습니다. '지구인 수칙'에는 아이들이 책에서 본 내용과 함께 그동안 수업 시간에 다루었던 내용을 바탕으로 자신이 생활 속에서 할 수 있는 일들을 기록합니다.

아이들이 기록한 지구인 수칙에는 사람들이 지켜야 할 여러 가지 규칙들이 쓰여 있습니다. 지구를 아프게 하면 안 됨, 쓰레기를 하나라도 줍기, 빨대를 조금 쓰기, 분리수거 하기와 같은 실천 방법이 쓰여 있습니다. 또 지구가 살아야 우리가 살 수 있다는 내용도 있습니다. 아이들이 직접 쓴 지구인 수칙을 실천하는 어른으로 자라나기를 바랍니다.

 **준비물**

그림책 《할머니의 용궁 여행》, 학습지

지도 방법

1. 그림책 《할머니의 용궁 여행》을 읽고 이야기의 구성 요소인 인물, 사건, 배경을 찾는다.
2. 장소의 변화에 따라 일어난 일을 학습지에 기록한다.
3. 자신이 쓴 내용을 친구들과 돌려 읽는다.
4. 책에 있는 '해녀 수칙'을 함께 읽는다.
5. 생활 속에서 환경을 보호할 수 있는 실천 방법을 생각한다.
6. '지구인 수칙'에 내가 할 수 있는 일들을 기록한다.

환경 수업 tip

무료 사진 편집 프로그램인 '포토스케이프 X'가 있다. 이 프로그램을 사용하면 그림책이나 교과서의 한 부분을 사진으로 찍은 이미지 파일을 간단하게 편집할 수 있다. 필요한 글자를 추가하거나 아이들이 낱말을 쓸 수 있도록 배경을 흰색으로 만들 수도 있다. 이렇게 하면 낭비되는 종이의 양을 조금이나마 줄일 수 있게 된다.

상현달 선생님의 eco talk

'지구인 수칙'을 세워야 할 만큼 환경이 많이 오염되었습니다. 지금, 이 순간에도 사람들에 의해 환경은 오염되고 있습니다. 그 피해는 사람들뿐만 아니라 지구에 살고 있는 동식물들이 받게 됩니다. 동식물들의 피해는 결국 사람들에게 부메랑처럼 돌아옵니다. 학생들에게 거창한 일이 아닌 지금 내가 할 수 있는 작은 일부터 실천하자고 말합니다. 이런 작은 노력들이 모이면 환경을 깨끗하게 하는 데 도움이 될 것입니다.

국어 교과 연계 — 듣는 사람을 고려한 글쓰기

환경 관련 책을 읽고
듣는 사람을 고려해서 글을 써요

교실에는 다양한 종류의 환경 관련 책이 있습니다. 그동안 아이들은 아침 독서 시간을 이용해 많은 책을 읽었습니다. 아이들은 자신의 수준과 흥미에 따라 내용이 짧은 그림책을 읽거나 내용이 긴 동화책을 선택했습니다. 오늘은 그동안 읽었던 환경 책 중에서 한 권을 골라 글을 써 보는 활동을 합니다.

환경 책 한 권을 선택한 후 다시 꼼꼼하게 읽습니다. 그리고 작가가 책에서 말하고자 하는 내용을 학습지에 기록합니다. 다음은 듣는 사람을 고려해 책의 내용을 소개하는 글을 씁니다. 이 과정을 통해 아이들은 책의 주제를 머릿속으로 정리합니다.

오늘 수업의 중심 활동은 듣는 사람을 고려해 책 내용을 소개하는 글을 쓰는 겁니다. 이때 중요한 건 듣는 대상입니다. 동생에게 말할 때, 친구에게 말할 때, 여러 사람 앞에서 말할 때 각각 사용하는 낱말과 종결 어미가 다릅니다.

아이들은 세 가지 대상 중 하나를 선택한 후 글을 씁니다. 듣는 대상이 확실해졌으니, 그에 맞는 적절한 낱말과 종결 어미를 사용할 수밖에 없습니다. 이렇게 아이들은 제한적인 상황 속에서 글을 쓰며 자연스럽게 문어체와 구어체를 구분하고, 높임 표현도 익힐 수 있습니다.

다음으로 아이들은 책을 읽고 어떤 생각이 떠올랐는지 학습지에 기록합니다. 이 과정을 통해 한 번 더 책의 내용을 되새기고, 그 내용에 대해 조금 더 깊이 있게 생각합니다.

지금까지 책을 읽고 소개하는 글을 쓰고 자신의 생각도 정리해 보았습니다. 이제 정리한 내용을 발표하는 활동을 합니다. 아이들은 학습지에 기록한 내용을 바탕으로 실감 나게 말합니다. 물론 친구들 앞에서 자신이 쓴 내용을 큰 목소리로 발표할 수도 있습니다. 하지만 오늘은 친구들과 협력해 자신의 발표 모습을 영상으로 촬영합니다.

영상을 촬영하기 위해 두세 명으로 모둠을 구성합니다. 그리고 학교 내에 조용한 곳을 찾아 서로의 동선이 겹치지 않도록 조정한 후 영상을 촬영하니

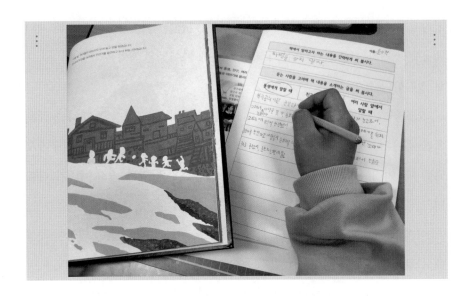

다. 이렇게 촬영한 영상은 학급 커뮤니티에 공유하고, 모든 친구가 함께 시청합니다.

 **준비물**

환경 책, 스마트폰이나 태블릿, 학습지

지도 방법

1. 환경 관련 책을 한 권 고른 후 천천히 읽는다.
2. 책에서 말하고자 하는 내용을 학습지에 기록한다.
3. 동생에게 말할 때, 친구에게 말할 때, 여러 사람 앞에서 말할 때 중 하나를 고른다.
4. 듣는 사람을 고려해 책 내용을 소개하는 글을 쓴다.
5. 책을 읽고 어떤 생각이 떠올랐는지 자신의 생각을 기록한다.
6. 친구들과 책 내용을 소개하는 영상을 촬영하고 학급 커뮤니티에 공유한다.

환경 수업 tip

2022 개정 교육 과정에서는 '환경'이라는 내용이 강조되고 있다. 이것은 그만큼 환경이 많이 오염됐다는 말이다. 하지만 아이들은 이런 사실이 크게 와닿지 않는다. 그래서 필요한 것이 책을 통해 간접적으로나마 알아갈 수 있는 과정이다. 그렇기 때문에 교실에서부터 환경 관련 책들을 비치해 놓고 아이들이 자주 볼 수 있도록 하는 것이 중요하다.

상현달 선생님의 eco talk

글을 썼다면 친구들과 돌려 읽고, 영상을 찍었다면 다른 친구들과 함께 시청하는 것이 중요합니다. 혼자 쓰고, 혼자 읽고, 혼자 촬영하고 혼자 영상을 보는 것은 좋지 않습니다. 물론 혼자가 가진 장점도 있습니다. 하지만 혼자서 할 수 있는 일보다 혼자서 할 수 없는 일이 더 많습니다. 환경을 지키는 일도 마찬가지입니다. 함께 고민하고 협력할 때 더 많은 문제를 해결할 수 있습니다.

국어 교과 연계 — 편지 쓰기

환경 그림책 주인공들에게 편지를 써요

학기 초에 환경과 관련된 책들을 많이 구매해 놓았습니다. 아이들은 학기 초부터 자연스럽게 환경 동화와 환경 그림책들을 아침 독서 시간에 읽었습니다. 아이들에게는 어렵게 느껴졌던 탄소 중립, 기후 위기와 같은 내용도 이해할 수 있도록 환경 그림책을 수업 소재로 여러 번 사용했습니다.

교실에 있는 환경 그림책 중에서 아이들이 읽은 그림책과 수업 시간에 다루었던 그림책 중 아홉 권을 선정했습니다. 이 그림책들의 표지를 사진으로 찍은 후 그림책의 이름과 함께 학습지에 넣었습니다. 학생들은 그림책의 제목과 표지를 보고 한 권을 선택합니다. 그리고 책을 선택한 이유를 간략하게 학습지에 기록합니다.

이제 아이들은 자신이 선택한 그림책 주인공에게 편지를 씁니다. 지난주 국어 시간부터 아이들은 편지의 형식에 대해 알아보고, 직접 편지를 써 보는 활동을 하고 있습니다. 그동안은 가족, 고마운 사람에게 편지를 썼지만, 오늘은 자신이 읽었던 환경 그림책 주인공에게 편지를 쓰려고 합니다. 책의 내용이 기억나는 아이들은 바로 그림책 주인공에게 마음을 전하는 편지를 씁니다. 하지만 책을 읽은 지 오래되어 기억이 잘 나지 않는 아이들은 해당 그림책을 가져와 다시 한번 읽습니다.

아홉 권의 그림책은 모두 환경과 관련된 책들입니다. 당연히 그림책 주인공들은 환경이 파괴되어 피해를 보고 있는 존재들입니다. 하지만 책은 그 내용을 무겁지 않으면서도 아이들이 쉽게 이해하고 생각할 수 있도록 풀어내고 있습니다.

아이들이 그림책 주인공에게 쓴 편지 안에는 환경과 관련된 내용들이 모두 들어가 있습니다. 제가 이 수업을 계획한 의도가 아이들의 편지 속에 모두 나타나 있어서 참 다행입니다.

그림책 주인공에게 편지를 쓰는 아이들은 동물들이 실제 내 옆에 있는 친구라고 생각하면서 편지를 씁니다. 사람들의 행동에 대해서 대신 미안해하며 사과하기도 합니다. 그리고 환경에 관심 없는 사람들을 탓하거나 혼내기도 합니

다. 아이들이 쓴 편지를 읽으면서 어른으로서 부끄럽고 미안할 뿐입니다.

 **준비물**

여러 종류의 환경 관련 그림책, 학습지

지도 방법

1. 환경과 관련된 그림책들을 다양하게 준비한다.
2. 그림책의 표지를 보며 한 권을 선정하고 선정 이유와 함께 그림책의 주인공을 찾아본다.
3. 그림책의 주인공에게 마음을 전하는 편지를 쓴다.
4. 책의 내용이 기억나지 않을 때는 다시 한번 읽은 후 마음을 전하는 편지를 쓴다.
5. 자신이 쓴 편지를 친구들 앞에서 발표한다.

환경 수업 tip

환경 수업을 할 때 지구의 환경이 파괴되고 있는 현실을 아이들에게 직접적으로 알려 주는 방법이 있지만, 환경 그림책이나 동화책을 활용해 간접적으로 말해줄 수도 있다. 학생들의 수준에 따라 저학년, 중학년은 간접적인 방법으로, 고학년은 직접적인 방법으로 환경 수업을 구성한다면 아이들의 이해력과 공감 능력이 높아질 것이다.

상현달 선생님의 eco talk

환경 관련 그림책 중에서 아이들이 자주 읽었던 책은 《100곰》, 《남극 코끼리》, 《눈보라》, 《도시의 불이 꺼진 밤》, 《똥파리가 고래를 만났어》, 《엄마 북극곰》, 《나의 바다》, 《검정토끼》, 《마법의 문을 지나면》입니다. 아이들이 환경을 보호해야 한다는 의무적인 마음을 갖기보다는 내 주위에 있는 자연, 동식물과 함께 살아간다는 공동체 의식을 가지면 좋겠습니다.

국어 교과 연계 ― 신문을 활용한 내용 간추리기

두 종류의 신문을 읽고
내용을 간추려요

글을 읽고 내용을 간추리는 활동을 하고 있습니다. 내용을 간추리기 위해서는 적절한 분량과 내용을 담고 있는 글이 필요합니다. 바로 떠오른 글의 종류가 하나 있습니다. 그것은 바로 신문 기사입니다.

신문 기사는 내용이 길지 않으면서 간추릴 만한 핵심적인 내용들이 포함되어 있습니다. 하지만 단점 하나가 있습니다. 그것은 바로 신문 기사의 어휘가 아이들의 수준에 어렵다는 겁니다. 그래서 아이들의 눈높이에 맞춘 어린이 신문을 인터넷에서 검색한 후 준비했습니다. 어린이 신문은 어려운 낱말을 풀어서 설명해 주기에 아이들이 내용을 이해하는 데 도움을 줍니다. 어린이 신문 외에 어른들이 보는 신문도 하나 검색해서 찾았습니다. 아이들이 보는 신문과 어른들이 보는 신문은 수준이 다르지만 동일한 하나의 주제를 다루고 있습니다.

바로 '기후 변화'입니다. 인터넷 검색으로 환경에 관한 기사를 몇 개 찾았습니다. 이 중 수업에서 활용할 내용이 잘 들어가 있는 기사를 선택한 후 학습지로 제작했습니다.

아이들은 먼저 어린이 신문을 읽습니다. 어린이 신문이라 낱말이나 문장들이 아이들이 이해하기 쉽게 쓰여 있습니다. 신문 기사를 읽고 바로 간추려 보기 활동을 합니다.

어른들이 보는 신문은 독자가 어른이기에 사용된 낱말과 내용들이 아이들이 이해하기에 다소 어렵습니다. 그래서 내용을 바로 간추려서 쓰기보다는 간추리기 위해 필요한 중요한 내용들 위주로 정리할 수 있도록 합니다. 아이들은 신문 기사를 읽으며 질문에 해당하는 답을 찾습니다. 한 번 읽고 이해하지 못할 때는 두세 번 반복해서 읽습니다. 이해되지 않는 낱말들은 사전에서 뜻을 찾습니다. 아이들은 이런 과정을 통해 신문 기사의 내용을 확실하게 이해합니다.

신문 기사의 내용을 간추리기 위해서는 내용을 꼼꼼하게 읽고 중요한 낱말과 문장을 구별할 줄 알아야 합니다. 중요하다고 생각한 부분에 밑줄을 긋거나

동그라미 표시를 하면서 읽는 것도 좋은 방법입니다. 아이들은 이런 방법으로 두 종류의 신문을 읽으면서 내용을 간추립니다. 그리고 자신이 쓴 내용과 친구가 쓴 내용을 비교하면서 신문 기사를 잘 간추렸는지 서로 확인합니다.

 **준비물**

환경 관련 내용이 있는 두 종류의 신문, 학습지

지도 방법

1. 기후 변화 문제를 다루고 있는 어린이 신문을 준비한다.
2. 신문 기사를 읽고 내용을 간추려서 학습지에 기록한다.
3. 기후 변화 문제를 다루고 있는 어른 신문을 준비한다.
4. 신문 기사를 읽고 질문에 해당하는 내용을 찾아 학습지에 기록한다.
5. 자신이 쓴 글과 친구가 쓴 글을 서로 비교하며 확인한다.

환경 수업 tip

학교로 배달되는 우편물 중에 어린이 신문이 있다. 어린이 신문이 다루고 있는 기사를 보면 환경 문제분만 아니라 수업에서 활용할 만한 가치 있는 내용들이 많다. 따라서 필요한 부분을 미리 스크랩해 두면 수업에서 바로 활용할 수 있다. 요즘은 신문사에서도 인터넷에 기사를 공유하기 때문에 '환경 오염', '지구 온난화'라는 키워드로 검색하면 필요한 환경 기사를 쉽게 찾을 수 있다.

상현달 선생님의 eco talk

과학자들은 기후 변화로 인해 북극곰이 2100년쯤에는 멸종할 것으로 예측합니다. 이미 1987년과 비교할 때 북극곰의 개체 수가 30퍼센트 정도 감소한 상태라고 합니다. 지구 온난화 속도를 늦추지 않으면 80년 후에는 북극곰을 볼 수 없을 수도 있습니다. 북극곰이 사라진다면 과연 인간은 안전할까요? 그것은 아무도 모르는 일입니다.

국어 교과 연계 — 영화를 활용한 내용 간추리기

영화 〈투모로우〉를 본 후
내용을 간추리고 느낀 점을 기록해요

　몇 년 전에 영화 〈투모로우〉를 집에서 본 적이 있습니다. 영화에서의 일이 실제로 일어날 수 있겠다는 생각에 제목과 내용이 인상 깊게 남았습니다. 그리고 마음 한구석에는 지구의 미래가 걱정되고, 영화와 같은 환경 재앙들이 실제로 일어나지는 않을까 겁이 났습니다.

　내용을 간추리는 수업을 하면서 이 영화가 떠올랐습니다. 영화 〈투모로우〉

는 기후 변화로 인한 사건들이 시간의 흐름대로 잘 나타나 있습니다. 그래서 아이들이 어렵지 않게 내용을 간추릴 수 있을 것 같았습니다.

영화를 보기 전에 아이들의 관심을 높일 수 있는 자료 하나를 준비합니다. 바로 영화 포스터입니다. 아이들은 영화 포스터만을 보고 영화가 어떤 내용일지 상상해 봅니다. 영화 포스터에 나타나 있는 영화 제목도 비어 있도록 편집해서 아이들 스스로 영화 제목을 생각하고 디자인할 수 있도록 합니다. 영화에 대한 기대를 높이는 활동이기에 영화 제목을 굳이 멋지게 꾸미지 않아도 됩니다. 지금 이 수업은 미술 수업이 아니고 국어 수업이기 때문입니다.

이제 본격적으로 영화를 시청합니다. 영화의 러닝 타임은 123분입니다. 영화를 다 보려면 약 4~5차시의 시간이 필요합니다. 수업을 진행하는데 부담되는 시간입니다. 그래서 다른 방법을 찾다가 영화를 29분 정도로 잘 편집해 놓은 영상을 발견했습니다. 편집 영상을 한번 쭉 살펴보니 수업에 활용할 수 있을 만큼 내용 요약이 잘 되어 있었습니다. 중요한 사건들이 시간의 흐름대로 잘 편집되어 내용을 간추리기에 적당했습니다.

아이들은 영화를 시청하면서 중간중간 학습지에 필요한 내용을 기록합니다. 모든 아이가 영상을 한 번만 보고 학습지에 내용을 기록하기는 어렵습니다. 그래서 같은 영상을 두 번 봅니다. 처음 영상을 볼 때 내용을 놓치더라도 영상을 한 번 더 볼 수 있어서 아이들은 학습지에 기록하는 걸 아주 어려워 하지는 않습니다.

내용을 간추리다가 모르는 부분이 있으면 친구들과 이야기를 나눕니다. 서로 이야기를 나누다 보면 부족한 부분들을 채울 수 있습니다. 마지막으로 영화

〈투모로우〉에서 이야기하는 기후 변화에 대해 자신의 생각을 학습지에 기록한 후 친구들과 돌려 읽습니다.

준비물

영화 〈투모로우〉 요약 영상, 〈투모로우〉 영화 포스터, 학습지

지도 방법

1. 〈투모로우〉 영화 포스터를 보고 어떤 영화일지 상상한다.
2. 영화 제목을 생각하고 디자인한다.
3. 영화 〈투모로우〉를 요약한 영상을 시청한다.
4. 영상을 보면서 시간의 흐름에 따라 간추린 내용을 학습지에 기록한다.
5. 간추린 내용을 다시 떠올리며 느낀 점을 기록한다.
6. 친구들과 학습지를 돌려 읽으며 서로의 생각을 공유한다.

환경 수업 tip

영화는 아이들에게 환경 오염 및 기후 변화의 심각성을 알려주기에 적당한 자료이다. 〈다크 워터스〉, 〈월-E〉, 〈인터스텔라〉, 〈지오스톰〉, 〈블루백〉 등의 영화를 활용하면 아이들이 환경에 대해 고민해 볼 수 있을 것이다. 영화를 수업 소재로 사용할 때는 교사가 미리 시청한 후 학생들에게 불필요한 내용은 없는지 확인해야 한다. 그리고 학습지를 제작해 관점을 가지고 영화를 볼 수 있도록 하는 것이 좋다.

상현달 선생님의 eco talk

영화 〈투모로우〉는 2004년에 개봉한 영화입니다. '기후 변화'와 관련된 내용이기에 환경 관련 수업 자료로 활용하기 좋습니다. 영화는 관객들의 흥미를 높이기 위해 극단적인 기후 변화의 내용을 담고 있습니다. 하지만 지금 지구에도 이와 비슷한 기후 변화가 나타나고 있는 것이 현실입니다. 이런 심각성에 대해 아이들도 조금이나마 알고 느끼는 바가 있었으면 하는 바람입니다.

국어 교과 연계 ― 영화를 활용한 가치 선택하기

영화 〈드래곤 길들이기〉를 보고 주제와 관련된 가치를 선택해요

　한 편의 이야기를 살펴보고 사건과 인물들을 파악하는 수업을 하고 있습니다. 오늘 수업에서는 다양한 사건과 인물들이 등장하는 영화 〈드래곤 길들이기〉를 활용해 인물들이 중요하게 여기는 가치를 살펴봅니다.

　영화 〈드래곤 길들이기〉는 몇 년 전, 반 아이들과 함께 봤던 기억이 있습니다. 그때는 수업 자료가 아닌 방학 전날 1학기를 마무리하는 활동으로 영화를 봤습니다.

오늘 수업을 위해 아이들에게 미리 학습지를 나누어 주었습니다. 영화를 보는 활동이지만 수업의 일부이기에 단순히 재미로 보는 것이 아니라 학습지를 해결하기 위한 뚜렷한 목표가 필요합니다. 아무 생각 없이 웃으면서 영화를 봤다가는 학습지에 내용을 기록하는 데 어려움을 느끼게 됩니다. 학습지에 기록할 내용에 대해 자세히 안내한 후 교실 불을 끄고 편한 자세로 영화를 시청합니다.

영화를 다 본 후에는 첫 번째 학습지를 기록합니다. 첫 번째 학습지에는 영화에 나타난 사건을 시간의 흐름에 따라 캡처한 열 개의 사진이 있습니다. 아이들은 영화를 본 기억을 되살리며 어떤 사건들이 일어났는지 학습지에 기록합니다.

저는 학습지를 만들기 위해 사전에 영화를 빠른 배속으로 넘기며 두 번 봤습니다. 학습지를 만들기 위해서는 교사의 시간과 노력이 필요합니다. 하지만 수업에 좋은 효과를 주기에 학습지는 항상 직접 만드는 편입니다. 학습지를 만들기 위해 사건, 인물, 중요하게 생각하는 가치에 초점을 맞추어 영상을 보니 그냥 영화를 봤을 때와는 생각이 사뭇 달라집니다.

아이들은 다음으로 등장인물에 대해 살펴봅니다. 영화에는 다양한 인물들이 등장합니다. 인물들의 성격을 알기 위해서는 인물들이 하는 말과 행동을 눈여겨 보아야 합니다. 각 사건 속에 나타난 말과 행동들이 어우러져 인물의 성격을 표현하기 때문입니다.

마지막으로 영화의 주제를 알아봅니다. 영화 주제는 가치 카드를 활용해 하나의 낱말로 표현합니다. 가치 카드에는 가치에 관한 다양한 낱말들이 있습니

다. 아이들은 가치 카드를 하나씩 넘겨보면서 영화 주제와 가장 관련 있는 낱말 하나를 선택합니다. 같은 영화를 보더라도 보는 관점이 다르기에 중요하게 생각하는 가치도 다릅니다. 다음으로 '생명'이라는 가치 카드를 보면서 영화 내용과 연계해 친구들과 이야기를 나눕니다. 가치 카드 뒷면에는 해당 낱말의 뜻이 풀이되어 있습니다. 아이들은 사전을 활용해 한 번 더 낱말의 의미를 찾아봅니다. 이렇게 낱말의 뜻을 학습지에 기록한 후 선택한 가치를 '시'로 표현합니다.

 준비물

영화 〈드래곤 길들이기〉, 가치 카드, 학습지

생태 환경 수업 대백과 100

지도 방법

1. 영화를 시청하기 전에 학습지와 연계한 시청 관점을 제시한다.
2. 영화를 보며 시간의 흐름에 따라 어떤 사건이 일어났는지 학습지에 기록한다.
3. 등장인물의 말과 행동을 보며 인물의 성격을 짐작한다.
4. 가치 카드를 활용해 영화의 주제를 표현한다.
5. '생명'이라는 가치 카드를 보면서 영화 내용과 연계해 이야기를 나눈다.
6. 선택한 가치를 '시'로 표현한다.

환경 수업 tip

영화는 동물과 인간들의 대립에서 시작해 서로를 이해하고 포용하는 것으로 마무리된다. 아이들이 선택한 가치를 보면 '생명'이 포함되어 있다. 사람의 생명이 소중한 만큼 동물의 생명도 소중하다는 것을 아이들 스스로 깨닫는다. 이런 아이들의 마음을 '시'로 표현하면 좋다. '시'는 비유적이면서 자신의 감정과 생각을 잘 넣어야 하는 글의 종류이다. 그래서 가치 낱말과 관련해서 '시'로 만들기에 유용하다.

상현달 선생님의 eco talk

같은 영화를 봤지만, 영화 속에서 어떤 아이는 '도전'의 가치를, 또 다른 아이는 '생명'의 가치를 찾습니다. '용기'와 '협동'을 주제 가치로 찾은 아이들도 있습니다. 저마다 다른 생각을 가지고 자신의 생각을 표현합니다. 아이들이 선택한 가치는 자신이 중요하게 생각하는 가치와 결을 같이할 것입니다. 하나의 수업에서도 아이들은 다양한 생각을 하며 자신의 삶을 조금씩 만들어 갑니다.

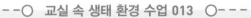

국어 교과 연계 ─ 한반도 지도 만들기

도트를 활용해
한반도 지도를 만들어요

'도트'는 이미지의 최소 단위인 사각형의 '점'을 의미합니다. 이 작은 사각형 점들이 모여 완성된 이미지를 만듭니다. 오늘은 사각형 '도트'를 활용, 글자를 채워 한반도 지도를 만들어 보려고 합니다.

먼저 아이들은 지구를 지키는 방법 스무 가지를 학습지에 기록합니다. 일반적으로 아이들은 쓰레기를 버리지 말자, 분리수거 하자 등 평소에 많이 들어서 알고 있는 내용들을 기록합니다. 하지만 적어야 할 내용이 스무 가지가 되다 보니 다섯 개가 넘어가면 무엇을 써야 할지 어려워합니다. 이를 위해 친구들과 이야기를 나누며 필요한 부분을 함께 채웁니다. 그리고 〈지구를 지키는 방법〉이라는 영상 중 하나를 함께 보면서 스무 가지를 모두 기록합니다.

이제 한반도 지도를 만들 준비가 되었습니다. 아이들이 기록한 스무 가지 방법의 글자들을 모아 한반도 지도를 만들 겁니다. 아이들에게 가로 21칸, 세로 30칸으로 제작된 학습지를 나누어 줍니다. 작은 네모 칸만 있고 아무런 글자도 쓰여 있지 않은 학습지를 처음 본 아이들은 당황합니다.

이때 아이들에게 한반도 지도가 그려진 학습지 한 장을 더 나누어 줍니다. 이 지도는 그림이 아니라 네모 칸 안에 쓰여 있는 애국가 가사들을 모아 한반도 지도를 만든 것입니다. 아이들은 이 지도의 글자 위치를 참고해서 지구를 지키는 스무 가지 방법의 글자들이 들어간 한반도 지도를 만듭니다.

책상 위에 참고할 애국가 한반도 지도, 빈 도트 지도, 지구를 지키는 스무 가지 방법 학습지를 올려놓은 후 비어 있는 도트 지도에 한 글자씩 기록합니다. 글자의 위치가 달라지면 전체적인 한반도 지도의 모양이 달라질 수 있으므로 주의를 기울여 네모 칸에 글자를 채웁니다.

글자를 아랫부분인 제주도에서부터 기록하기보다는 윗부분인 북한의 함경북도부터 채우는 것이 좋습니다. 처음에는 한반도 모양이 나올까 의문을 가졌던 아이들도 시간이 지나면서 한반도 지도가 나오자 신기해합니다. 간혹 네모 칸에 채울 수 있는 글자들이 부족한 경우도 있습니다. 이럴 때는 기존에 기록했던 지구를 지키는 방법들을 한 번 더 쓰거나 친구가 기록한 방법을 가져와

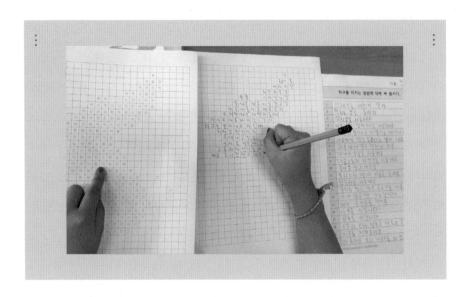

네모 칸을 채울 수도 있습니다. 글자들이 독도, 울릉도를 거쳐 제주도에 도착하자 깨끗하고 아름다운 한반도가 되었습니다.

준비물

학습지, 애국가 한반도 지도, 빈 도트 지도, 〈지구를 지키는 방법〉 영상

지도 방법

1. 지구를 지키는 방법에 대해 생각하고 학습지에 기록한다.
2. 친구와 이야기를 나누거나 영상을 참고해 스무 가지를 모두 기록한다.
3. 애국가 한반도 지도를 참고해 빈 도트 지도에 글자들을 채운다.
4. 한반도 지도가 제대로 완성되고 있는지 중간중간 점검한다.
5. 완성된 한반도 지도에 쓰여 있는 글자들을 한 번 읽어 본다.
6. 친구들과 서로의 한반도 지도를 비교한다.

환경 수업 tip

지구를 지키는 방법 스무 가지를 한 번에 모두 기록하기는 어렵다. 그래서 친구들과 이야기를 나누며 최대한 많이 기록할 수 있도록 충분한 시간을 주는 것이 좋다. 또한 자신이 생활 속에서 실천할 방법을 기록할 수 있도록 안내하는 것도 필요하다. 환경을 깨끗하게 하는 건 어른들만의 일이 아니라 나부터 실천해야 하는 일상이기 때문이다.

상현달 선생님의 eco talk

완성된 한반도 지도를 보면서 아이들은 뿌듯해합니다. 빈 공간이 글자들로 채워지면서 한반도 지도가 만들어졌기 때문입니다. 아이들의 작품을 멀리서 보면 멋진 한반도 모양입니다. 하지만 가까이에서 보면 삐뚤고 허리가 틀어진 것도 있습니다. 또한 글자들이 기울어져 있기도 합니다. 환경도 이와 비슷합니다. 멀리서 보면 깨끗하고 아름답지만 가까이에서 들여다보면 많이 오염되고 파괴되고 있습니다. 이제는 가까이 다가가 관심을 가지고 주위를 둘러봐야 할 때입니다.

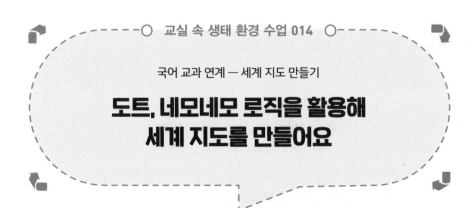

국어 교과 연계 — 세계 지도 만들기

도트, 네모네모 로직을 활용해
세계 지도를 만들어요

　지난 수업에서는 '도트'를 활용해 한반도 지도를 그렸습니다. 오늘 수업은 도트로 세계 지도를 그려 보려고 합니다. 어릴 적, 규칙에 따라 네모 칸을 색칠하며 그림을 만들었던 '네모네모 로직'이라는 놀이가 떠올랐습니다. 그래서 도트와 네모네모 로직을 결합한 환경 수업을 구상했습니다.

　먼저, 도트로 표현된 세계 지도를 인터넷에서 검색했습니다. 사진을 내려받은 후 지도에 가로선과 세로선을 그었습니다. 그리고 지도 오른쪽에 네모네모 로직 규칙을 적용한 숫자를 적었습니다. 이것을 바탕으로 한글 프로그램에서 표와 숫자를 넣어 학습지를 제작했습니다.

아이들은 국어 수업에 시를 읽고 감각적인 표현을 찾는 활동을 합니다. 이제 환경에 관한 두 개의 시를 읽고 감각적인 표현을 찾아 밑줄을 긋습니다. 시를 읽으면서 아름다운 환경과 함께 오염되고 있는 지구에 대해서도 생각해 봅니다.

다음으로 아이들은 지구가 파괴되고 있는 모습의 영상을 시청하면서 지구 온난화 등의 문제를 고민합니다. 아이들은 영상에서 본 내용과 사전 지식을 바탕으로 학습지의 열여섯 가지 문장을 읽고 기후 변화의 원인, 현상, 대응 방법을 구분해서 기록합니다. 그리고 자신의 생각을 추가로 하나 더 기록합니다.

이제는 네모네모 로직을 활용해 세계 지도를 만들 차례입니다. 하지만 아이들은 네모네모 로직을 모르기 때문에 먼저 규칙에 대한 글을 읽고 예시 문제를 풀어 봅니다. 네모네모 로직의 원리를 이해한 후 본격적으로 네모 칸을 색칠합니다. 혼자 해결하기 어려울 때는 친구들과 함께 머리를 모읍니다.

시간이 지나자 검은색 세계 지도가 나타나기 시작합니다. 아이들은 아직도 이 그림이 세계 지도라는 것을 모릅니다. 가까이가 아닌 멀리서 서로의 그림을 관찰하도록 합니다. 아직도 세계 지도라는 사실을 모르는 아이들은 자신이 만든 그림이 무엇일지 칠판에 쓰며 친구들과 생각을 공유합니다. 그림을 한참 동안 보던 아이들은 세계 지도라는 사실을 알고 이곳저곳에서 환호성을 터뜨

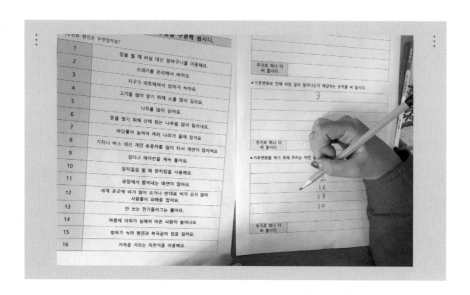

립니다. 마지막으로 지구에 하고 싶은 말을 그림 밑에 적으면서 수업 활동을
마무리합니다.

환경 관련 시 두 편, 지구가 파괴되고 있는 모습의 영상, 네모네모 로직 학습지, 기후
변화 관련 학습지

지도 방법

1. 환경 관련 시 두 편을 읽고 감각적인 표현을 찾아 밑줄을 긋는다.
2. 영상을 보면서 지구 온난화의 심각성에 대해 생각한다.
3. 학습지의 문장을 읽고 기후 변화의 원인, 현상, 대응 방법을 구분해서 기록한다.
4. 네모네모 로직을 하면서 세계 지도를 완성한다.
5. 서로의 작품을 보고 무슨 그림인지 이야기를 나눈다.
6. 지구에 하고 싶은 말을 학습지에 기록한다.

환경 수업 tip

도트로 표현한 세계 지도를 '네모네모 로직'으로 나타내려면 시간이 오래 걸린다. 따라서 세계 지도 대신 동물로 표현하면 활동 시간을 줄일 수 있다. 이렇게 동물을 소재로 활동을 구성한다면 기후 변화로 인해 고통받는 동물들의 모습을 영상으로 보여주며 수업을 진행한다. 그리고 마지막에는 동물에게 하고 싶은 말을 학습지에 기록하는 활동으로 구성할 수 있다.

상현달 선생님의 eco talk

지구는 지금 이 순간에도 뜨거워지고 있습니다. 과학자들은 지구 평균 기온이 산업화 이전보다 1.5도까지 상승하면 폭염, 홍수, 폭풍 등 극단적인 기후 문제들이 일어날 거라고 보고 있습니다. 이를 막기 위해 전 세계에서는 이산화탄소 배출량을 조절하고 있지만 현재 비율로 이산화탄소가 배출되면 2030년에는 지구의 온도가 1.5도 상승할 것입니다.

2장

 **교실 속
생태 환경 수업**

|과학 교과 연계|

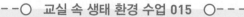

과학 교과 연계 — 손전등 만들기

태양광 에너지를 활용해
손전등을 만들어요

아이들은 그림책《앗, 깜깜해》를 읽고, 정전일 때 겪는 불편과 반대로 정전으로 일어난 즐거움에 대해서 배웁니다. 그리고 이에 대해 생각해 본 후, 학습지에 기록합니다.

다음으로 에너지에 관한 몇 개의 영상을 보면서 태양광 에너지가 무엇인지 살펴봅니다. 아이들은 오늘 만들 손전등이 태양광판을 활용한다는 걸 알고 있기에 영상을 집중해서 봅니다. 영상은 에너지 → 에너지 고갈 → 신재생 에너지 → 태양광 에너지 순으로 보면서 생각을 확장합니다.

아이들은 태양광 에너지를 공부했기 때문에 손전등 만들기 활동에 더욱 관심을 가지고 참여합니다. 설명서를 보면서 부품을 하나씩 조립합니다. 설명서를 보고 내가 원하는 정보를 찾는 능력은 중요합니다. 글을 읽고 내용을 이해하는 힘인 문해력이 있어야 문제를 빠르고 정확하게 해결할 수 있습니다. 레이저 커팅기로 잘린 부품들은 조그마한 힘으로도 틀에서 떼어 낼 수 있습니다. 이렇게 떼어 낸 부품을 다른 부품에 끼우면 금세 손전등이 완성됩니다. 연결된 부품 사이가 느슨하다면 목공용 풀을 사용해 단단하게 결합할 수 있습니다.

태양광판이 들어가는 손전등은 건전지가 들어가는 손전등과 다르게 전원을 켠다고 바로 불빛이 나오지 않습니다. 태양광판에 빛을 모아야 하는 단계를 거쳐야 하기 때문입니다. 아이들이 손전등을 만드는 동안 태양광판과 태양 에너지에 대해 중간중간 이야기해 줍니다.

손전등을 완성한 후에는 충전하기 위해 운동장으로 나갑니다. 손전등의 핵심 부품인 태양광판을 햇빛에 놓아두면 자동으로 충전이 됩니다. 햇빛이 가장 잘 드는 곳에 태양광판을 놓고, 손전등이 충전되는 동안 돗자리를 펴고 그 위에 앉아 이야기를 나눕니다. 교실을 벗어나는 자체만으로도 아이들은 힐링이 되는 것 같습니다.

점심을 먹고 난 후, 운동장에 놓아둔 손전등을 교실로 가지고 들어옵니다. 손전등의 전원 스위치를 누르니 다이오드가 켜집니다. 손전등에 있는 렌즈를 움직이면서 불빛을 모으기도 하고 넓게 펼치기도 합니다. 렌즈를 조절하면 손

전등 불빛의 크기를 조절할 수 있습니다. 하지만 교실 불을 끄고 블라인드를 내려도 창문 사이로 새어 들어오는 햇빛 때문에 손전등 불빛이 두드러지지 않은 건 조금 아쉬웠습니다.

 **준비물**

그림책 《앗, 깜깜해》, 에너지에 관한 영상들, 태양광 손전등 키트, 학습지

지도 방법

1. 에너지에 관한 영상을 보면서 태양광 에너지가 무엇인지 살펴본다.
2. 설명서를 보면서 부품을 조립해 태양광판 손전등을 만든다.
3. 손전등을 만드는 동안 태양광판과 태양 에너지에 관한 이야기를 해 준다.
4. 손전등이 완성되면 태양광판을 충전하기 위해 운동장으로 나간다.
5. 태양광판을 충전한 후에는 교실로 들어와 전원을 켜고 다이오드에 불이 들어오는지 확인한다.

환경 수업 tip

4월 22일 지구의 날에는 저녁 8시, 10분간 소등하는 행사를 한다. 아이들은 저녁 8시 소등 행사에 참여하며 어두운 방 안에서 태양광 손전등을 켜 본다. 그리고 자신의 모습이나 불이 켜진 손전등을 촬영해 학급 커뮤니티에 올리며 서로의 활동을 공유한다. 이렇게 그림책을 읽고 태양광판을 사용하는 손전등을 만들며 지구의 날 행사에도 참여하는 수업을 구상할 수 있다.

상현달 선생님의 eco talk

석유, 석탄, 천연가스는 전기를 만드는 과정에서 온실가스가 발생합니다. 반면에 바람, 물, 지열, 태양은 전기를 만드는 과정에서 온실가스나 다른 오염 물질을 대기로 배출하지 않습니다. 그래서 '청정에너지' 혹은 '녹색 에너지'라고 부릅니다. 태양은 사용료를 지불하지도 않고 또 없어지지도 않으니 최고의 미래 에너지라고 할 수 있습니다.

과학 교과 연계 — 종이 만들기

우유 팩을 활용해
재생 종이를 만들어요

과학 교과서 4학년 1학기 4단원에는 '혼합물의 분리'에 관한 내용이 나옵니다. 여러 가지 혼합물을 살펴보고 직접 분리해 보는 실험입니다. 이 중 오늘은 우유 팩을 활용해 종이를 만들어 봅니다.

먼저 우유 팩의 안쪽을 깨끗하게 씻은 후 말립니다. 그런 다음 코팅된 바깥면과 안쪽 면의 종이를 떼어 내면 부드러운 부분이 나옵니다. 이 부분을 물이 담긴 프라이팬에 넣은 후 전기 레인지를 사용해 끓입니다.

그런데 한참이 지나도 물이 끓지 않습니다. 더 큰 문제는 뜯어낸 조각이 커서 물이 끓더라도 조각이 풀어지지 않고 모양을 그대로 유지한다는 것입니다. 그래서 믹서기에 우유 팩 조각과 물을 넣고 갈았습니다. 잘게 갈린 조각들을 다시 프라이팬에 넣고 끓이니 금세 조각들이 걸쭉해지며 종이 죽이 됩니다.

모둠원이 종이 죽을 만들 때 다른 아이들은 종이 죽을 올려놓을 수 있는 받침대와 누르개를 카프라를 활용해 만듭니다. 누르개는 받침대보다는 길이와 폭이 작아야 하기에 실톱을 활용해 적당한 크기로 잘라 줍니다. 그런 다음 글루건으로 손잡이와 밑면을 붙입니다.

받침대에서 중요한 건 종이 죽에 있는 물기가 밑으로 흘러내릴 수 있게 만드는 것입니다. 즉, 거름망의 역할을 할 수 있어야 합니다. 그래서 전동 드릴을 사용, 받침대에 구멍을 뚫어 배수가 잘되도록 합니다.

이제 걸쭉하게 만들어진 종이 죽을 받침대에 올립니다. 종이 죽이 한쪽에 몰리지 않도록 균등하고 얇게 피며 작업합니다. 다음으로 밀대를 사용해 종이 죽을 살살 눌러 줍니다. 그러면 종이 죽에 있는 물기가 받침대 구멍을 따라 아래로 빠집니다. 물기가 빠진 종이 죽은 서늘한 곳에 말립니다. 그리고 하루가 지난 후 받침대에 붙어 있는 종이 죽을 떼어 내면 종이가 완성됩니다.

이렇게 탄생한 재생 종이에 지구에 하고 싶은 말을 씁니다. '지구야 아프지 마', '지구야 사랑해', '지구야 우리가 지켜 줄게' 재생 종이에 쓴 글을 보니 아이들의 따뜻한 마음이 느껴집니다.

재생 종이를 하트 모양이나 동그란 지구 모양, 혹은 나무 모양으로 자른 후 지구에게 하고 싶은 말을 기록합니다. 이 밖에 다양한 동물이나 식물 모양으로 재생 종이를 자른 후 동물과 식물에게 하고 싶은 말을 남길 수도 있습니다.

 **준비물**

우유 팩, 믹서기, 프라이팬, 전기 레인지, 카프라, 글루건, 전동 드릴, 수조, 매직

지도 방법

1. 우유 팩을 씻은 후 바깥과 안쪽 코팅을 제거한 종이 조각을 모은다.
2. 종이 조각을 물과 함께 믹서기에 갈고, 프라이팬에 끓여 종이 죽을 만든다.
3. 카프라를 활용해 받침대와 누르개를 만든다.
4. 전동 드릴로 받침대에 물 빠짐 구멍을 뚫는다(뜰채를 사용하면 3, 4번 단계를 거치지 않고 간편하게 종이를 만들 수 있다).
5. 종이 죽의 물기를 제거한 후 바람이 잘 드는 곳에서 자연 건조하거나 드라이기 혹은 다리미를 사용해 물기를 제거한다.
6. 재생 종이에 지구에 하고 싶은 말을 적는다.

환경 수업 tip

처음부터 종이 조각을 믹서기에 물과 함께 넣고 갈아 주면 간편하게 종이 죽을 얻을 수 있다. 또한 카프라로 만든 받침대와 누르개 대신에 뜰채를 사용하면 쉽게 얇은 종이 제작이 가능하다. 뜰채로 거른 종이를 1~2일 정도 자연 건조하면 재생 종이를 얻을 수 있고, 드라이기나 다리미를 사용하면 재생 종이를 얻는 시간이 줄어든다.

상현달 선생님의 eco talk

아이들이 만든 재생 종이와 기존 종이가 어떤 차이가 있는지 궁금해졌습니다. 그래서 연습장과 우유 팩으로 만든 종이를 현미경으로 관찰했습니다. 겉으로는 비슷해 보이지만 자세히 관찰하면 우유 팩으로 만든 종이의 밀도가 더 엉성했습니다. 아무래도 재생 종이는 우유 팩에서 떼어 낸 종이들이 얽히면서 만들어졌기 때문에 기존 종이에서 볼 수 있는 섬유질보다 덜 촘촘하다는 것을 알 수 있었습니다.

과학 교과 연계 — 식물 잎과 나무 관찰하기

식물 잎과 나무를 관찰하고 이름표를 만들어요

　과학 시간, 아이들은 식물에 대해 배우고 있습니다. 밖으로 나가 학교 주변
에는 어떤 식물들이 살고 있는지 관찰합니다. 보슬비가 내리지만 가볍게 산책
하는 마음으로 우산을 쓰고 다니기에는 괜찮습니다. 아이들과 걷다가 우산 끝
에 앉아 있는 귀여운 청개구리 친구를 만났습니다. 비 오는 날 만난 청개구리
와 생명력 넘치는 식물들은 우리들의 마음을 더욱 싱그럽게 만듭니다.

아이들은 바닥에 떨어져 있는 여러 종류의 식물 잎들을 채집했습니다. 채집한 잎들은 물에 젖어 있기에 신문지 위에 잘 펴서 말려 줍니다. 잎이 마르자 한 모둠은 전자 현미경의 배율을 조율하며 식물의 잎맥 등을 관찰하고 다른 모둠은 태블릿에 연결해서 사용할 수 있는 현미경으로 식물을 관찰합니다.

여러 종류의 식물을 관찰했지만, 사실 아이들 대부분은 어떤 식물의 잎인지 알지 못합니다. 그래서 네이버 렌즈를 사용해 식물의 잎을 사진으로 찍은 후 어떤 식물인지 찾아봅니다.

다음날 비가 그치고 날씨가 화창해졌습니다. 어제는 식물의 잎을 살펴보았다면 오늘은 나무를 관찰하려고 합니다. 학교에는 다양한 종류의 나무가 있습니다. 이름표가 있는 나무들도 있지만 대부분의 나무는 이름표가 없어서 어떤 나무인지 알 수 없습니다.

아이들과 함께 나무의 이름을 찾아 주는 활동을 합니다. 아이들은 이름표가 없는 나무를 각자 하나씩 찾은 후 네이버 렌즈로 사진을 찍습니다. 네이버 렌즈로 사진을 찍으면 검색을 통해 나무 이름을 알 수 있습니다. 하지만 전혀 다른 나무를 보여줄 때도 있으므로 세 번 정도 사진 찍기를 반복하면서 어떤 나무인지 찾습니다.

아이들은 교실로 들어와 카프라를 활용해 자신이 찾은 나무의 이름표를 만듭니다. 카프라를 클램프로 고정한 후 전동 드릴을 사용해 카프라 양 끝에 구멍 두 개를 뚫습니다. 그런 다음 매직으로 자신이 찾은 나무 이름을 기록하고 바니시를 바릅니다. 바니시가 다 마른 후에는 밖으로 나가 이름표가 없는 나무에 지끈을 연결한 카프라 이름표를 걸어 줍니다.

 **준비물**

식물의 잎, 현미경, 네이버 렌즈, 카프라, 전동 드릴, 매직, 바니시, 지끈

지도 방법

1. 학교 주변에서 식물의 잎을 채집한다.
2. 채집한 식물 잎을 세척 한 후 신문지 위에서 건조한다.
3. 현미경을 사용해 식물 잎을 관찰한다.
4. 네이버 렌즈를 사용해 어떤 식물의 잎인지 검색한다.
5. 학교에서 이름표가 없는 나무를 찾아 네이버 렌즈로 나무 이름을 찾는다.
6. 카프라에 자신이 찾은 나무 이름을 쓰고 바니시를 칠한다.
7. 지끈을 사용해 카프라 이름표를 나무에 걸어 준다.

환경 수업 tip

전자 현미경을 사용하면 액정 화면으로 많은 아이들이 동시에 관찰할 수 있다. 또한 USB로 연결하는 현미경은 이동이 간편하고 최대 1,000배까지 확대해 주기 때문에 아이들이 활용하기에 좋다. USB 현미경은 태블릿이나 스마트폰, 컴퓨터에 바로 연결해서 사용할 수 있다는 장점이 있기에 학기 초에 구입해 놓으면 다양한 수업 활동에서 활용이 가능하다.

상현달 선생님의 eco talk

이름은 사람뿐만 아니라 식물, 동물 등 지구의 모든 생명이 있는 존재에게는 소중합니다. 이름이 있으면 더 관심을 갖게 되고, 친근감도 높아집니다. 아이들이 이름표를 걸어 준 나무들은 이제 아이들에게 똑같은 나무가 아닐 겁니다. 소중한 존재, 관심 갖고 지켜봐야 하는 존재일 것입니다.

과학 교과 연계 — 나만의 나무 만들기

세상에 없는
나만의 나무를 만들어요

청어람아이 출판사에는 다섯 권의 생태북 시리즈가 있습니다. 책에는 지구에서 가장 가까운 이웃인 달, 우리에게 친숙한 나무와 벌레, 바다, 새까지 생태계에 대해 우리가 알아야 할 이야기가 담겨 있습니다. 또한 바다 오염, 멸종 위기 동물 등에서도 다루고 있습니다. 아이들과 함께 읽어 보려고 다섯 권의 책을 교실에 비치해 두었습니다. 평소에도 아이들은 다섯 권의 책을 아침 독서 시간에 자주 읽었습니다.

오늘 수업에서는 다섯 권의 책 중《나무가 궁금해》와 워크북을 활용해 봅니다.《나무가 궁금해》에는 그동안 잘 몰랐던 나무의 역할, 환경과의 상호작용, 나무를 지키기 위한 우리의 노력 등을 자세히 설명하고 있습니다. 또한 워크북에는 책을 읽으면서 직접 쓰고 그릴 수 있는 활동을 소개하고 있습니다. 이 중에서 동그라미, 세모, 네모를 사용해 나만의 나무를 만들어 보는 부분을 활용하려고 합니다.

나무 그리기 활동을 하기 전, 아이들은 교실에 있는 나무 관련 책과 인터넷을 활용해 퀴즈를 만듭니다. 그리고 친구들에게 나무에 관한 퀴즈를 내고 서로 맞추는 활동을 합니다. 이를 통해 나무에 대해 조금 더 알아봅니다.

다음으로 아이들은 워크북에 동그라미, 세모, 네모를 사용해 세상에 없는 나무를 그립니다. 그리고 자신이 만든 나무에 이름을 짓고 그 나무에 대한 설명을 간략하게 씁니다.

삼각형 넝쿨이 덮고 있는 삼각형 나무, 작은 쥐 모양을 한 새끼 쥐 가시나무, 위험한 방사능 나무, 악당으로 변신하는 악당 나무, 다리에서 뿌리가 나오는 아기 나무, 뿌리가 거미 다리처럼 많은 거미 나무 등 세상에서 볼 수 없는 나무들이 탄생했습니다.

아이들은 친구들이 그린 나무를 보면서 웃습니다. 실제로 볼 수 없는 상상의 나무들이기에 아이들의 호기심을 자극합니다. 아이들은 나무를 그리면서 우리 주위에서 흔하게 볼 수 있는 나무의 모습을 한 번 더 떠올립니다.

나무의 모습, 이름, 설명을 워크북에 기록한 후에는 나무 이름과 설명은 가

린 채 나무의 모습만 친구들에게 보여 줍니다. 그리고 나무의 이름을 맞춰 보는 활동을 합니다. 나무의 이름과 모양이 비슷한 상상의 나무도 있지만 모습과 이름이 전혀 다른 나무도 있습니다. 아이들은 친구가 그린 나무를 보면서 새롭게 나무의 이름을 지어 주기도 합니다.

 **준비물**

책 《나무가 궁금해》, 워크북

지도 방법

1. 책 《나무가 궁금해》를 읽는다.
2. 친구들과 퀴즈를 만들어 나무에 대해 더 알아본다.
3. 동그라미, 세모, 네모를 사용해 나만의 나무를 그린다.
4. 내가 그린 나무의 이름과 간단한 설명을 워크북에 기록한다.
5. 친구들에게 나만의 나무를 소개한다.
6. 친구의 나무 그림을 보고 새로운 나무 이름을 만들어 준다.

환경 수업 tip

환경과 관련된 많은 그림책과 동화책이 있다. 요즘에는 워크북을 제작하여 무료로 제공하는 출판사들이 많아지고 있다. 인터넷 서점이나 출판사 홈페이지에 들어가면 해당 워크북을 내려받아 수업 시간에 활용할 수 있다. 청어람아이에서 출간한 다섯 권의 생태북 시리즈 역시 독후 활동지를 PDF로 제작해 제공하고 있다.

상현달 선생님의 eco talk

나무는 살아 있는 동안 꽃을 피우고 열매를 맺고 다양한 생물의 보금자리 역할을 합니다. 꽃은 곤충의 먹이가 되고, 열매는 사람과 동물의 식량이 됩니다. 썩은 나무의 영양분은 이끼와 버섯을 자라게 하며 숲이 건강한 생태계를 유지할 수 있도록 도와줍니다. 하지만 사람들은 편리함을 위해 나무를 베어 내고 있습니다. 우리에게 아무런 조건 없이 베풀어 주는 나무에 보답할 방법을 고민해 봐야 할 때입니다.

과학 교과 연계 — 생활용품 만들기

재봉틀로 식물의 생김새를 닮은 생활용품을 만들어요

과학 시간, 식물 단원의 마지막은 식물의 생김새를 활용한 생활용품을 만들어 보는 내용입니다. 교과서에는 식충 식물인 벌레잡이통풀의 생김새를 활용해 만든 작품을 예시 작품으로 제시하고 있습니다.

아이들과 벌레잡이통풀의 사진을 보면서 식물의 생김새를 살펴봅니다. 벌레잡이통풀을 보고 만든 작품은 물건을 넣기에 크기 및 용도가 적합해 보입니다.

우리 반도 벌레잡이통풀의 생김새를 참고해서 학용품을 넣을 수 있는 수납 주머니를 만들 계획입니다. 아이들은 작아져서 입지 못하거나 버리려고 했던 옷을 집에서 가져왔습니다. 그리고 저는 얼마 전에 개인적으로 구입한 재봉틀을 집에서 가져왔습니다.

아이들은 학습지에 자신이 만들고 싶은 수납 주머니 구상도를 그렸습니다. 벌레잡이통풀처럼 물건을 담을 수 있도록 가운데를 비워둔 형태로 디자인합니다. 그리고 완성된 수납 주머니를 책상 고리에 걸 수 있도록 손잡이도 계획합니다. 구상도를 완료하면 크기에 맞게 천을 자릅니다. 천을 자를 때는 어떻게 바느질할지, 또 어디에 손잡이를 연결할지 미리 정해야 합니다.

재봉틀을 작동하기 전, 아이들에게 버튼의 역할과 기본적인 작동법을 설명합니다. 아이들 대부분은 재봉틀을 처음 보거나 봤더라도 직접 사용해 보지 않았기에 설명을 해도 무슨 말인지 이해하지 못하는 건 당연합니다. 아이들이 재봉틀을 사용할 때 옆에서 도와줍니다. 도움은 조금씩 줄여가며 아이들 스스로 바느질을 해볼 수 있도록 합니다.

처음에는 기다란 바늘이 위아래로 움직이는 것에 긴장한 아이들이지만 옆에서 도와주니 나중에는 혼자서도 재봉틀을 사용해 바느질합니다. 바느질을 완료한 후에는 쪽가위를 사용해 지저분한 실을 잘라 줍니다. 이제 주머니를 뒤집으면 깔끔한 수납 주머니가 됩니다. 마지막으로 수납 주머니를 휴대하거나 책상 고리에 걸 수 있도록 남은 천으로 만든 손잡이를 주머니에 바느질해서 달아 주면 완성입니다.

수납 주머니를 만들었으니 이제 활용할 순서입니다. 아이들은 책상 위에 있던 학용품을 수납 주머니에 넣은 후 책상 고리에 걸어 줍니다. 이렇게 하니 책상 위가 한층 깨끗해졌습니다.

 **준비물**

재봉틀, 헌옷, 가위, 쪽가위, 학습지

지도 방법

1. 벌레잡이통풀의 모습을 관찰한다.
2. 학습지에 물건을 정리할 수 있는 수납 주머니 구상도를 그린다.
3. 천을 알맞은 크기로 자른다.
4. 재봉틀로 주머니의 바깥면을 바느질한다.
5. 주머니를 뒤집은 후에 손잡이를 바느질한다.
6. 친구들의 작품을 감상한다.
7. 완성된 수납 주머니에 학용품을 넣은 후 책상 고리에 걸어 놓는다.

환경 수업 tip

처음에는 저렴한 가격의 재봉틀을 구입했다. 하지만 몇 번 사용하지 못하고 고장이 났다. 그래서 이번에는 조금 비싸지만 본체가 통주물로 제작되어 고장이 잘 발생하지 않는 제품을 구입했다. 재봉틀은 한 번 구입하면 개인적인 옷 수선 용도뿐만 아니라 수업에서도 매년 활용할 수 있다.

상현달 선생님의 eco talk

재봉틀을 작동할 때 아이들은 바늘에 찔리면 어쩌지, 작동은 잘 될까 등의 걱정을 했습니다. 하지만 몇 번 시행착오를 겪으니 혼자 재봉틀을 작동시킬 수 있을 정도가 되었습니다. 오늘 수업은 완벽한 한 벌의 옷을 만드는 것이 아닙니다. 조금은 삐뚤빼뚤하더라도 스스로 작은 수납 주머니를 만들면 충분히 목표를 달성한 겁니다. 그냥 버려질 옷이지만 가위질과 바느질을 통해 새로운 용도의 제품이 되었습니다. 오늘 활동을 통해 아이들이 물건을 재활용할 수 있다는 것과 함께 재봉틀을 활용해 옷이나 생활용품을 만드는 직업도 있다는 사실을 알아갔으면 좋겠습니다.

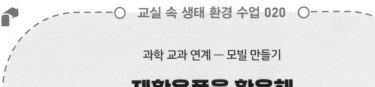

과학 교과 연계 — 모빌 만들기

재활용품을 활용해 모빌을 만들어요

수업 시간에 아이들은 물체의 무게를 배우고 있습니다. 아이들은 여러 가지 물체의 무게를 예상하고 저울을 사용해 정확한 무게를 재보는 활동을 합니다. 무게에 관해서 공부한 후에는 무게의 균형을 익힐 수 있도록 모빌을 만드는 활동을 계획합니다.

모빌은 무게 중심을 정확하게 잡아야 한쪽으로 기울어지지 않습니다. 그래서 모빌의 적당한 위치에 물체를 매달고 조금씩 위치를 수정하는 과정이 필요합니다. 이런 과정을 통해 무게의 차이와 균형에 대해 이해할 수 있습니다.

먼저, 모빌을 만들기 위해 교실에 있는 여러 가지 재료들을 아이들 앞에 펼쳐 놓았습니다. 모빌의 기본 본체에는 아이스크림 막대와 나무젓가락을 사용해 다른 재료들을 매달 수 있도록 준비합니다. 아이들은 아이스크림 막대와 나무젓가락을 직접 만져보면서 모빌의 본체를 어떤 모양으로 만들지 생각합니다.

모빌의 본체를 만들기 위해서는 수학 시간에 배운 삼각형, 사각형 등 여러 가지 도형들의 특징을 알고 있어야 합니다. 그래야 중심을 잘 잡는 모빌 본체를 만들 수 있습니다. 많은 아이들이 여러 가지 도형 중에서 가장 친숙한 삼각형이나 사각형 모양으로 본체를 만듭니다. 몇몇 아이들은 오각형 모양으로 만들기도 합니다.

모빌의 본체를 만든 후에는 모빌의 기둥을 세우는 과정이 필요합니다. 피라미드가 안정적으로 보이는 이유는 사면이 하나의 꼭짓점에서 만나기 때문입니다. 즉, 무게 중심이 정중앙에 있기 때문에 안정적으로 느끼는 것입니다. 이렇게 무게 중심을 잘 맞춰야 합니다. 모빌 본체의 꼭짓점이 하나로 모이는 가상의 점에 털실로 줄을 하나 연결합니다. 모빌의 중심에 줄이 정확하게 자리 잡고 있어야 모빌이 기울어지지 않습니다.

이제부터 중요한 과정이 시작됩니다. 바로 모빌에 매달 물체를 찾는 것입니다. 아이들은 교실이나 학교 재활용 창고에서 모빌에 매달 물체들을 찾습니다. 그리고 모빌 본체에 물체들을 털실로 연결해 고정합니다. 물체들의 무게가 모

두 다르므로 물체의 무게를 손으로 들어 어림합니다. 또 모빌에 직접 매달면서 위치를 조정하기도 합니다. 완성된 모빌은 고리 자석을 활용해 천장에 고정합니다. 교실에 바람이 불어오니 모빌이 빙글빙글 돌아갑니다. 여러 가지 재활용품을 활용해 만든 모빌이 교실을 멋지게 꾸며 줍니다.

 **준비물**

아이스크림 막대, 나무젓가락, 털실, 글루건, 재활용품, 고리 자석

지도 방법

1. 아이스크림 막대와 나무젓가락을 활용해 모빌 본체를 만든다.
2. 모빌 본체의 꼭짓점에 털실을 매달아 연결한다.
3. 교실이나 학교 창고에서 재활용품을 찾는다.
4. 재활용품을 모빌 본체에 털실로 연결한다.
5. 모빌의 무게 중심을 맞춘 후 고리 자석을 연결해 교실 천장에 부착한다.
6. 교실 창문을 열어 바람에 흔들리는 모빌을 관찰한다.

환경 수업 tip

교실 천장을 잘 살펴보면 나사못이 박혀 있다. 나사못에 네오디움 자석이 들어간 고리 자석을 붙이면 딱 달라붙는다. 여기에 학생들의 작품을 매달아 전시하면 새로운 공간의 작품 게시판으로 활용할 수 있다. 활용되지 않는 공간을 재사용해서 새롭게 디자인할 수 있는 것이다.

상현달 선생님의 eco talk

아이들은 모빌에 매달 물체를 찾기 위해 교실 구석구석에 있는 물건들을 찾습니다. 그냥 버려질 수밖에 없는 여러 물건이 한 번 더 생명을 얻게 되었습니다. 사람, 동물, 식물만이 생명이 있는 게 아닙니다. 우리가 밟고 있는 땅, 마시는 공기, 코끝으로 느끼는 바람, 생활 속의 물건들 모두가 생명이 있다고 생각하며 살아간다면 어느 것 하나 함부로 오염시키거나 낭비하지 않을 것입니다.

과학 교과 연계 — 화석 발굴하기

화석을 발굴하며 기후 변화에 대해 알아보고 땅속을 살펴봐요

과학 시간, 화석에 대해 배우고 있습니다. 아주 오래전에 죽은 동물과 식물이 현재 발굴된다는 것이 신기하지만 아이들에게는 남 일처럼 느껴집니다. 하지만 기상 이변이 빈번히 일어나는 지금, 공룡이 사라진 원인을 깊이 있게 생각해 봐야 합니다. 그래서 화석에 관한 내용을 아이들에게 친숙하게 다가가면서도 환경과 연계시킬 방법이 없을까 고민합니다.

먼저, 작은 공룡 피규어와 공룡 화석 발굴 키트를 준비했습니다. 공룡 화석 발굴 키트를 활용하면 석고 안에 감추어진 공룡 뼈를 찾을 수 있습니다. 하지만 바로 키트를 활용하지 않고 지점토를 사용해 공룡 피규어와 공룡 화석 발굴 키트를 꽁꽁 감쌉니다. 지점토에 공룡 피규어를 누르면서 화석을 만드는 것입니다.

아이들은 화석을 만들면서 자연스럽게 공룡의 멸종 원인 중의 하나인 급격한 기후 변화 등에 대해서 이야기를 나눕니다. 공룡 화석을 만든 후, 아이들이 교담 수업에 가 있는 동안 텃밭 한구석에 화석을 숨겼습니다.

이후 이틀 동안 내리던 비가 그치고 아침부터 해가 떴습니다. 오늘은 화석 발굴의 날로 정하고 학급 커뮤니티에 화석이 있는 곳의 사진과 함께 제가 화석을 묻고 있는 모습이 담긴 영상을 올렸습니다. 영상을 본 아이들은 모종삽 혹은 호미를 챙겨 화석이 있는 곳으로 뛰어가서 땅을 파기 시작합니다.

지점토에 싼 공룡 화석은 흙과 엉겨 붙어서 쉽게 떼어지지 않습니다. 그래서 물을 사용해 조금씩 지점토를 공룡과 분리합니다.

공룡 뼈, 지점토, 진흙이 바닥에 얽혀 있습니다. 아이들은 계속 찬물을 뿌리며 하나의 뼈라도 더 찾기 위해 노력합니다. 진흙으로 손은 까맣게 되고 신발은 더러워졌습니다. 땅을 파면서 흙, 돌멩이, 나뭇잎, 지렁이, 개미, 그리고 이름을 알 수 없는 다양한 동물들을 보았습니다. 커다란 지렁이를 보며 소리를 지르는 아이도 있고 호기심에 가까이 다가가 관찰하는 아이도 있습니다. 이렇듯 땅속에는 우리가 알지 못하는 동물들도 살아가고 있습니다.

발굴을 마치고 교실에 올라온 아이들은 화장실에서 따뜻한 물로 손을 씻은

후 더러워진 양말과 신발도 씻었습니다. 양말과 신발을 햇빛이 들어오는 창가에 일렬로 세워놓으니 따뜻한 햇살이 새삼스레 고맙습니다. 그 사이 아이들은 친구들과 이야기를 나누면서 공룡 뼈들을 하나씩 조립합니다.

 **준비물**

공룡 피규어, 공룡 화석 발굴 키트, 지점토, 모종삽 혹은 호미

지도 방법

1. 공룡 피규어와 공룡 화석 발굴 키트를 지점토로 감싼다.
2. 공룡이 멸종하게 된 이유에 대해서 기후 변화와 연계하여 이야기를 나눈다.
3. 지점토를 땅속에 묻는다.
4. 모종삽 혹은 호미를 활용해 땅속에 있는 공룡 화석을 찾는다.
5. 땅속에서 어떤 동물들을 보았는지 이야기를 나눈다.
6. 발굴한 공룡 화석을 깨끗하게 씻은 후 조립한다.

환경 수업 tip

지점토를 땅에 묻을 때는 묻는 곳의 위치와 지점토의 개수를 파악하는 것이 중요하다. 지점토를 찾지 못하면 결국 땅속의 쓰레기로 남게 되기 때문이다. 그래서 지점토를 땅에 묻은 후 여러 방면에서 사진을 찍어 놓는 게 좋다. 그리고 발굴한 화석을 담기 위해 일회용 비닐을 사용하는 것보다는 바구니를 준비하는 것이 환경 오염을 조금이나마 줄일 수 있다.

상현달 선생님의 eco talk

공룡은 지금으로부터 약 6,500만 년 전에 멸종했으며 이 시기에 해양 생명체들도 60~75퍼센트가 사라졌습니다. 이때 지구에 커다란 일이 일어난 것이 분명합니다. 공룡이 사라진 이유는 정확히 알 수 없습니다. 하지만 소행성 충돌로 인해 지구의 기후가 추운 겨울로 변함으로써 공룡들이 적응하지 못해 지구에서 사라졌다는 게 널리 알려진 이론입니다. 지금도 세계 곳곳에서는 이상 기후가 나타나고 있습니다. 공룡들이 사라진 그때처럼 무언가 지구에 큰일이 일어나고 있는 것이 분명합니다.

과학 교과 연계 — 물 주기 장치 만들기

식물에 자동으로 물을 주는 장치를 만들어요

　과학 수업을 하는데 '스마트팜'에 관한 내용이 나왔습니다. 스마트팜은 아이들이 일반적으로 생각하는 농사의 모습이 아닌 정보 기술을 이용해 농작물을 재배하는 것으로 온도, 습도, 토양 등을 기계가 자동으로 분석하고 관리해주는 새로운 개념의 농사 방법입니다. 기존의 스마트팜 키트는 센서나 아두이노를 사용해 화분의 흙이 일정 습도 이하로 내려가면 모터가 움직여 물을 공급

합니다. 하지만 이런 키트는 원리를 이해하며 조립하기가 어렵습니다. 그래서 교실에 있는 재료들과 아이들이 집에서 가져온 재활용품을 사용해 자동으로 물을 주는 장치를 만들기로 합니다.

먼저 아이들에게 집에 없는 동안 화분에 있는 식물이 말라 죽지 않기 위한 장치를 만들어야 한다는 상황을 제시했습니다. 아이들은 준비된 재료를 활용해 어떻게 물 주기 장치를 만들지 학습지에 구상도를 그립니다. 사용할 수 있는 재료가 어느 정도 제한적인 상태에서 만들어야 하는 어려움이 있기에 두 명을 한 모둠으로 구성하여 서로 협력할 수 있도록 했습니다.

구상도를 보면서 필요한 재료들을 가져와 작품 만들기를 시작합니다. 물 주기 장치의 핵심 부품인 페트병을 어떻게 활용할지 생각하며 필요한 부분을 자릅니다. 다음으로 투명 호스, 거즈 등을 사용해 많은 물이 한꺼번에 밑으로 흘러내리지 않도록 물의 양을 조절합니다. 이것이 아이들이 만드는 자동 물 주기 장치의 핵심 원리입니다. 이 부분을 어떻게 해결하느냐에 따라 페트병에 있는 물이 10분 만에 이동하기도 하고 몇 시간이 걸리기도 합니다.

재활용품을 자르고 구멍을 뚫고, 잇는 것이 아이들에게는 쉽지 않은 과정입니다. 페트병에 있는 물이 한꺼번에 책상으로 쏟아지기도 하고 생각처럼 물이 밑으로 떨어지지 않기도 합니다. 하지만 이런 실패의 과정에서 아이들은 새로운 해결책을 찾아갑니다.

정형화된 하나의 설명서가 있지 않기에 아이들이 만든 물 주기 장치의 모양은 모두 다릅니다. 물을 보관하는 곳을 세 곳으로 나누어 물이 순차적으로 떨어지도록 만든 모둠도 있고, 물 높이의 차이를 이용해 물이 위에서 아래로 조

금씩 흐르는 장치를 만든 모둠도 있습니다. 아이들이 만든 장치를 교실 뒤편에 설치합니다. 그리고 페트병에 저장한 물이 얼마의 시간 동안 옆에 있는 곳으로 이동하는지 시간을 측정합니다.

 **준비물**

페트병, 병뚜껑, 나무젓가락, 투명 호스, 거즈, 빨대, 실 등의 재활용품, 송곳, 가위, 테이프, 학습지

지도 방법

1. 2인 1조로 모둠을 구성하고 학습지에 제시된 상황을 해결할 수 있는 제품의 구상도를 그린다.
2. 페트병과 재료들을 어떻게 활용할지 도구들을 살펴본다.
3. 물이 조금씩 밑으로 떨어지는 원리에 대해 생각한다.
4. 제작한 자동 물 주기 장치가 잘 작동하는지 확인한다.
5. 오랫동안 적은 양의 물이 이동할 수 있도록 장치를 보완한다.
6. 자동 물 주기 장치를 설치하고 물의 이동 시간을 측정한다.

환경 수업 tip

아이들에게 물 주기 장치를 만들기 위해 필요한 도구의 목록을 1~2주 전에 안내한다. 그래야 주요 재료인 페트병, 병뚜껑, 나무젓가락 등을 버리지 않고 준비할 수 있다. 장치를 만들기 전에 친구들과 충분히 이야기하는 시간을 갖도록 하여 재료의 낭비가 발생하지 않도록 한다.

상현달 선생님의 eco talk

'스마트팜Smart Farm'이란 정보통신기술을 농업에 접목해 효율적, 진보적으로 발전된 기술을 적용한 농장 시설을 말합니다. '스마트팜'은 노동 비용을 줄일 수 있고 더욱 정확한 수치로 농작물을 재배할 수 있습니다. 기후 변화로 인해 농작물의 재배가 어려운 지역이 많아지면서 '스마트팜' 기술에 관심이 높아지고 있습니다. 영화 〈마션〉에서도 주인공이 실내에서 감자를 재배하는 장면이 나오는데 이 역시 '스마트팜' 기술의 하나라고 할 수 있습니다.

과학 교과 연계 ─ 튼튼한 건축물 만들기

튼튼한 건축물을 만들어
미션을 통과해요

오늘 아이들은 재활용품으로 튼튼한 건축물을 만드는 활동을 합니다. 건축물을 만들기 위한 재료는 아이들에게 미리 안내하여 가져오도록 하거나 페트병은 학교 분리수거장에서 구할 수 있습니다. 이렇게 준비한 재료들을 수납함에 담아 각 모둠에 나누어 줍니다. 아이들은 이 재료를 모두 사용해서 튼튼한 건축물을 만들어야 합니다. 재료를 모두 사용해야 하는 조건 외에도 건축물의 높이는 30센티미터 이상이 되어야 하고, 건축물의 꼭대기에는 교과서 한 권을 놓고 10초 동안 버틸 수 있어야 한다는 조건이 추가됩니다.

그동안 만들기를 하면서 재료들이 낭비되거나 쉽게 버려지는 경우가 많았습니다. 그리고 굳이 사용하지 않아도 되는 테이프를 많이 사용하기도 했습니다. 오늘은 쓰레기를 줄이면서 미션도 해결해야 하는 과제입니다.

먼저 아이들은 준비된 재료들을 확인합니다. 각 재료를 어떻게 배치해서 30센티미터 이상 쌓아 올릴지 고민합니다. 사용할 수 있는 테이프의 양이 정해져 있기에 고민하지 않고 바로 건축물을 만들면 나중에 조건을 지키지 못하는 경우가 발생할 수 있습니다. 따라서 건축물을 만들기 전, 신중하게 생각하면서 친구들과 이야기를 나눕니다.

재료를 하나씩 결합하면서 조금씩 건축물의 높이를 올립니다. 아이들은 중간중간 자를 사용해 30센티미터 이상의 높이인지 확인합니다. 건축물의 꼭대기에는 책을 올려놓아야 하기에 윗면이 평평하도록 제작합니다.

여기에 중요한 조건 하나가 더 있습니다. 그것은 건축물이 아름다워야 한다는 것입니다. 그래서 아이들은 준비된 재료 중의 하나인 매직과 색연필로 건축물을 색칠합니다. 시간이 지나자 30센티미터가 넘어가는 건축물이 하나씩 완성됩니다. 평소 만들기 활동이었다면 교실 바닥이 많이 지저분해졌을 텐데 오늘은 그렇지 않습니다. 낭비되고 버려지는 쓰레기의 양이 거의 눈에 보이지 않습니다.

건축물의 높이를 확인한 아이들은 마지막으로 건축물의 꼭대기에 책을 올려놓습니다. 10초를 버티지 못하고 책이 떨어지는 건축물이 있는가 하면 안정

적으로 책을 받치고 있는 건축물도 있습니다. 아이들은 서로의 건축물을 참고하여 모든 조건을 통과하는 건축물을 만들기 위해 모둠원들과 힘을 모읍니다.

준비물

페트병, 종이컵, 이면지, 나무젓가락 등의 재활용품, 자, 테이프, 가위, 매직, 색연필

 **지도 방법**

1. 다양한 재활용품을 건축물의 재료로 준비한다.
2. 세 가지 조건을 안내한다(모든 재료를 사용, 높이 30센티미터 이상, 건축물의 꼭대기에는 책을 올릴 수 있어야 함).
3. 재료를 모두 사용해 조건에 맞는 건축물을 제작한다.
4. 매직과 색연필로 건축물을 아름답게 꾸민다.
5. 건축물의 꼭대기에 책을 10초 동안 올릴 수 있는지 시간을 측정한다.
6. 건축물의 이름과 용도 등을 친구들에게 설명한다.

 환경 수업 tip

생활 속에서 한 번 쓰고 쉽게 버려지는 제품에 무엇이 있을지 생각하며 건축물의 재료들을 아이들과 함께 준비하면 좋다. 활동이 끝난 후에는 교실 바닥에 쓰레기가 얼마나 발생했는지를 보면서 환경과 연계하여 이야기를 나눈다. 학년 수준에 따라 건축물의 높이 조건을 30센티미터보다 더 높게 하거나 낮게 하여 아이들의 흥미를 높인다.

 상현달 선생님의 eco talk

건축 폐기물에는 콘크리트, 철강, 목재, 유리, 플라스틱 등이 포함되어 있습니다. 건축 후에 폐기물을 제대로 처리하지 않으면 토양, 공기, 물이 오염됩니다. 건축 폐기물은 재활용과 재사용이 가능한 것이 많습니다. 이것들을 적절하게 관리하면 자원 소모를 줄이는 동시에 생태계 파괴를 방지하여 지구 환경을 보호할 수 있습니다.

과학 교과 연계 ─ 물을 모으는 장치 만들기

4D 프레임을 활용해
물을 모으는 장치를 만들어요

과학 수업에서 물의 상태 변화에 관한 내용을 배우고 있습니다. 물은 고체, 액체, 기체로 다양하게 그 모습이 변합니다. 오늘은 공기 중에 있는 수증기가 응결해서 생긴 물방울을 모아 보는 실험을 합니다.

먼저 어떤 모양으로 만들면 물을 모을 수 있을지 친구들과 이야기를 나누며 학습지에 구상도를 그립니다. 설계한 대로 교실에 있는 4D 프레임을 사용해 물을 모으는 장치의 형태를 만듭니다. 4D 프레임은 날개 모양의 이음새에 여러 종류의 플라스틱 빨대를 꽂으면서 다양한 형태를 만들 수 있는 도구입니다. 쉽고 빠르게 자신이 원하는 형태를 만들 수 있고 형태를 쉽게 변형할 수 있다는 장점이 있습니다.

아이들은 4D 프레임 외에 페트병, 양파망, 비닐봉지 등을 활용하여 다양한 형태의 물을 모으는 장치를 제작합니다. 기존에 테이프나 풀, 글루건을 사용해서 작품을 만들 때보다 더 빠르게 형태가 만들어집니다. 아이들이 만든 장치의 형태는 다양하지만, 이것을 만든 목적은 동일합니다. 바로 일교차를 이용해 공기 중에 있는 수증기를 모으는 것입니다.

완성한 장치를 밖으로 가지고 나가기 전에 물을 모으는 장치를 어느 곳에 설치하면 좋을지 이야기를 나눠 봅니다. 사람들이 많이 다니지 않으면서 바람이 많이 불지 않는 곳을 찾아봅니다. 아이들이 제시한 여러 장소 중에서 조건에 가장 적합한 곳인 학교 건물 뒤에 설치하기로 합니다. 장치가 넘어지지 않도록 주변에 있는 돌맹이로 잘 고정합니다.

다음날 아이들과 함께 물을 모으는 장치가 설치된 곳으로 향합니다. 아이들은 자신들이 만든 장치에 물이 모여 있을지 궁금해합니다. 설레는 마음으로 조심조심 장치 밑에 설치해 둔 컵을 살펴봅니다. 첫 번째 모둠의 컵에는 아무것도 없이 깨끗합니다. 아이들이 아쉬워하는 목소리가 들립니다. 두 번째 모둠의 컵을 살펴봅니다.

"선생님! 물이 있어요!"

"여기에 물이 고여 있어요!"

아이들이 외치는 소리에 컵 안을 자세히 살펴봅니다. 작은 잎사귀와 함께 약간의 물이 모여 있습니다. 많은 물은 아니지만 물이 있다는 것 자체가 아이들에게는 큰 기쁨입니다. 어떻게 이 물이 컵 안에 있을 수 있는지 과학 시간에 배운 내용을 바탕으로 이야기를 나눕니다.

 **준비물** ──────────────○

4D 프레임, 페트병, 양파망, 비닐봉지, 컵, 학습지

생태 환경 수업 대백과 100

지도 방법

1. 교과서를 보며 물을 모으는 장치를 살펴본다.
2. 어떤 모양으로 물을 모으는 장치를 만들지 학습지에 구상도를 그린다.
3. 4D 프레임을 사용해 장치의 뼈대를 만든다.
4. 다양한 재활용품을 4D 프레임과 연결한다.
5. 물을 모으는 장치를 어느 곳에 설치하면 좋을지 의논한다.
6. 물을 모으는 장치를 설치하고 다음 날 물이 모여 있는지 확인한다.
7. 어떻게 컵에 물이 모여 있는지 이야기를 나눈다.

환경 수업 tip

아이들은 물을 모으는 장치를 만들면서 많은 물이 컵에 모일 것으로 생각한다. 하지만 생각한 만큼 많은 물이 모이지 않거나 하나도 없는 경우가 많다. 이것은 장치를 설치한 날과 다음날의 일교차에 의해 많이 결정된다. 또 바람, 햇빛의 영향을 받기도 한다. 따라서 이런 조건들에 관해 아이들과 이야기를 나누는 과정이 필요하다.

상현달 선생님의 eco talk

아프리카는 매일 10억 명의 사람들이 마실 물을 얻기 어려워 고통받고 있습니다. 더욱 뜨거워지는 기후로 인해 그나마 남아있던 식수도 사라지는 현실입니다. 이에 아프리카의 낮과 밤의 기온 차를 이용하여 물을 만드는 '와카 워터' 탑이 관심받고 있습니다. '와카 워터' 탑은 지속 가능한 물 공급이 가능하고, 비용이 저렴하며 아프리카 기후에 적합하다는 장점을 가지고 있습니다.

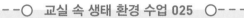

과학 교과 연계 ─ 간이 정수기 만들기

간이 정수기를 만들어
물을 깨끗하게 정수해요

과학 시간에는 물의 상태 변화, 물의 여행 등 물에 관한 여러 가지 지식을 학습합니다. 그만큼 물은 우리 생활에 없어서는 안 될 중요한 존재입니다. 하지만 인간에게 필수인 물을 부족함 없이 사용하는 나라가 있는 반면 어떤 나라는 정수되지 않은 더러운 물을 먹기도 합니다. 그래서 오늘은 혼합물을 분리하는 학습 내용과 연계해 더러운 물을 깨끗하게 걸러 주는 간이 정수기를 만들어 보려고 합니다.

정수기를 쉽고 빠르게 만들 수 있는 정수기 키트가 있습니다. 키트의 장점도 있지만 키트를 활용하면 아이들의 문제 해결력에는 크게 도움이 되지 않습니다. 그래서 오늘은 간이 정수기 만들기 키트에 들어가는 재료들을 낱개로 넉넉하게 구입했습니다. 정수기를 만들기 전, 아이들에게 재료들의 명칭과 역할 등에 대해 안내했습니다.

아이들은 설명을 듣고 어떤 재료를 얼마만큼, 어떻게 조합해서 사용해야 할지 친구들과 의논합니다. 그리고 필요한 만큼의 재료들을 가지고 갑니다. 설명서가 없기에 어떻게 하면 정수가 잘 될지 상의하면서 재료들을 배치합니다. 백자갈을 활성탄 위에 배치한 모둠이 있고, 거즈를 백자갈 위에 배치한 모둠도 있습니다. 아직은 어떤 모둠의 간이 정수기가 물을 정수할지 모릅니다. 더러운 물을 정수기에 부어 보면 결과가 뚜렷하게 나올 겁니다.

아이들은 자신의 모둠에서 만든 간이 정수기를 가지고 운동장으로 나갑니다. 그사이 저는 낙엽, 모래, 자갈 등이 섞인 흙탕물을 인위적으로 만들었습니다. 이 흙탕물을 간이 정수기에 붓자, 아이들의 표정이 기대감으로 가득합니다. 아이들은 간이 정수기의 가장 위쪽을 통과한 물이 바닥에 어떤 색깔로 떨어질지 정수기를 뚫어져라 쳐다봅니다.

"우와! 물이 떨어진다!"

이곳저곳에서 아이들의 환호성이 들립니다. 흙탕물이 정수 장치를 거치면서 투명한 색깔로 변했습니다. 하지만 모든 모둠에서 이런 결과가 나온 건 아닙니다. 한 모둠은 흙탕물의 색깔이 그대로 유지된 채 바닥에 모였습니다. 해당

간이 정수기를 만든 아이들은 정수가 잘 된 친구들의 정수기를 보면서 재료들의 위치를 수정합니다. 몇 번의 흙탕물을 정수하는 과정을 통해 아이들은 스스로 각 재료가 하는 역할과 어떻게 하면 정수가 잘 되는지 알아 갑니다.

 **준비물**

페트병, 백자갈, 활성탄, 거즈, 고무줄, 플라스틱 컵, 가위

지도 방법

1. 간이 정수기에 사용될 재료들을 확인한다.
2. 재료의 명칭과 역할에 대해 아이들에게 설명한다.
3. 필요한 재료들을 가져가서 간이 정수기를 제작한다.
4. 완성된 간이 정수기에 흙탕물을 부은 후 어떻게 되는지 관찰한다.
5. 흙탕물을 간이 정수기에 붓는 과정을 두세 번 반복한다.
6. 깨끗하게 정수되지 않는 경우 재료들의 위치를 조정한다.
7. 흙탕물을 부은 간이 정수기를 교실 뒤편에 하루 동안 두고 물 색깔을 관찰한다.

환경 수업 tip

간이 정수기를 만들기 위해 필요한 재료들은 탈지면이나 거즈, 활성탄, 고운 모래, 작은 자갈, 큰 자갈 등이 필요하다. 이와 같은 재료들은 넉넉하게 구입하여 학생들이 자유롭게 활용할 수 있도록 한다. 오염된 물은 자갈과 모래를 거치면서 1차로 걸러지고, 활성탄에서는 오염 물질과 세균, 냄새 등이 2차로 걸러진다.

상현달 선생님의 eco talk

'라이프스트로우LifeStraw'라는 휴대용 정수 빨대가 있습니다. 이 정수 빨대는 물이 오염되어 있는 개발 도상국이나 제3세계에 살고 있는 사람들 혹은 그곳에서 구호 활동을 하는 활동가들에게 먹을 수 있는 식수를 공급하기 위해 만들어졌습니다. '라이프스트로우'는 세균과 바이러스를 99.9퍼센트 걸러 주고 한 번 사용하면 700리터까지 정수가 가능합니다. 전기적 장치가 따로 필요하지 않으며 1~2년 사이에 한 번씩 교체해 주면 되기 때문에 오염된 물로 인해 고통받는 사람들에게 필요한 도구 중 하나입니다.

3장

교실 속
생태 환경 수업

| 수학 교과 연계 |

수학 교과 연계 — 고구마 무게 재기

고구마를 캐서 무게를 재고
소수의 덧셈을 해요

　5월에는 학교 텃밭에 고구마를 심었습니다. 아이들과 중간중간 텃밭에 가서 잡초를 제거하고 물도 주었습니다. 하지만 시간이 지나자, 고구마에 많은 관심을 주지 못했습니다. 그래도 고구마는 자연이 주는 따스함과 촉촉함으로 땅속에서 잘 자랐습니다.

　자연의 고마움으로 잘 자란 고구마를 오늘 캐기로 합니다. 고구마를 캐기 위해 장갑을 끼고 호미를 챙겨서 텃밭으로 향합니다. 오늘은 선선한 바람이 불어 고구마를 캐기에 좋은 날씨입니다. 아이들은 밭고랑에 옹기종기 앉아 호미로 고구마를 캡니다. 호미질이 시작되자 흙속에 모습을 감추고 있던 고구마들이 하나둘 얼굴을 드러냅니다. 작은 고구마부터 대왕 고구마까지 크기가 다양합니다.

아이들은 각자 세 개 정도의 고구마를 캤습니다. 고구마를 많이 캔 아이들은 적게 캔 아이들에게 나누어 주기도 합니다. 자연이 아무런 대가 없이 영글게 해 준 고구마를 친구들과 나누는 것은 어쩌면 당연한지도 모릅니다.

수학 시간, 아이들은 소수의 덧셈을 배우고 있습니다. 고구마 캐는 일정을 잡은 후, 수학 수업과 연계시키기 위해 학습지 하나를 만들었습니다.

학습지에 등장하는 '깐따삐아' 별은 무게가 100분의 1로 줄어드는 신기한 행성입니다. 이 행성에서의 고구마 무게를 알아보고, 자기가 캔 고구마 무게의 합계를 알아보는 활동을 합니다. 학습지에서 '깐따삐아' 별이라는 낱말을 본 아이들은 무슨 이런 이상한 별이 있냐고 크게 웃습니다. 아이들에게 이런 소소한 웃음을 줄 수 있어서 기분이 좋습니다.

학습지를 해결하기 위해 아이들은 저울을 사용해 고구마의 무게를 잽니다. 고구마들은 400그램 이상으로 튼실합니다. 저울로 측정한 고구마의 무게를 학습지에 기록한 후, 고구마를 들고 교실 뒤편으로 이동합니다. 그곳이 바로 '깐따삐아' 별입니다. 아이들은 100분의 1로 가벼워진 고구마의 무게를 학습지에 기록합니다. 그리고 이렇게 줄어든 고구마 무게의 합을 구합니다.

"선생님! 깐따삐아 별에서는 제 몸무게가 400그램이에요!"

"깐따삐아 별에 가면 가벼워서 날아다닐 것 같아요!"

아이들은 '깐따삐아' 별에서의 고구마 무게를 재며 수학 시간에 배운 소수의 덧셈 내용을 한 번 더 복습합니다.

 **준비물**

장갑, 호미, 고구마, 저울, 학습지

지도 방법

1. 호미와 장갑을 챙겨서 학교 텃밭으로 이동한다.
2. 호미를 사용해 땅속에 있는 고구마를 캔다.
3. 고구마의 흙을 털어내고 저울을 사용해 무게를 잰다.
4. 무게가 100분의 1로 줄어드는 교실 뒤편 '깐따비아' 별로 이동한다.
5. 학습지에 100분의 1로 줄어든 고구마의 무게를 기록한다.
6. 100분의 1로 줄어든 전체 고구마의 무게를 합한다.

환경 수업 tip

고구마를 캐서 수업에 활용한 후에는 집으로 가져가 가족들과 함께 먹도록 한다. 그리고 먹는 모습을 학급 커뮤니티에 올려 친구들과 공유한다. 자신이 직접 심고 가꾸고 수확한 고구마를 먹으면서 농부의 수고를 느끼고 음식의 소중함도 느낄 수 있도록 수업을 구성한다.

상현달 선생님의 eco talk

음식과 관련된 탄소 배출은 대부분 농업에서 발생하지만, 음식물의 운송, 가공, 포장 과정에서도 많은 탄소가 추가로 배출됩니다. 따라서 현지 제철 농산물을 구매하고, 냉동식품보다는 신선한 농산물을 구매하는 것이 탄소 발생량을 줄이는 방법입니다. 또한 여건이 된다면 농작물을 직접 재배해서 요리합니다. 그렇게 하면 공장에서 대규모로 식품을 만들고 포장하는 것과 관련된 탄소 배출을 많이 줄일 수 있습니다.

수학 교과 연계 ─ 기둥과 뿔 찾기

카프라로 만든 구조물에서 기둥과 뿔을 찾아요

수학 시간, 기둥과 뿔에 대해 배우고 있습니다. 오늘은 교과서에서 배운 기둥과 뿔을 카프라를 활용해 입체적으로 살펴보도록 하겠습니다. 그동안 아이들은 카프라를 활용해 종이 죽 받침대와 누르개를 만들고, 나무 이름표를 만들기도 했습니다. 이렇듯 카프라는 여러 활동으로 변형해서 활용할 수 있는 나무 도구입니다. 그동안 카프라를 활용했던 방법이 카프라 하나하나의 모양에 집중한 활동이었다면 오늘은 여러 카프라가 모여 하나의 형태를 만드는 활동입니다.

아이들은 설명서를 보면서 입체적인 건물을 만들거나 자신만의 구조물을 만듭니다. 카프라를 겹쳐 쌓아 올리면 무게 중심이 안정적인 작품을 만들 수 있습니다. 카프라가 하나둘씩 쌓이면 점점 입체적인 모습이 나타납니다.

하나의 형태를 이룬 카프라 구조물을 정면에서 관찰하면 기둥과 뿔을 볼 수 있습니다. 아이들은 자신의 작품에서 다양한 종류의 기둥과 뿔을 찾을 수 있도록 처음부터 카프라를 계획해서 쌓아 올렸습니다. 자신의 의도대로 기둥과 뿔이 나타나기도 하지만 생각지도 못한 종류의 기둥과 뿔이 나오기도 합니다.

아이들은 자신이 만든 카프라 구조물에서 기둥과 뿔이 어디에 있는지 친구들에게 설명합니다. 하나의 작품에 하나의 기둥과 뿔이 있기도 하고, 두 개의 기둥과 뿔을 찾을 수도 있습니다.

아이들이 설명하는 동안 카프라로 만든 작품 하나하나를 모두 사진으로 찍었습니다. 이렇게 찍은 사진을 편집해서 학습지 안에 넣었습니다. 아이들이 사진을 보며 자신이 만든 카프라 구조물뿐만 아니라 친구가 만든 작품에서도 다양한 종류의 기둥과 뿔을 찾을 수 있도록 했습니다. 물론, 완벽한 기둥과 뿔을 찾을 수는 없습니다. 하지만 이미 아이들은 기둥과 뿔의 특징을 알고 있으므로 이 조건과 비슷한 모양을 찾을 수 있습니다.

아이들이 기록한 학습지를 보면 동일한 카프라 구조물을 보고 누구는 삼각기둥을 찾지만, 또 다른 누군가는 삼각뿔을 생각합니다. 어느 방향에서 보느냐, 어떤 각도로 보느냐에 따라 형태가 조금씩 달라지기 때문입니다. 중요한 것은

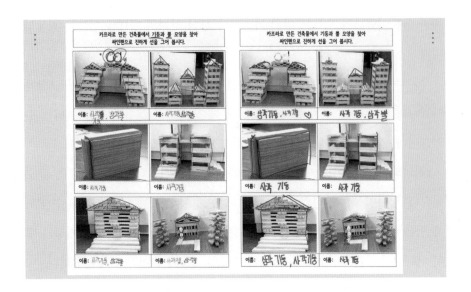

카프라 구조물을 보면서 나는 왜 이런 모양을 찾았는지 이야기를 나누는 것입니다. 이렇듯 서로의 생각을 나누는 과정을 통해 아이들은 기둥과 뿔의 특징에 대해서 한 번 더 생각할 수 있습니다.

 **준비물**

카프라, 학습지

생태 환경 수업 대백과 100

지도 방법

1. 기둥과 뿔의 특징에 대해 살펴본다.
2. 카프라를 활용해 입체적인 구조물을 만든다.
3. 자신이 만든 구조물에서 기둥과 뿔을 찾아 친구들에게 설명한다.
4. 카프라로 만든 구조물을 사진으로 찍어 학습지에 넣는다.
5. 사진에서 기둥과 뿔 모양을 찾아 표시하고 기둥과 뿔의 이름을 기록한다.
6. 친구들과 학습지를 돌려보며 서로의 생각에 관해 이야기를 나눈다.

환경 수업 tip

학기초에 카프라를 두 박스 구입했다. 아이들은 카프라를 놀잇감으로 생각하고 중간 놀이시간, 점심시간에 가지고 놀았다. 그리고 수업 시간에는 학습의 도구로 활용하기도 했다. 카프라는 재사용이 가능하고 나무로 되어 있어 여러 번 사용해도 형태가 바뀌지 않는 장점이 있다. 그래서 한 번 카프라를 구입하면 여러 학년에서 오랫동안 사용할 수 있다.

상현달 선생님의 eco talk

나무는 우리 생활 곳곳에 사용하는 중요한 존재입니다. 나무로 인해 우리 생활이 윤택해졌다고 해도 과언이 아닙니다. 하지만 안타깝게도 한 번 사용된 많은 나무 제품이 쉽게 버려지고 있습니다. 아이들이 카프라를 가지고 다양하게 놀고 공부하는 동안 자연스럽게 나무의 소중함과 재사용의 중요성에 대해 알려 주는 것이 필요합니다.

수학 교과 연계 — 막대그래프로 나타내기

학교 밖에서 주운 쓰레기의 종류를 막대그래프로 나타내요

하늘은 푸르고 바람은 선선하며 햇살은 따뜻합니다. 청소하기 딱 좋은 날입니다. 아이들과 집게와 썩는 비닐봉지를 챙겨서 학교 밖으로 나갑니다. 쓰레기도 줍지만, 수학 시간에 활용할 수 있는 수업 자료를 모으는 시간이기도 합니다.

아이들은 교문에서 마트까지 걸어가면서 마을 주변에 떨어져 있는 쓰레기들을 줍습니다. 교문 밖을 나서자마자 풀숲 사이에 버려진 쓰레기들이 눈에 보입니다.

아이들은 수학 시간에 막대그래프를 배우고 있습니다. 자료들을 막대그래프로 표현하기 위해서는 자료를 분류하고 표로 나타내는 활동이 미리 이루어져야 합니다. 그래서 학교 밖에 버려져 있을 것 같은 쓰레기의 종류를 미리 생각해 보았습니다. 플라스틱, 담배꽁초, 스티로폼, 비닐 등 우리가 생활 속에서 쉽게 볼 수 있는 쓰레기의 종류를 학습지에 넣었습니다.

아이들은 쓰레기를 발견하면 쓰레기의 종류를 한 학생에게 알려 줍니다. 그러면 이 학생은 미리 준비한 기록표에 쓰레기의 종류를 누가 기록합니다. 교문에서 마트까지 30분 동안 쓰레기를 주운 결과는 놀랍습니다. 플라스틱, 비닐보다 담배꽁초가 압도적으로 많습니다. 상대적으로 캔은 하나도 볼 수 없었고, 스티로폼과 플라스틱은 그 양이 적었습니다.

교문을 나설 때까지만 해도 선선한 바람이 불어 덥지 않았지만 얼마 지나지 않아 바람은 잠잠해지고 대신 햇살이 강해졌습니다. 쓰레기를 줍는 아이들 얼굴에 송골송골 땀이 맺힙니다. 땀을 흘리면서 청소를 한 후에 먹는 아이스크림은 꿀맛보다 달콤합니다. 아이들은 청소 활동의 목적지인 마트에서 아이스크림을 하나씩 골라 정자에 앉아 더위를 식히며 아이스크림을 먹습니다.

교실에 돌아온 아이들은 자신들이 주운 쓰레기의 종류와 개수를 확인한 후 학습지에 막대그래프로 나타냅니다. 먼저 막대그래프의 제목을 기록하고 가로와 세로에는 무엇을 나타낼지 정합니다. 또한 한 칸의 크기가 얼마인지 살펴본 후 자를 사용해 쓰레기의 종류에 해당하는 만큼의 막대그래프를 그립니다.

　마지막으로 아이들은 학습지에 쓰레기를 주우면서 느꼈던 점, 쓰레기를 버린 사람들에게 하고 싶은 말, 쓰레기 때문에 아파하는 지구에 건네는 위로의 말을 기록합니다.

 **준비물**

집게, 썩는 비닐봉지, 기록표, 학습지

지도 방법

1. 집게와 썩는 비닐봉지, 기록표를 챙겨 학교 밖으로 나간다.
2. 쓰레기를 주우면서 쓰레기의 종류를 기록표에 누가 기록한다.
3. 쓰레기의 종류별로 개수를 구한다.
4. 막대그래프의 제목, 가로·세로에 들어갈 항목을 정한 후 막대그래프를 그린다.
5. 가장 많은 쓰레기가 무엇인지 알아본다.
6. 쓰레기를 주우며 느꼈던 점을 쓴다.
7. 쓰레기를 버린 사람들에게 하고 싶은 말, 쓰레기 때문에 아파하는 지구에 건네는 위로의 말을 글로 표현한다.

환경 수업 tip

쓰레기를 주우러 가기 전, 어떤 쓰레기들이 있을지 아이들과 미리 상의하는 과정이 필요하다. 아이들은 이 과정을 통해 버려지는 쓰레기의 종류들에 대해 생각해 보게 된다. 또한 누가 기록된 쓰레기의 양을 보면서 그 원인은 무엇일지 이야기를 나눈다. 아이들의 대답을 들으면서 자연스럽게 재활용과 연계해 이야기를 이어나간다.

상현달 선생님의 eco talk

많은 공장에서는 우리가 매일 사는 물건을 만들기 위해 한 번 사용하면 없어지는 천연자원들을 지구에서 뽑아 사용하고 있습니다. 천연자원은 옷, 전자 제품, 가구, 주방용품 등을 만들면서 온실가스를 배출합니다. 하지만 지구를 아프게 하면서 만든 물건들을 우리는 몇 초 만에 쓰고 버리기도 합니다. 또한, 이렇게 만들어진 쓰레기는 우리가 마시는 물, 숨 쉬는 공기, 살고 있는 땅을 지금도 오염시키고 있습니다.

4장

교실 속
생태 환경 수업

 | 사회 교과 연계 |

사회 교과 연계 — 촌락과 도시 비교하기

인터넷 지도를 활용해
촌락과 도시의 환경을 비교해요

이제는 직접 가보지 않아도 인터넷을 통해 다른 지역의 모습을 살펴볼 수 있습니다. 우리가 알고 있는 네이버나 구글에서는 위성 사진과 스트리트 뷰를 제공하고 있어 원하는 곳의 건물 모습 및 풍경 등을 알 수 있습니다.

지난 사회 시간, 혁신 도시에 있는 빛가람초등학교 아이들과 화상 연결 수업을 진행했습니다. 농촌에 사는 우리 반 아이들과 도시에 사는 빛가람초등학교 아이들은 촌락과 도시의 궁금한 점에 대해 서로 이야기를 나누었습니다.

이 활동 후, 아이들은 빛가람초등학교의 주변 모습과 도시의 환경에 대해 알고 싶은 것이 많아졌습니다. 가장 좋은 건 빛가람초등학교가 있는 혁신 도시에 직접 가서 주변 모습을 관찰하는 것입니다. 얼마나 많은 사람들과 자동차들이 거리를 지나다니는지, 아파트는 몇 채나 있는지, 주변에 마트와 같은 편의 시설은 몇 개나 있는지 직접 걸으면서 눈으로 보는 겁니다.

하지만 이동과 학교 일정상 직접 가기는 어려웠습니다. 그래서 혁신 도시의 주변 모습을 간접적으로나마 경험하는 방법을 생각했습니다. 인터넷과 ICT 기기를 활용해 빛가람초등학교의 주변 정보를 찾아보기로 합니다.

네이버 지도, 구글 지도를 활용해 빛가람초등학교와 우리 학교가 있는 곳의 주변 환경을 살펴봅니다. 아이들은 위성 사진을 보면서 두 학교를 둘러싸고 있는 주변 모습을 살펴볼 수 있습니다. 주위에 어떤 집들이 있는지, 도로는 어떻게 발달 되어 있는지, 편의 시설 등은 얼마나 있는지 한눈에 볼 수 있습니다. 또한 지도에서 제공하는 거리뷰를 활용하면 직접 그 장소에 있는 것처럼 주변에 있는 건물의 간판, 지나다니는 사람 등도 자세히 볼 수 있습니다.

혁신 도시에 있는 빛가람초등학교의 위성 사진과 거리뷰를 보니 주위에 많은 아파트들이 있으며 도로가 잘 발달 되어 있습니다. 그리고 거리를 지나다니는 사람들과 넓은 도로를 달리는 자동차들도 많습니다. 아이들은 지도를 보면서 촌락과 도시의 차이점과 공통점을 찾아 모둠원들과 함께 이야기를 나눕니다.

마지막으로 아이들이 알고 있는 여러 지역의 촌락과 도시의 이름을 알아본

후 인터넷 지도를 활용해 주변 모습을 살펴봅니다.

 **준비물**

ICT 기기, 네이버 지도·구글 지도

지도 방법

1. ICT 기기를 인터넷에 연결한 후 네이버 지도나 구글 지도를 준비한다.
2. 지도의 위성 사진을 활용해 촌락과 도시의 모습을 살펴본다.
3. 지도의 거리뷰를 활용해 촌락과 도시의 모습을 살펴본다.
4. 촌락과 도시의 차이점과 공통점에 관해 이야기를 나눈다.
5. 여러 지역의 촌락과 도시를 인터넷 지도로 살펴본다.

환경 수업 tip

요즘에는 교통수단이 잘 발달 되어 촌락과 도시의 경계가 많이 없어졌다. 그리고 가족들과 함께 도시 혹은 시골로 체험 학습도 많이 다닌다. 따라서 수업을 시작할 때 아이들의 경험을 먼저 나누는 것이 좋다. 또한, 화상 연결 프로그램인 줌, 구글 미트, MS 팀즈 등을 활용해 주변 환경이 다른 두 지역의 교실을 연결해 서로 궁금한 점에 대해서 묻고 답할 수 있다.

상현달 선생님의 eco talk

촌락은 들이나 산, 바다와 같은 자연환경을 주로 이용하며 살아가는 곳입니다. 반면 도시는 많은 사람이 모여 살며 사회, 정치, 경제 활동의 중심이 되는 곳을 말합니다. 촌락과 도시는 인구의 수, 건물의 높이, 일자리, 대중교통의 발달 등 여러 차이가 있습니다. 하지만 잊지 말아야 할 건 촌락과 도시 모두 자연환경과 더불어 사람들이 모여 살고 있는 곳이라는 사실입니다.

사회 교과 연계 ― 지역 소개하기

내가 사는 마을을 살펴보고
1박 2일 여행 코스를 만들어요

　우리 학교는 전라남도 함평에 있는 전교생 60여 명의 작은 학교입니다. 아이들은 1학년 때부터 6학년 때까지 반이 바뀌는 경험을 하지 못합니다. 그래서 다른 아이들과의 교류가 필요하다고 생각했습니다. 또한 사회 수업을 하면서 도시 지역에 대해 더 알 수 있는 기회가 있으면 좋겠다는 바람도 있었습니다.

　이런 고민을 해결하기 위해 도시에 있으면서 지역이 다른 초등학교를 찾았습니다. 같은 학년에 수업 진도가 비슷하고 화상 수업에 관심 있는 선생님이 계신 대구 진월초등학교와 화상으로 만나기로 했습니다.

화상 수업을 하기 전, 아이들은 내가 사는 마을에 대해 소개할 자료들을 준비했습니다. 구글 지도와 구글 어스를 활용해 내가 사는 마을에 어떤 건물이 있는지 찾습니다. 건물들의 자세한 모습은 구글 스트리트 뷰 기능으로 확인합니다. 모둠 구성은 같은 마을에 사는 아이들로 했습니다. 네 개의 분교가 하나로 합쳐진 학교이기에 아이들은 모두 통학차를 타고 멀리 떨어져 있는 마을에서 등교합니다. 그래서 서로의 마을에 어떤 것들이 있는지 잘 알지 못합니다. 오늘 수업으로 아이들은 다른 마을에 대해 알아가고 또한 자신이 살고 있는 마을을 깊이 있게 조사합니다.

모둠원들이 함께 모여 그림을 그리고 색칠하니 얼마 걸리지 않아 마을 지도가 완성됩니다. 아이들이 그린 마을 그림에는 주유소, 마트와 같은 생활 시설들도 있지만 무덤, 소를 키우는 곳, 닭을 키우는 곳, 사당 등 도시에서는 쉽게 볼 수 없는 것들도 있습니다. 그림이 완성된 후에는 모둠원 중의 한 명이 나와 자신의 마을을 소개하는 시간을 갖습니다. 마을 중 면사무소가 있는 마을은 다른 마을보다 더 많은 생활 시설이 있습니다. 반면에 면 소재지에서 멀어질수록 환경적인 요소가 더 두드러지게 나타납니다.

아이들은 자신의 마을 그림을 대구 진월초등학교 친구들에게 화상으로 소개합니다. 저희 아이들이 소개하는 마을 그림에는 건물들이 많지 않습니다. 대신 자연환경들이 많이 표현되어 있습니다. 반면 진월초등학교의 그림에는 학교가 아파트와 주택들로 빼곡하게 둘러싸여 있습니다. 이것만 보아도 시골과

도시의 차이점을 알 수 있습니다. 다음에는 서로의 지역에 유명한 관광지를 소개하는 내용을 가지고 만나기로 했습니다. 마지막으로 아이들은 '함평 1박 2일 여행 코스 만들기'라는 주제로 함평의 주요 관광지를 조사하고 포스터로 제작합니다.

 **준비물**

ICT 기기, 4절지, 색연필

지도 방법

1. ICT 기기를 활용해 내가 살고 있는 마을 주변을 찾는다.
2. 4절지에 마을에 있는 건물들의 모습을 그린다
3. 모둠원들과 함께 그린 마을의 모습을 발표한다.
4. 다른 초등학교 친구들과 화상으로 연결해 각자 자신의 마을을 소개한다.
5. 우리 마을을 소개하는 여행 코스를 포스터로 제작한다.

환경 수업 tip

아이들에게 '내가 사는 곳을 소개해 봅시다'라고 하는 것보다 '내가 사는 곳의 1박 2일이나 2박 3일의 여행 코스를 만들어 봅시다'와 같이 보다 구체적인 내용을 제시하는 것이 좋다. 또한 사람에 의해 만들어진 장소, 자연적으로 생성된 장소를 균형 있게 넣어 여행 코스를 만들 수 있도록 안내한다.

상현달 선생님의 eco talk

환경을 보호하는 첫걸음은 내가 살고 있는 곳을 사랑하는 마음에서 출발합니다. 사랑하면 더 관심을 가지고 더 소중하게 여기기 때문입니다. 아이들이 살고 있는 마을의 자연 유산들은 아이들 스스로 소중하게 지키고 보호해야 하는 보물들입니다. 이런 생각들이 모여 대한민국을 사랑하고 더 나아가 이 지구를 사랑하는 마음을 지닌 아이들이 될 것입니다.

사회 교과 연계 — 문화재 소개하기

크로마키 천을 활용해
문화재를 소개해요

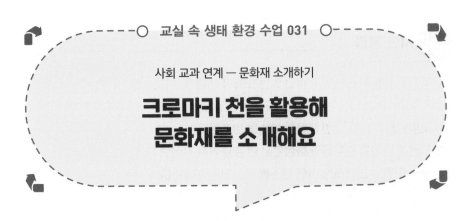

아이들은 대구 진월초등학교 학생들과 화상 수업으로 서로의 마을을 소개했습니다. 그리고 1박 2일 여행 코스를 만들어 함평과 대구의 관광지를 소개하는 시간도 가졌습니다. 이번에는 각 지역의 문화재를 소개하면서 놀러 오라는 초대장을 만들어 서로의 학교에 편지를 보내기로 합니다.

편지에 소개하는 글만 쓰기보다는 아이들의 사진이 함께 들어가면 좋을 것

142

같아 크로마키 천을 활용해 사진을 찍습니다. 아이들은 크로마키 천 앞에서 옆에 소개하는 문화재가 있다고 생각하고 자세를 잡습니다. 이렇게 모든 아이의 사진을 찍은 후 학급 커뮤니티에 올립니다.

그 사이 아이들은 편지에 소개할 함평의 문화재를 찾습니다. 문화재를 찾은 아이들은 학급 커뮤니티에 접속해 자신의 사진을 내려받은 후 파워포인트를 열어 배경을 제거합니다. 배경을 제거한 자신의 사진을 소개할 문화재 사진 위에 올려놓으면 해당 장소에 가서 소개하는 모습의 사진을 만들 수 있습니다.

아이들이 만든 사진을 다시 학급 커뮤니티에 올리면 컬러 출력해서 나누어 줍니다. 아이들은 학습지에 사진을 붙이고, 해당 문화재를 소개하는 내용과 퀴즈를 넣은 후 표지도 꾸미며 대구 친구들에게 보낼 편지를 제작합니다. 함평의 문화재를 소개하는 편지가 완성되자 대구에 잘 도착하길 바라는 마음을 모아 등기로 보냈습니다.

대구로 등기를 보낸 그날, 대구에서 우리 학교로 보낸 편지가 먼저 도착했습니다. 아이들은 화상 수업을 통해 대구 친구들의 얼굴과 이름을 알고 있었기에 더욱 반가워합니다. 진월초등학교 친구들이 보낸 편지에는 대구에 있는 여러 문화재와 사연 유산들이 퀴즈와 함께 소개되어 있습니다. 아이들은 대구 친구들의 편지들을 돌려 읽으며 대구에 대해 조금 더 알아 갑니다.

이튿날 대구 진월초등학교 선생님으로부터 문자가 하나 도착했습니다. 진월초등학교 아이들이 우리가 보낸 편지를 읽고 있는 사진이었습니다. 이 사진을 우리 반 아이들에게 보여 주니 매우 즐거운 표정을 짓습니다.

함평의 아이들은 대구에 있는 다양한 문화재와 자연 유산을 알 수 있었

고, 대구에 있는 아이들은 함평의 아름다운 자연환경을 알 수 있는 시간이었습니다.

 **준비물**

크로마키 천, 컴퓨터, 색연필, 학습지

지도 방법

1. 크로마키 천을 활용해 개인 사진을 촬영한 후 학급 커뮤니티에 올린다.
2. 학급 커뮤니티에서 자신의 사진을 내려받은 후 파워포인트에서 소개할 문화재 이미지와 합성한다.
3. 합성한 사진을 학급 커뮤니티에 올리면 컬러로 출력해 나누어 준다.
4. 학습지에 사진을 붙인 후, 해당 문화재를 소개하는 글을 쓰고 표지를 꾸민다.
5. 완성된 글들을 모아 다른 지역의 친구들에게 등기로 보낸다.
6. 다른 지역의 친구들이 보낸 등기가 도착하면 친구들과 함께 돌려 읽으면서 그 지역의 문화재와 자연 유산에 관해 이야기를 나눈다.

환경 수업 tip

크로마키 천을 사용하면 배경을 쉽게 제거할 수 있기에 여러 수업에서 유용하게 활용할 수 있다. 요즘에는 remove.bg 사이트에 접속한 후 사진을 첨부하면 빠르고 간단하게 배경을 제거한 사진을 만들 수도 있다. 수업 내용을 고려해 크로마키 천과 remove.bg 사이트를 적절하게 활용하면 시간과 노력을 줄이면서도 좋은 수업 자료를 만들 수 있다.

상현달 선생님의 eco talk

향기로운 꽃과 푸르른 자연도 아름답지만, 그보다 더 싱그럽고 소중한 존재가 있습니다. 바로 우리 아이들입니다. 전라도와 경상도라는 지역을 뛰어넘어 사람과 사람이라는 만남을 통해 어려서부터 서로의 다름을 인정하고 소중하게 여기는 아이들이 되면 좋겠습니다. 서로의 아름다움과 소중함을 인정해 주는 아이들이 우리가 살아가는 자연도 가치 있게 여길 것입니다.

교실 속 생태 환경 수업 032

사회 교과 연계 — 자연환경과 인문 환경 알아보기

페이퍼 크래프트를 활용해
자연환경과 인문 환경에 대해 알아봐요

지난 시간, 아이들은 인터넷 지도와 구글 어스를 활용해 자기가 살고 있는 마을을 그림으로 표현했습니다. 오늘은 이 그림을 활용해 자연환경과 인문 환경에 대해 알아보는 활동을 합니다. 먼저 아이들이 그린 마을 그림을 넣어 학습지를 만들었습니다. 아이들은 자신이 속한 모둠에서 그린 그림과 다른 모둠이 그린 그림을 보면서 자연환경과 인문 환경을 찾아 학습지에 기록합니다. 학습지에 기록한 내용을 보니 자연환경에는 나무, 꽃, 산, 땅, 풀 등 우리 주위에서 볼 수 있는 자연물이 많습니다. 그리고 인문 환경에는 아파트, 학교, 마트 등 사람에 의해 만들어진 것들이 있습니다.

다음으로 아이들이 생각한 자연환경 중에서 사람들과 어울리며 살아가는 동물들을 만들어 보는 활동을 구상합니다. 캐논 크리에이티브 파크 사이트에는 다양한 종류의 페이퍼 크래프트 동물 도안을 PDF 파일로 제공하고 있습니다. 이 중에서 아이들에게 친숙한 판다, 고양이, 강아지 도안을 선택한 후 A3 용지에 컬러 출력합니다. 이왕이면 실제 동물의 크기로 만들면 좋겠다는 아이들의 의견도 있어 학교에 있는 플로터로 A0 크기의 동물 도안도 출력합니다.

아이들은 모둠원들과 역할을 나누어 도안에 적힌 숫자가 섞이지 않도록 조각들을 잘라서 한쪽에 모아 놓습니다. A3 용지에 출력한 도안의 조각들을 붙일 때는 풀로도 충분합니다. 하지만 플로터로 출력한 A0 크기는 종이의 그램 수가 높아 일반 종이보다 더 두껍고 무겁습니다. 그래서 풀보다는 글루건과 테이프를 활용해서 조립합니다. 도안에 있는 조각을 자르는 사람, 자른 조각을 붙이는 사람, 전체적인 형태를 만드는 사람 등으로 역할을 나누어 일을 진행하니 동물들의 모양이 빠르게 만들어집니다. 완성된 동물들은 다른 학년 아이들도 모두 볼 수 있도록 복도에 설치합니다.

아이들은 처음에 조각들을 찾아서 붙이고, 붙인 조각들을 연결해 형태를 만들어가는 것을 어려워했습니다. 하지만 친구들끼리 서로 돕고 역할을 나누어 일을 진행하니 서로 부족한 점을 보완할 수 있었습니다. 덕분에 인문 환경에 해당하는 세계 여러 나라의 유명한 건축물을 만드는 활동에서는 별다른 안내

를 하지 않아도 아이들끼리 잘 만들었습니다.

　아이들은 책에서 소개한 자연환경과 인문 환경을 읽고 분류하는 활동만 하지 않았습니다. 자신이 살고 있는 마을을 그린 그림에서 실제적인 자연환경과 인문 환경을 찾아보았습니다. 그리고 페이퍼 크래프트를 활용해 자연환경을 나타내는 동물, 인문 환경을 나타내는 세계 여러 나라의 유명한 건축물을 만들면서 자연스럽게 자연환경과 인문 환경에 대해 알 수 있었습니다.

 **준비물**

페이퍼 크래프트 도안, 가위, 풀, 글루건, 테이프, 학습지

지도 방법

1. 마을 그림을 보고 학습지에 자연환경과 인문 환경을 분류해 기록한다.
2. 캐논 크리에이티브 파크 사이트에 있는 동물 도안을 내려받는다.
3. 역할을 나누어 도안을 자르고 붙여서 완성한다.
4. 완성한 동물을 복도에 전시한다.
5. 캐논 크리에이티브 파크 사이트에 있는 건축물 도안을 내려받는다.
6. 완성한 건축물을 교실 뒤편에 전시한다.

환경 수업 tip

캐논 크리에이티브 파크 사이트에는 동물, 건축물, 자연물, 교통수단 등 여러 종류의 도안을 무료로 제공하고 있다. 또한 난이도에 따라서도 도안을 분류해 저학년 아이들도 활용 가능하다. 도안을 A4 크기로 출력하면 조각을 자르기도 어렵고 붙이기는 더 어렵다. 따라서 적어도 A3 크기 정도로 출력하거나 학교에 플로터가 있다면 그램 수가 조금 더 나가면서 크기가 큰 A0 크기 정도로 출력하는 것이 좋다. 도안을 잘못 뽑게 되면 활용하지도 못한 채 바로 쓰레기가 될 수도 있으니 잘 계획해야 한다.

상현달 선생님의 eco talk

아이들은 학교나 교실에서 강아지, 고양이, 햄스터 등을 기르고 싶다고 말할 때가 있습니다. 하지만 생명을 키우는 것은 신중해야 합니다. 학교에서 동물을 기르면 주말에는 챙겨줄 사람이 없습니다. 그리고 방학 때는 오랜 시간을 동물 혼자 좁은 곳에서 지내야 합니다. 따라서 확실하게 동물을 관리하고 키울 방법이 세워지지 않으면 학교나 교실에서 동물을 기르지 않는 것이 진짜 동물을 사랑하는 방법입니다.

사회 교과 연계 — 자연환경과 인문 환경 나타내기

콜라주로 자연환경과 인문 환경을 표현하고 체험 학습을 떠나요

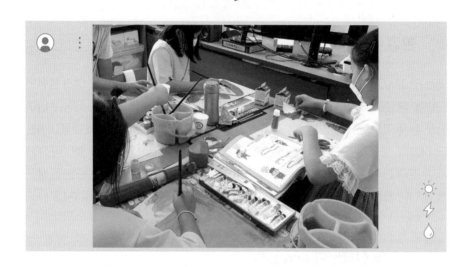

'환경을 보호하자', '깨끗한 환경을 만들자' 등 자연 보호를 위한 많은 구호가 있습니다. 하지만 이를 위해 일회성으로 쓰레기를 줍고 끝내는 활동이 과연 큰 의미가 있을까 생각해 봅니다. 가장 좋은 건 수업 시간에 반복적으로 환경에 대해 고민하고 이야기를 나누며 자연환경의 소중함을 느끼는 것입니다. 그래서 오늘은 지난 시간에 배운 자연환경과 인문 환경에 대해 더 알아보고 체험 학습과 연계 하려고 합니다.

미술 활동에 콜라주라는 기법을 사용해 수업한 적이 있습니다. 하지만 이번에는 사회 시간에 콜라주를 사용해 자연환경과 인문 환경에 대해 알아봅니다. 교무실에는 학교로 배달된 여러 종류의 교육 잡지와 신문들이 있습니다. 이 잡지와 신문들을 교실에 가져가서 활용하시는 선생님들도 있지만 대부분은 교무실 한쪽 구석에 쌓여 갑니다. 그러다 결국에는 재활용 창고로 이동해 분리수거 됩니다.

며칠 동안 교무실에 들러 인문 환경과 자연환경을 표현하기 적당한 사진이 있는 잡지와 신문을 교실로 가져왔습니다. 아이들은 잡지와 신문을 한 장씩 넘기면서 필요한 사진을 가위로 오립니다.

그리고 먼저 자연환경 사진을 색지에 붙이고 사진과 어울리는 그림을 그립니다. 그다음에는 자연환경과 어울리는 인문 환경의 사진을 붙이고, 그림도 그려 줍니다. 이렇게 자연환경과 인문 환경이 하나의 공간에서 조화를 이루며 공존합니다. 모든 작품이 완성되면 칠판에 작품을 게시하고 모든 아이들이 서로의 작품을 감상할 수 있도록 합니다. 그리고 한 명씩 앞으로 나와 작품의 제목과 작품에 자연환경과 인문 환경이 어떻게 나타나 있는지 설명합니다.

함평에는 독립운동가인 '일강 김철' 선생님의 기념관이 있습니다. 기념관은 학교에서 멀지 않은 곳에 있고, 여러 자연환경과 인문 환경을 찾아볼 수 있는 곳이기에 체험 학습 장소로 미리 생각해 놓았습니다.

며칠 후 아이들과 함께 일강 김철 선생 기념관에 도착해 자연환경과 인문 환경을 찾아보았습니다. 주변에 있는 산, 따스하게 불어오는 바람, 밝은 태양,

파릇파릇 풀, 지저귀는 새들 속에서 다양한 자연환경을 몸으로 느낍니다. 또한 김철 선생님의 동상, 돌계단, 기념관 안에 있는 사진과 전시물 등을 보면서 인문 환경에 대해서도 찾아봅니다.

 **준비물**

잡지, 신문, 색지, 가위, 풀, 색연필, 물감, 붓

지도 방법

1. 잡지와 신문을 가져가서 필요한 자연환경과 인문 환경을 찾는다.
2. 필요한 사진을 잘라 색지에 붙인다.
3. 색지에 붙인 사진과 어울리는 그림을 그린다.
4. 작품을 완성하면 작품의 제목과 어떤 자연환경과 인문 환경을 나타냈는지 친구들에게 설명한다.
5. 자연환경과 인문 환경이 잘 어우러진 곳을 찾아 체험 학습을 다녀온다.

환경 수업 tip

학교에는 많은 잡지와 신문이 배달된다. 대부분 교육과 관련된 내용을 담고 있어 선생님들이 읽으면 유용하다. 또한 학생들에게 유익한 정보를 주는 내용도 많아 아이들이 읽기에도 좋다. 한 번씩 교무실에 들러 잡지와 신문을 천천히 읽으면 수업에서 활용하기 좋은 아이디어를 얻을 수 있다. 잡지와 신문을 잘 활용하면 수업에 도움이 될 뿐만 아니라 재활용도 할 수 있다.

상현달 선생님의 eco talk

쓰레기를 치우려면 비용이 들어가고 환경에도 좋지 않습니다. 그러니 처음부터 적게 버리는 것이 환경을 지키는 방법입니다. 초등학교 평균 쓰레기 배출량은 학생 한 명당 1년에 약 45킬로그램이라고 합니다. 생각보다 많은 양입니다. 아이들이 매일 사용하는 교과서와 공책, 교사가 사용하는 프린트물, 학교에 배달되는 잡지와 신문 등을 잘 활용해 쓰레기의 양을 줄이려는 노력이 필요합니다.

사회 교과 연계 — 기온과 강수량 알아보기

통계지리정보서비스^{SGIS}로
지역의 기온과 강수량, 인구 변화를 알아봐요

　통계지리정보서비스^{SGIS}는 통계 정보와 지리 정보를 융합해 정보를 제공하는 플랫폼으로 통계청에서 운영하고 있습니다. 이곳에는 사회 시간에 활용할 수 있는 다양한 지리 정보 및 인구 변화, 기온과 강수량의 변화 등의 자료들이 있습니다.

　오늘 수업에서는 30년간 기온과 강수량이 어떻게 변화했는지 알아보며 그 원인을 생각해 봅니다. 다음으로 함평의 인구를 조사하고 지난 20년간 전라남도의 인구 변화를 찾아보면서 그 원인을 자연환경과 인문 환경적 관점에서 이야기해 보려고 합니다.

먼저 아이들과 통계지리정보서비스가 무엇인지 알아보고 직접 사이트에 들어가 어떤 내용을 확인할 수 있는지 살펴봅니다. 아이들이 가장 흥미로워하는 건 우리 지역의 인구입니다. 함평을 검색해 인구수, 주택 수 등을 찾아보고 서울·경기 지역과 비교하며 우리나라의 전체적인 인구 분포를 알아봅니다.

이제 아이들은 30년간 함평 지역의 기온과 강수량 표를 보고 해석해서 학습지를 해결합니다. 하지만 이 자료만으로는 30년간 기온과 강수량이 어떻게 변화했는지 알기 어렵습니다. 그래서 통계지리정보서비스를 활용해 함평이 속해 있는 전라남도의 연도별 평균 기온의 변화와 강수량의 변화를 살펴봅니다. 2000년도에서 2022년까지 22년 동안의 평균 기온이 어떻게 되었는지 막대그래프를 살펴보면 큰 변화는 없어 보입니다. 하지만 막대그래프 위에 있는 기온을 보면 2000년에는 13.23도지만 2022년에는 14.22도로 22년 동안 약 1도가 상승했습니다. 그간 지구의 평균 기온이 1도 상승하는 데 걸린 시간과 비교하면 상당히 빠르게 상승한 걸 알 수 있습니다. 또한, 강수량은 2000년에 비해 줄어들었습니다.

아이들과 함께 전라남도의 연평균 기온이 상승하고 강수량이 줄어든 이유에 대해 생각합니다. 이것은 전라남도만의 문제가 아니기에 지구 전체적인 현상과 연계하여 지구 온난화에 관해 이야기를 나눕니다. 또한 함평에 있는 마을 이름을 알아보고 각 마을 인구를 함평군청 홈페이지를 참고해서 기록합니다.

다음으로 통계지리정보서비스에서 함평을 포함한 전라남도의 인구가 어떻게 변화했는지 살펴봅니다. 전라남도 인구는 20년간 계속 줄어들고 있습니다. 반면에 서울·경기 인구는 계속 늘어납니다. 전라남도의 인구를 늘리는 방법과 함께 서울·경기의 인구가 늘어남으로 인해 발생하는 문제점들에 대해 이야기를 나누면서 자연스럽게 환경에 대해 생각해 봅니다.

 **준비물**

통계지리정보서비스, 기온과 강수량 표, 시청·군청 홈페이지, 학습지

지도 방법

1. 통계지리정보서비스 사이트에 대해 알아본다.
2. 기온과 강수량의 변화를 나타내는 표를 보고 학습지에 제시된 문제를 해결한다.
3. 통계지리정보서비스에서 자신이 살고 있는 지역의 연도별 기온 변화와 강수량 변화 그래프를 보고 원인을 살펴본다.
4. 시청·군청 홈페이지를 참고해 지역의 인구수를 알아보고 학습지에 기록한다.
5. 자신이 살고 있는 지역의 인구 감소 및 인구 증가로 인해 발생하는 문제점들에 대해 이야기 나누면서 환경에 대해 생각해 본다.

환경 수업 tip

통계지리정보서비스에는 사회 시간에 활용할 수 있는 좋은 자료들이 많이 있다. 특히 'SGIS 에듀'에는 지구촌 환경 문제, 지속 가능한 발전, 개발과 보존의 조화, 국토의 기후 환경과 같이 환경과 관련된 내용을 지도할 때 활용할 수 있는 자료들이 잘 정리되어 있다. 고학년은 학생들이 스스로 통계지리정보서비스를 활용해서 문제를 해결할 수 있도록 한다.

상현달 선생님의 eco talk

20세기, 지구 온난화로 지구 평균 기온이 약 0.7도 상승했습니다. 지난 1,300년간을 통틀어 지금처럼 지구가 따뜻했던 적이 없다고 합니다. 지난 100년간 기온이 1도 상승했다는 게 심각한 이유는 수많은 희귀 동물이 사라지고 생물 다양성에 큰 문제를 일으키기 때문입니다. 전문가들은 2100년이면 지구 평균 기온이 1880년보다 2도에서 5도까지 오를 수 있다고 전망합니다.

사회 교과 연계 — 친환경 에너지로 집 만들기

친환경 에너지인 태양 에너지를 활용해 집을 만들어요

석탄·석유, 천연가스와 같은 화석 연료의 가장 큰 문제는 연소할 때 이산화탄소를 배출한다는 것입니다. 이산화탄소는 대기 중의 온실가스를 증가시키고 결국에는 지구 표면 온도를 상승시키는 원인이 됩니다.

그래서 전 세계는 화석 연료를 대체할 수 있는 친환경 에너지 연구에 집중하고 있습니다. 사회 교과서에는 환경 문제와 함께 태양, 수력, 풍력과 같은 친환경 에너지를 소개하고 있습니다. 오늘은 아이들과 함께 친환경 에너지 중 태양 에너지를 활용해 집을 만들어 보는 활동을 합니다.

아이들이 사용할 수 있는 다양한 재료들을 준비합니다. 수업 시간에 사용했던 재료들을 재활용하고, 과학실에 있는 태양광 전지판을 여러 개 교실로 가져왔습니다. 아이들은 재료들을 보고 직접 만지면서 어떤 재료들을 활용해 어떻게 만들지 고민합니다. 이런 과정은 정형화된 사고에서 벗어나 창의적인 사고를 할 수 있도록 도와줍니다.

다음으로 건축가가 되어 지구 반대편 친구들에게 집을 지어 준다는 상황을 제시했습니다. 단순히 집을 만드는 것보다 구체적인 상황을 제시하면 아이들은 활동에 더 몰입할 수 있습니다. 먼저 택배 상자에 구멍을 뚫어 물을 담은 페트병으로 전구를 만들었습니다. 페트병 전구는 실제로 '리터 오브 라이트'라는 이름으로 필리핀 빈민가에 보급된 것으로 약 60와트의 빛을 발생한다고 합니다.

오늘 활동의 핵심 재료는 태양광 전지판입니다. 태양광 전지판은 태양 빛을 모아 모터를 움직여 프로펠러를 돌리고 다이오드에 불이 들어오게 합니다. 아이들은 택배 상자 바깥에 태양광 전지판을 붙이고 집 안에 모터와 프로펠러, 다이오드, 스위치를 연결합니다. 스위치에 연결된 모터와 다이오드는 스위치를 켜고 끌 때마다 작동하면서 어두운 집 안을 밝고 시원하게 만듭니다.

아이들은 태양광 전지판, 모터, 다이오드를 처음 연결해 봅니다. 실패 해도 친구들과 함께 도우면서 문제를 해결합니다. 태양빛이 태양광 전지판에 모여 모터를 움직이게 하고 다이오드에 불이 들어오는 모습을 본 아이들은 환호성

을 지르며 즐거워합니다. 아이들은 작품을 햇빛이 잘 드는 창가에 놓고 작동이 잘 되는지 확인하며 계속해서 보완 합니다. 마지막으로 모든 모둠의 작품이 완성되면 집의 이름과 함께 집 안에 어떤 원리를 사용했는지 발표합니다.

 **준비물**

택배 상자, 페트병, 태양광 전지판, 모터, 다이오드, 프로펠러, 전선, 스위치, 건전지, 칼, 가위, 글루건, 색지, 테이프, 풀, 사인펜

생태 환경 수업 대백과 100

지도 방법

1. 준비된 재료를 직접 만져보며 관찰하고 만들고 싶은 집을 생각한다.
2. 택배 상자를 활용해 집의 형태를 만든다.
3. 물을 넣은 페트병을 택배 상자 안에 넣어 전구를 만든다.
4. 태양광 전지판, 프로펠러, 모터, 다이오드, 스위치를 연결한다.
5. 태양광 전지판을 햇빛이 들어오는 창가로 가져간 후 모터와 다이오드가 작동하는지 확인한다.
6. 친구들에게 작품을 소개한다.

환경 수업 tip

아이들은 교과서에 소개된 친환경 에너지에 대해 이름은 알고 있지만 실제 어떻게 작동되는지 경험해 보지 않았다. 태양광 전지판을 사용해서 직접 모터를 돌리고 다이오드의 불을 켜는 것만으로도 아이들은 태양 에너지의 소중함을 느끼게 된다. 환경 교육은 머리로 아는 것보다 직접 경험하는 것이 최고의 수업 방법이다.

상현달 선생님의 eco talk

2000년대 브라질의 한 마을에서는 정전이 자주 발생해 생활이 불편했다고 합니다. 그 마을에 살고 있던 기술자 '알프레도 모제'는 한 가지 아이디어를 떠올렸는데 그것이 바로 페트병 전구입니다. 페트병 전구는 햇빛, 페트병, 물, 표백제만 있으면 가정에서 사용하는 전구 효과를 낼 수 있습니다. 페트병 전구는 페트병 입구의 둥근 부분이 볼록 렌즈의 역할을 해서 햇빛을 모으고 들어온 빛은 페트병 안의 물에 굴절되어 페트병 전체가 밝아지는 원리입니다.

5장

교실 속
생태 환경 수업

 |실과 교과 연계|

실과 교과 연계 — 전통 시장에서 물건 구입하기

소비 계획을 세우고
전통 시장에서 지역 생산물을 구입해요

각 지역에는 지역 축제들이 있습니다. 함평에는 나비 축제와 국화 축제가 대표적인 축제입니다. 매년 아이들은 1학기에는 나비 축제, 2학기에는 국화 축제에 다녀옵니다. 매년 가는 축제지만 그곳에서 보는 노란 나비와 싱그러운 국화는 항상 아이들의 마음을 푸르게 해 줍니다.

올해는 국화 축제와 연계해 전통 시장을 다녀오는 계획을 세웠습니다. 그리고 그곳에서 사용할 수 있는 온누리상품권도 준비해 아이들이 직접 물건을 구입할 수 있도록 했습니다. 체험 학습을 가기 전, 국화 축제장과 전통 시장에서 어떤 물건을 구입할지 ICT 기기로 검색을 하며 소비 계획을 세웠습니다. 아이들은 소비 계획을 세우면서 필요한 물건을 합리적인 가격으로 구매해야 하는 이유를 환경적인 관점에서 생각해 봅니다.

축제장은 푸른 하늘과 형형색색의 국화들이 모여 아름답습니다. 이렇듯 자연은 존재 자체만으로도 아이들에게 기쁨을 줍니다. 국화 축제장에서 풀피리 연주 체험을 할 수 있는 곳을 발견했습니다. 풀피리 연주자 선생님은 아이들에게 풀피리 부는 방법을 알려주고 노래에 맞춰 합주도 했습니다. 한 장의 작은 풀잎이 아름다운 소리를 내자 아이들은 매우 즐거워합니다.

점심시간쯤 전통 시장으로 자리를 옮겼습니다. 함평 천지 전통 시장에는 각 마을에서 재배한 농산물뿐만 아니라 바닷가와 맞닿은 마을에서 잡은 싱싱한 수산물도 판매하고 있습니다. 아이들은 시장 이곳저곳을 구경하며 온누리상품권으로 지역에서 키운 참외, 고구마 등을 구입합니다. 체험 학습을 오기 전, 소비 계획을 세운 아이들은 물건을 구매할 때 나에게 혹은 가족에게 꼭 필요한 것인지 생각합니다.

시장을 몇 바퀴 돌다 보니 배가 고파진 아이들은 국밥집에서 점심을 해결합니다. 한 그릇의 국밥이지만 그 안에는 함평에서 키운 고기와 농산물들이 가득합니다. 지역에서 자란 식물들이 전통 시장을 통해 소비되는 건 환경에 좋은 영향을 줍니다. 불필요한 운송을 줄여 온실가스의 배출량을 줄여 주고 많은 포장재를 사용하지 않아 쓰레기의 양도 줄일 수 있기 때문입니다.

　다음 날 국어 수업 시간에는 국화 축제에서 연주한 풀피리에 대해서 살펴보고 체험 학습에서 느낀 점을 학습지에 정리합니다.

준비물

ICT 기기, 장바구니, 온누리상품권, 학습지

지도 방법

1. 체험 학습을 갈 수 있는 지역 축제와 전통 시장을 조사한다.
2. 시장에서 구입할 물건에 관한 소비 계획을 세운다.
3. 축제장을 방문하여 자연과 어울리는 체험에 참여한다.
4. 전통 시장을 방문하여 소비 계획에 따라 지역 농수산물을 구입한다.
5. 학교로 돌아와 체험 학습에서 느낀 점을 학습지에 기록한다.

환경 수업 tip

전통 시장에서 물건을 구입하면 비닐봉지에 담아 주는 경우가 많다. 따라서 미리 장바구니나 에코백을 준비할 수 있도록 아이들에게 안내한다.아이들은 물건을 구입하면 상인분들에게 비닐봉지가 아닌 본인의 장바구니에 물건을 담겠다는 말을 정확하게 할 수 있도록 한다.

상현달 선생님의 eco talk

과거에는 우리 지역에서 생산되는 먹거리만 먹을 수 있었습니다. 또한 딸기는 봄, 사과는 가을에 먹는 것과 같이 제철 먹거리를 먹는 게 당연했습니다. 과거의 이러한 방식이 지구에게는 더 좋았습니다. 하지만 교통수단이 발달하면서 먼 지역에서 재배된 먹거리가 우리에게 오며 많은 온실가스가 발생합니다. 따라서 산지 직거래 장터, 전통 시장, 동네 가게에서 식재료를 구입하고 더 나아가 장바구니를 활용하면 환경을 지키는 데 많은 도움을 줄 수 있습니다.

실과 교과 연계 — 시계 만들기

카프라를 활용해
시계를 만들어요

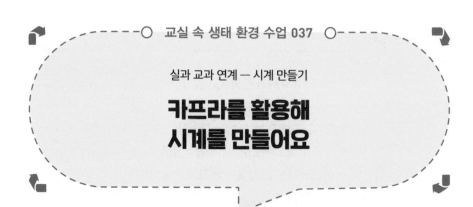

시계는 하루의 시간이 얼마나 흘렀는지, 앞으로 시간은 얼마 남았는지를 알려 주는 생활필수품입니다. 오늘은 시계를 만들면서 지구의 환경 시간에 대해서도 알아봅니다.

인터넷에서 '시계 만들기 키트'라고 검색하면 여러 제품을 찾을 수 있습니다. 만들기 키트를 사용하면 편하게 시계를 만들 수 있지만 형태가 모두 같을 수밖에 없습니다. 이런 한계를 해결하기 위해 카프라를 활용해 아이들 스스로 다양한 형태의 시계를 만들기로 합니다.

먼저 아이들은 드릴, 비트, 클램프가 무엇인지 도구의 명칭을 알아보고 안전하게 사용하는 방법을 숙지합니다. 이제 본격적으로 시계의 형태를 만들기 위해 카프라를 이어 붙입니다. 카프라는 모양과 크기가 거의 비슷하기에 형태를 만들기 편리합니다. 또한 목공용 풀을 사용하면 쉽게 붙일 수 있는 장점도 있습니다. 카프라 형태 그대로 이어 붙여서 모양을 만들지만 어떤 아이들은 원하는 디자인을 만들기 위해 카프라 모양을 변형합니다. 이를 위해 실톱으로 카프라를 자른 후 거칠어진 면을 사포로 갈아 줍니다.

시계 만드는 과정 중 중요한 작업이 하나 있습니다. 바로 시계의 초침, 분침, 시침이 있는 무브먼트를 카프라에 고정하는 겁니다. 일반적인 벽걸이용 시계를 보면 초침, 분침, 시침만 보이고 무브먼트의 본체는 보이지 않습니다. 그것은 무브먼트 본체가 정면이 아닌 시계 뒤쪽에 있기 때문입니다. 이를 위해 카프라에 동그란 구멍을 뚫어 무브먼트를 넣어 주어야 합니다.

준비한 전동 드릴에 무브먼트가 들어갈 수 있는 크기의 비트를 결합한 후 카프라에 구멍을 뚫습니다. 아이들은 구멍이 뚫린 카프라를 중심에 놓고 다른 카프라들을 여러 방향으로 배치하며 시계의 외관을 디자인합니다. 생각한 디자인이 완성되면 목공용 풀로 카프라를 하나씩 붙이면서 형태를 만들고, 마지막으로 무브먼트에 초침, 분침, 시침을 넣으면 시계가 완성됩니다.

"인류가 생존할 수 있는 최후의 시각이 12시라면 지금 지구의 환경은 몇 시 몇 분 정도일까요? 또, 대한민국의 환경 시계는 몇 시 몇 분일까요?"

시계가 모두 완성된 후, 아이들에게 이런 질문을 했습니다. 아이들은 자신이 만든 시계의 시침과 분침을 돌리며 지구의 환경 시간과 대한민국의 환경 시간을 생각해 봅니다.

 **준비물**

카프라, 전동 드릴, 비트, 클램프, 목공용 풀, 사인펜, 무브먼트, 초침, 분침, 시침, 건전지

지도 방법

1. 시계를 만들기 위해 필요한 도구의 명칭과 사용 방법을 알아본다.
2. 카프라를 배치하면서 시계의 모양을 디자인한다.
3. 하나의 카프라에 무브먼트를 넣을 동그란 구멍을 뚫는다.
4. 구멍이 뚫린 카프라를 가운데 놓고 다른 카프라들을 목공용 풀로 연결해 시계를 만든다.
5. 구멍이 뚫린 카프라에 무브먼트를 고정한 후 초침, 분침, 시침을 연결한다.
6. 지구 환경 시간과 대한민국 환경 시간은 몇 시 몇 분인지 시침, 분침을 돌려가며 맞춰 본다.

환경 수업 tip

무브먼트는 소음과 무소음이 있다. 시계를 조용한 곳에서 사용하고 싶으면 무소음 무브먼트를 선택한다. 또한 일반적으로 무브먼트의 사이즈는 육각 너트를 끼우는 곳의 길이에 따라 네 가지로 나뉜다. 카프라의 두께를 생각하면 육각 너트를 키우는 곳의 사이즈가 11밀리미터 이상인 것을 사용해야 한다. 환경 수업을 하는 과정에서 불필요한 쓰레기가 나오지 않도록 하기 위해서는 재료 구입에 신경을 써야 한다.

상현달 선생님의 eco talk

환경 위기 시계는 환경 위기의 정도를 시각으로 표현한 것으로 세계에서 매년 발표하고 있습니다. 0시~3시는 양호, 3시~6시는 불안, 6시~9시는 심각, 그리고 9시~12시는 위험의 단계입니다. 처음 조사를 시작한 1992년, 전 세계의 환경 위기 시계는 7시 49분이었지만 현재는 9시 31분을 나타내고 있으며 대한민국은 9시 25분으로 모두 위험 단계에 있습니다.

실과 교과 연계 ― 주머니 만들기

손바느질을 해서
주머니를 만들어요

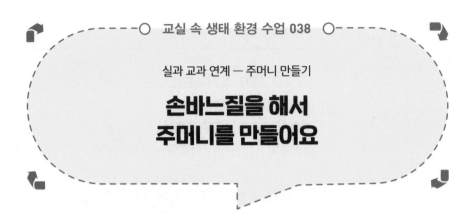

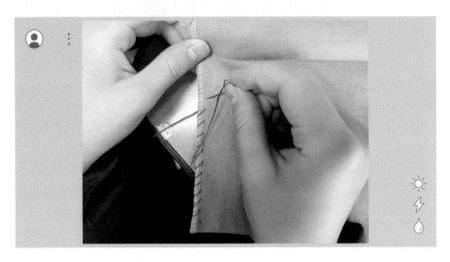

요즘 아이들은 손바느질해 본 경험이 별로 없습니다. 옷이나 양말에 구멍이 나면 버리고 새 것을 사는 게 익숙합니다. 이런 행동은 아이들의 생활 습관으로 굳어져 어른이 되어서도 고치기 힘듭니다. 따라서 어려서부터 물건을 아껴 쓰고 고쳐 쓰는 습관을 갖는 것이 필요합니다.

오늘 수업은 아이들의 생활 습관을 환경친화적으로 만들기 위해 준비했습니다.

준비한 주머니 만들기 키트를 아이들에게 나눠 준 후, 어떤 도구들이 들어 있는지 살펴봅니다. 그리고 바로 주머니를 만들기보다는 설명서를 보면서 어떤 순서로 주머니를 만들지 생각하도록 합니다.

주머니를 만들기 위해서 가장 먼저 해야 하는 것이 있습니다. 바로 바늘귀에 실을 꿰어야 합니다. 바늘귀에 실을 스스로 꿸 수 있어야 바느질을 시작할 수 있고 마무리도 할 수 있습니다. 손바느질을 처음 해 본 아이들은 바늘귀에 실을 꿰는 것을 어려워합니다. 하지만 엄마와 바느질을 해 본 아이들이 있어 서로 도와주며 바늘귀에 실을 연결합니다.

바늘귀에 실을 연결한 후에는 주머니를 꾸며줄 수 있는 도안을 주머니의 한 면에 홈질이나 박음질로 고정합니다. 이 과정에서 아이들은 여러 가지 바느질 방법을 연습하고 단추도 달아 봅니다. 다음으로 두 장의 원단을 겹친 후 감침질의 방법으로 튼튼하게 바느질합니다.

아이들이 바늘귀에 실을 연결하는 것만큼 어려워하는 것이 있습니다. 그것은 바느질이 끝난 후 실이 풀리지 않도록 감아 주는 겁니다. 실을 감아줄 수 있도록 충분한 길이를 남긴 후 실을 동그랗게 말아 그 안에 바늘을 넣어 감아주면 풀리지 않는다는 걸 직접 보여 줍니다.

마지막으로 주머니를 여닫을 수 있는 끈을 연결하면 손바느질로 만든 주머니가 완성됩니다. 아이들이 손바느질을 완성할 때쯤 미리 준비한 간식을 꺼냅니다. 주머니의 용도는 물건을 담아 보관하는 것입니다. 주머니를 만들었으니 보관할 수 있는 무언가를 주면 좋겠다고 생각했습니다.

아이들이 만든 주머니에 간식들을 종류별로 넣었습니다. 수업이 끝나고 집에 갈 때 간식이 담긴 주머니를 가지고 돌아갑니다. 이후 주머니는 자신의 책상 고리에 걸어 놓거나 사물함에 넣어 놓고 작은 학용품들을 보관하는 용도로 사용합니다.

 **준비물**

주머니 만들기 키트, 가위, 간식

지도 방법

1. 주머니 만들기 키트의 구성품과 설명서를 보며 어떤 순서로 만들지 생각한다.
2. 바늘귀에 실을 꿰고 꾸미기 도안을 주머니의 한쪽 원단에 바느질한다.
3. 감침질로 두 장의 원단을 바느질하고, 주머니를 여닫을 수 있는 끈을 연결한다.
4. 완성된 주머니를 뒤집어 바느질이 잘 되었는지 확인한다.
5. 준비한 간식을 주머니에 넣는다.
6. 만든 주머니는 작은 학용품들을 보관하는 용도로 사용한다.

환경 수업 tip

두 장의 원단을 바느질한 후 뒤집어야 바느질한 부분이 주머니의 안쪽으로 들어가 주머니가 보기에 깔끔해진다. 원단을 뒤집는 과정을 생각하고 꾸미기 도안의 바느질을 해야 한다. 오늘 수업에서 가장 중요한 건 주머니를 만드는 것이 아니라 만든 주머니를 생활 속에서 계속 사용하는 것이다. 따라서 아이들과 주머니를 어떻게 하면 효과적으로 사용할지 이야기를 나누는 과정이 필요하다.

상현달 선생님의 eco talk

요즘은 쉽게 옷을 사고 또 쉽게 버립니다. 유행에 따라 옷을 저렴한 가격으로 만들고 유통하는 시대입니다. 이것을 우리는 '패스트푸드'와 비슷하다고 해서 '패스트 패션'이라고 부릅니다. 옷감 1킬로그램을 가공하는 데는 100~200리터의 물이, 티셔츠 하나를 만드는 데는 약 378리터의 물이 사용됩니다. 이것은 한 사람이 3년 동안 마시는 물의 양과 비슷합니다. 이와 같이 '패스트 패션'은 옷을 만드는데 많은 물을 사용하고, 옷을 생산하는 것부터 폐기하기까지 모든 과정에서 온실가스를 많이 발생시킵니다.

실과 교과 연계 — 쓰레기를 줍는 손 만들기

쓰레기를 줍는 손,
'매커니컬 핸즈'를 만들어요

교실에는 여러 활동을 하면서 남은 박스지와 택배 상자 조각들이 있습니다. 바로 버리기가 아까워 재활용할 수 있는 부분을 모아 놓았습니다. 오늘은 이 재활용 재료로 쓰레기를 주울 수 있는 '매커니컬 핸즈'를 만들어 봅니다.

'매커니컬 핸즈'는 영어 단어 그대로 '기계손'이라는 뜻입니다. 다양한 재료들을 사용해 손을 대신할 수 있는 인공적인 손을 만드는 겁니다. 먼저 아이들

176

은 두 손이 없는 여자아이가 '매커니컬 핸즈'를 통해 물건을 집고 글씨를 쓰면서 삶이 바뀐 영상을 봅니다. 영상에서 소개한 전자 장치가 들어간 제품을 만들 수는 없지만 교실에 있는 재활용 재료를 활용하면 충분히 '매커니컬 핸즈'의 원리를 구현해 낼 수 있습니다. 아이들에게 교실에 있는 재료 중 '매커니컬 핸즈'를 만들 수 있는 재료를 찾아서 준비하라고 안내합니다. 아이들은 박스지와 택배 상자 조각, 가위, 풀, 양면테이프를 가져옵니다. 하지만 이 재료는 손바닥을 만들 수는 있지만 손가락을 구부려 물건을 잡을 수는 없습니다. 아이들에게 고민의 시간을 주고 '매커니컬 핸즈' 만드는 방법 영상을 보여 줍니다.

영상을 본 아이들은 재활용 바구니에 있는 빨대, 지끈, 플라스틱 고리 등을 가져옵니다. 지난 수업 시간에 여러 번 활용하고 남은 재료들은 재활용 바구니에 있습니다. 이렇게 사용한 재료들을 모아 놓으면 다른 활동에 유용하게 사용할 수 있습니다.

재료를 준비한 아이들은 박스지와 택배 상자 조각에 손 모양을 그리고 자릅니다. 그리고 손가락 관절에 해당하는 부분을 접은 후 양면테이프로 붙입니다. 빨대를 잘라 양면테이프 위에 붙여 주면 구부러지는 관절이 완성됩니다. 여기에 자신의 손과 '매커니컬 핸즈'까지의 길이를 고려하여 지끈을 빨대 조각 사이에 넣은 후 끝에 플라스틱 고리를 연결합니다. 이렇게 제작한 '매커니컬 핸즈'를 움직이기 위해서 플라스틱 고리에 손가락을 끼워 넣은 후 잡아당깁니다. 지끈이 길거나 반대로 짧으면 '매커니컬 핸즈'의 관절이 움직이지 않기에 시행착오를 거치면서 길이를 조절합니다.

오늘 아이들이 만든 '매커니컬 핸즈'는 쓰레기를 줍는 손이 됩니다. '매커니

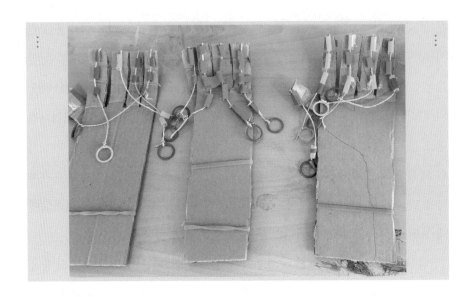

컬 핸즈'를 움직여 페트병을 잡은 후 쓰레기통에 넣습니다. 빗자루를 잡고 깨끗하게 바닥을 쓸기도 합니다. 하지만 생각처럼 페트병은 잘 집어 지지 않고 빗자루로 바닥을 쓸기도 어렵습니다. 환경을 깨끗하게 하기 위해서는 반복과 노력이 필요한 것처럼 아이들은 '매커니컬 핸즈'를 보완하면서 페트병과 빗자루를 잡기 위해 노력합니다.

 **준비물**

장애를 극복한 릴리 영상, 매커니컬 핸즈 만들기 영상, 박스지, 택배 상자, 가위, 풀, 양면테이프, 빨대, 지끈, 플라스틱 고리, 페트병

지도 방법

1. 두 손이 없는 릴리 영상을 시청한다.
2. '매커니컬 핸즈'를 만들기 위해서는 어떤 재료가 필요한지 생각한다.
3. '매커니컬 핸즈' 만들기 영상을 본 후 필요한 재료들을 준비한다.
4. 박스지나 택배 상자에 손목과 손을 그린 후 손가락 관절에 양면테이프를 붙인다.
5. 양면테이프에 빨대 조각을 붙이고 그 안에 지끈을 넣어 연결한 후 한쪽 끝에 플라스틱 고리를 연결한다.
6. 손가락을 플라스틱 고리에 넣어 잡아당기면서 페트병이나 빗자루를 잡아 분리수거한다.

환경 수업 tip

'매커니컬 핸즈'는 손이 불편한 사람들을 위해 필요한 제품을 만드는 활동으로 구성하면 장애 이해 교육을 하는 수업에서도 활용할 수 있다. 오늘처럼 페트병이나 쓰레기를 줍는 활동으로 구성하면 환경 교육과도 연계가 가능하다. 환경 교육은 밖에서 쓰레기를 줍는 활동만이 아니라 수업 시간의 환경에 대한 이해로부터 시작한다.

상현달 선생님의 eco talk

'업사이클링'은 사용 가치가 없어진 물건이나 버려지는 물건 중에서 새로운 가치를 찾고 그 물건에 기능을 더해 그 전과는 다른 새로운 제품으로 만드는 것을 의미합니다. 교실에서는 미술 수업을 하고 나서 발생하는 재료들이 많습니다. 이것들을 한곳에 잘 모아두면 새로운 무언가를 만들 때 활용할 수 있습니다. 새로운 제품을 새로운 재료를 사용해 만드는 것이 아니라 버려지는 물건으로 재활용하여 만든다면 환경 문제를 줄일 수 있습니다.

실과 교과 연계 — 진동 로봇 만들기

바다 쓰레기를 수거하는
진동 로봇을 만들어요

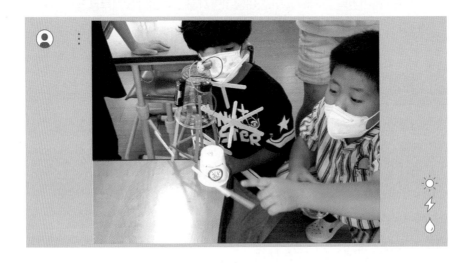

아이들은 아무 데나 떨어져 있는 쓰레기, 훼손된 나무, 미세 먼지로 인해 외출할 때 써야 하는 마스크 등을 통해 환경 오염을 눈으로 보거나 몸으로 느낄 수 있습니다. 하지만 바다가 오염된 것을 쉽게 알아차리기는 어렵습니다. 바다를 보려면 시간을 내 차를 타고 멀리 가야 합니다. 바다에 도착하더라도 육지에 맞닿은 부분만 눈으로 볼 뿐 오염된 바닷속은 볼 수 없습니다. 그래서 아이들은 바다가 오염되었다는 사실을 심각하게 받아들이지 않습니다.

바다에는 많은 동물이 살고 있습니다. 바다가 오염되면서 많은 동물이 고통받으며 지금 이 순간에도 죽어 갑니다. 그림책《더 이상 시간이 없어! 나의 바다》는 이런 동물들의 아픔을 표현하고 있습니다. 먼저 바다 오염에 대한 이해를 돕기 위해 아이들과 함께 그림책을 읽었습니다. 사람들이 버린 낚시 그물에 걸린 엄마 돌고래, 플라스틱 조각을 삼킨 아기 돌고래를 보며 바다 오염의 심각성을 알게 됩니다. 바다가 오염되었다는 사실은 그림책에만 있는 내용이 아니라 실제 바다에도 일어나고 있습니다. '쓰레기 섬'이 대표적입니다. 아이들은 쓰레기로 만들어진 섬에 관한 뉴스 영상과 많은 바다 쓰레기를 치우는 사람들의 노력도 함께 살펴봅니다.

오늘은 바다 쓰레기를 제거하는 로봇을 만들어 봅니다. 로봇은 모터가 돌아가면서 발생하는 진동으로 움직입니다. 진동 로봇의 원리를 아이들과 함께 살펴본 후 필요한 재료를 아이들 스스로 모을 수 있도록 합니다. 진동 로봇을 만들기 위해 플라스틱 몸통에 소켓, 건전지, 모터를 연결합니다. 그리고 아이스크림 막대를 사용해 로봇의 다리를 만들어 줍니다. 이제 진동 로봇에서 중요한 부분이 있습니다. 바로 진동을 만드는 것입니다. 진동을 만들기 위해서는 모터가 회전할 때 무게 중심이 맞지 않아야 합니다. 모터가 회전하는 부분에 나무 집게를 사용해 집어 주면 무게 중심이 맞지 않아 진동이 발생합니다. 그 진동으로 인해 로봇이 움직입니다.

진동 로봇이 움직이면서 수거할 바다 쓰레기는 종이컵을 활용합니다. 아이들은 종이컵에 바다에서 볼 수 있는 쓰레기의 종류를 기록합니다. 이렇게 종이

컵에 쓴 바다 쓰레기들을 진동 로봇이 움직이면서 책상 밑으로 떨어뜨리면 바다 쓰레기가 수거됩니다. 여러 번의 시행착오를 통해 아이들은 어떻게 하면 종이컵에 쓴 바다 쓰레기를 빠르게 수거할지 고민합니다. 진동 로봇에 아이스크림 막대로 만든 팔을 달거나 종이컵을 한꺼번에 밀 수 있도록 빨대로 보조 장치를 만들기도 합니다. 이렇게 만든 진동 로봇으로 제한된 시간에 바다 쓰레기를 책상 밑으로 떨어뜨려 수거하는 활동을 합니다.

 **준비물**

그림책 《더 이상 시간이 없어! 나의 바다》, 쓰레기 섬에 관한 뉴스 영상, 플라스틱 컵, 소켓, 건전지, 모터, 나무집게, 아이스크림 막대, 빨대, 테이프, 종이컵

지도 방법

1. 그림책 《더 이상 시간이 없어! 나의 바다》를 읽고 바다를 오염시키는 원인을 찾아본다.
2. 쓰레기 섬에 관한 뉴스 영상을 시청한다.
3. 진동 로봇을 만들기 위해 필요한 재료를 탐색한 후 진동 로봇을 제작한다.
4. 종이컵에 바다에 있는 쓰레기 종류를 기록한다.
5. 완성된 진동 로봇을 움직이면서 종이컵을 책상 바닥에 떨어뜨린다.
6. 제한된 시간에 어떤 진동 로봇이 더 많은 종이컵을 책상 바닥에 떨어뜨리는지 시합한다.

환경 수업 tip

넓은 바다에 있는 쓰레기를 사람의 힘으로만 수거하는 건 쉬운 일이 아니다. 그래서 과학자들은 다양한 형태의 로봇을 개발해 바다 쓰레기를 수거하고 있다. 실제 바다 쓰레기를 수거하는 로봇에 관한 영상을 미리 보여 주면 아이들의 흥미와 관심을 높일 수 있다. 그리고 종이컵에 바다 쓰레기의 종류를 직접 써 보고 이것을 수거하는 과정을 통해 아이들을 실제적인 상황으로 이끌 수 있다.

상현달 선생님의 eco talk

'미세 플라스틱'이란 크기가 5밀리미터 미만의 작은 플라스틱 알갱이를 말합니다. 페트병과 같이 버려진 플라스틱은 계속 부서지고 분해되어 미세 플라스틱으로 변합니다. 미세 플라스틱은 너무 작아서 하수 처리 시설에 걸러지지 않고 강이나 바다로 들어 갑니다. 비닐봉지와 페트병 등의 플라스틱은 강한 햇빛과 파도에 부서지고 쪼개지면서 더 작은 미세 플라스틱이 됩니다. 플라스틱 해양 쓰레기는 매년 수백만 톤씩 바다로 들어가 고래, 바다거북에게 큰 피해를 주고 있습니다.

실과 교과 연계 ─ 폴드스코프 만들기

종이 현미경 '폴드스코프'를 만들어 식물을 관찰해요

아프리카는 물 부족 현상과 수질 오염이 다른 지역에 비해 심각합니다. 이런 문제로 발생하는 말라리아는 아이들에게 치명적입니다. 말라리아를 없애기 위해서는 감염 후 치료도 중요하지만, 진단이 필수입니다. 말라리아에 걸렸다는 것을 확인해야 치료가 가능하기 때문입니다. 혈액 속에 있는 말라리아 기생충을 관찰하기 위해서는 현미경이 필요하지만, 가격이 비싸 아프리카에서는 쉽게 구할 수 없습니다. 더 큰 문제는 지구 온난화로 인해 말라리아의 매개체인 모기가 증가하고 있고, 그렇기 때문에 아프리카 및 빈민국에 사는 사람들은 이중으로 고통받고 있습니다.

말라리아를 진단하기 위해 인도 출신 과학자가 종이 한 장과 전구, 렌즈만으로 현미경 만드는 방법을 개발했는데 그것이 바로 '폴드스코프'라는 종이 현미경입니다. 인터넷에서 '폴드스코프' 키트를 구입했습니다. 그리고 말라리아로 고통받고 있는 사람들의 모습과 함께 지구 온난화로 인해 말라리아를 일으키는 모기가 증가한 영상도 시청했습니다. 영상을 본 후 '폴드스코프'가 왜 발명되었는지 간단하게 설명하고 지구 온난화와 연계해 아이들과 이야기를 나누었습니다.

'폴드스코프' 만드는 방법은 인터넷으로 쉽게 찾을 수 있습니다. 아이들은 영상을 보며 '폴드스코프'를 제작합니다. 몇 장의 종이를 겹치고 가운데에 렌즈를 넣으면 되지만 이 과정을 어려워하는 아이들도 있습니다. 이럴 때는 먼저 완성한 친구들이 도움을 줄 수 있도록 합니다. 완성된 '폴드스코프'를 스마트폰이나 태블릿 카메라에 부착하면 물체를 관찰할 준비가 되었습니다.

아이들은 종이로 만든 '폴드스코프'가 일반 현미경처럼 눈으로 보이지 않는 내부의 모습을 확대해 보여줄 수 있을지 의문을 품습니다. 교실 밖으로 나가 식물의 잎을 준비한 후 투명 테이프를 사용해 프레파라트를 만들었습니다. 아이들은 '폴드스코프'를 부착한 태블릿을 가지고 빛이 들어오는 밝은 곳으로 이동합니다. '폴드스코프'의 겹친 종이를 조금씩 움직이면 배율이 조정되면서 식물 잎의 구조가 선명해집니다. 태블릿으로 선명한 식물 잎의 구조를 확인한 아

이들은 '폴드스코프'의 성능에 깜짝 놀랍니다. 식물의 잎뿐만 아니라 꽃, 과자 봉지 등 다양한 물체들을 '폴드스코프'로 관찰합니다. 마지막으로 관찰한 내용을 학습지에 기록하면서 오늘 활동을 정리합니다. 또한 아이들은 설명서와 영상으로만 보던 '폴드스코프'의 기능을 직접 눈으로 확인하면서 '폴드스코프'의 가치에 대해 다시 한번 생각해 봅니다.

 준비물

폴드스코프 키트, 말라리아와 지구 온난화에 관한 영상, 폴드스코프 만들기 영상, 스마트폰이나 태블릿, 투명 테이프, 식물의 잎, 학습지

지도 방법

1. 말라리아와 지구 온난화에 관한 영상을 시청한다.
2. 영상을 보며 '폴드스코프'를 제작한다.
3. 완성한 '폴드스코프'를 스마트폰이나 태블릿의 카메라에 연결한다.
4. '폴드스코프'로 관찰할 식물을 채집한다.
5. 채집한 식물 잎을 투명 테이프를 사용해 프레파라트로 만든다.
6. '폴드스코프'로 식물의 잎을 관찰한다.
7. '폴드스코프'에 대해 알게 된 내용과 관찰한 것을 학습지에 기록한다.

환경 수업 tip

실험에 사용할 식물의 잎을 찾기 위해 식물에 달린 잎을 떼기보다는 바닥에 떨어져 있는 잎을 사용할 수 있도록 한다. 환경 수업을 하면서 식물을 훼손하는 것은 바른 환경 수업의 방법이 아니기 때문이다. 또한 '폴드스코프'나 현미경을 활용해 생물체를 관찰할 때는 프레파라트를 만드는 것이 좋은데 투명 테이프를 사용하면 휴대하기 좋고 안전한 프레파라트를 만들 수 있다.

상현달 선생님의 eco talk

'폴드스코프'는 인도 출신 과학자이면서 스탠퍼드대학교 교수인 마누 프라카시 박사가 만든 접을 수 있는 현미경입니다. '폴드스코프'는 배율이 2,000배가 되기 때문에 기존 현미경들의 성능에 비해 뒤떨어지지 않습니다. 또한 가격이 저렴하고 휴대성과 내구성이 높아 아프리카와 같은 저소득 국가들에 많은 도움이 되고 있습니다.

6장

 교실 속
생태 환경 수업

| 미술 교과 연계 |

미술 교과 연계 ─ 자연 풍경을 활용한 그림 그리기

자연 풍경을 활용해
사진으로 그림을 그려요

오늘따라 하늘이 더 푸르고 꽃도 더 향기롭습니다. 따스한 햇볕은 아이들을 운동장으로 나오라고 손짓하는 것 같습니다. 그래서 오늘 수업은 교실을 벗어나 푸른 하늘, 향긋한 꽃들과 함께하는 활동으로 준비했습니다.

교실 밖으로 나가기 전 도화지에 그림을 그린 후 칼을 사용해 배경이 될 부분을 잘라 줍니다. 오늘 수업에서 가장 중요한 건 칼로 잘라내는 부분입니다.

이 부분에 아름다운 자연 풍경을 넣어 사진으로 찍을 예정입니다. 보통은 그림에 색연필이나 물감으로 색칠하지만, 오늘은 자연의 모습을 물감이라고 생각해 색칠하려고 합니다.

교실 밖으로 나온 아이들은 자신의 도안과 어울리는 자연 풍경을 찾습니다. 아름다운 자연의 모습을 담기 위해 그동안 걸으면서 무심히 스쳐 지나갔던 하늘, 나무, 꽃 등을 유심히 바라봅니다.

한 손에는 도안이 그려진 도화지를 들고 다른 한 손으로는 태블릿이나 스마트폰을 들고 거리를 조절하며 사진을 찍습니다. 사진을 찍을 때는 도안에서 오려낸 부분이 자연 풍경과 잘 어울려야 합니다. 아이들이 그린 도안에는 사람이 인공적으로 만든 것보다는 꽃과 나무, 하늘 등 자연의 모습들이 멋지게 조화를 이룹니다.

아이들은 자연 풍경을 바꾸며 도안의 배경을 만들어 갑니다. 하나의 도안이지만 어떤 배경을 놓느냐에 따라 그림의 느낌이 달라집니다. 아이들이 도화지에 그린 평면 그림과 입체적인 나무와 꽃이 어우러진 작품은 생동감이 넘칩니다. 아무리 아름다운 색을 만든다고 하더라도 자연 본래의 색을 넘어서기는 어렵습니다. 이런 과정을 통해 아이들은 자연 풍경의 아름다움과 함께 자연이 만든 색의 오묘함을 느낄 수 있습니다.

학교 이곳저곳을 돌아다니면서 작품 사진을 찍은 아이들은 교실로 들어와 자신이 찍은 사진을 온라인 보드에 올립니다. 흩어져서 작품 사진을 찍었기에 밖에서는 다른 친구들의 작품을 볼 수 없었습니다. 하지만 온라인 보드에 학생별로 사진을 올릴 수 있도록 하면 아이들은 자신의 이름 밑에 보기 좋게 사진

을 올릴 수 있습니다. 이렇게 사진을 올리면 다른 친구들이 찍은 사진을 한눈에 감상할 수 있습니다. 아이들이 올린 사진을 보니 자연만큼 아름다운 색은 없는 것 같습니다. 도화지에 그린 그림이 자연 풍경을 만나 한층 더 고급스러운 작품이 되었습니다.

 **준비물**

도화지, 칼, 가위, 태블릿이나 스마트폰, 온라인 보드(띵커벨, 패들렛)

지도 방법

1. 도화지에 도안을 그린 후 배경이 될 곳을 칼로 오려낸다.
2. 학교 곳곳을 돌아다니며 나무, 꽃, 하늘 등을 배경으로 도안과 자연 풍경을 함께 사진으로 찍는다.
3. 자신이 찍은 사진을 온라인 보드에 올린다.
4. 온라인 보드에 친구들이 올린 사진을 보고 이야기를 나눈다.

환경 수업 tip

도안을 크게 그려야 배경 부분을 어렵지 않게 오릴 수 있고 배경 부분의 공간이 넓어야 자연 풍경과 어울리게 사진을 찍을 수 있다. 도안의 배경 부분에는 인공물보다는 나무, 꽃, 하늘, 숲, 물 등 자연물을 활용하여 사진을 찍는 것이 좋다. 이를 통해 아이들은 자연이 주는 색감의 아름다움을 느낄 수 있다.

상현달 선생님의 eco talk

자연은 신비로운 색의 비밀을 지니고 있습니다. 청록색 빛을 많이 쐬면 잠이 깨고, 반대로 적게 쐬면 깊게 잠들 수 있다고 합니다. 수국은 꽃잎이 흰색, 분홍색, 파란색 등으로 다양합니다. 이 꽃잎 색깔은 수국이 뿌리 내린 땅이 산성이냐 알칼리성이냐에 따라 달라진다고 합니다. 또한, 가장 단단하고 아름다운 보석인 다이아몬드는 탄소에 붕소가 들어가면 푸른색의 다이아몬드가 되고 질소가 첨가되면 노란색 다이아몬드가 된다고 합니다. 이렇듯 자연은 사람이 인위적으로 흉내 낼 수 없는 신비로움과 아름다움을 지닌 다양한 색을 만들어 냅니다.

미술 교과 연계 ─ 파스텔로 자연 풍경 표현하기

파스텔과 OHP 필름을 활용해
자연의 모습을 표현해요

오늘은 파스텔과 OHP 필름을 활용해 자연 풍경을 그려 보려고 합니다. 먼저, 아이들에게 A4 용지를 한 장씩 나누어 줍니다. 그리고 모둠별로 파스텔과 화장지, 물티슈를 준비합니다. 처음에는 교실 밖으로 나가서 자연 풍경을 직접 보며 그림을 그리려고 했습니다. 하지만 밖으로 나가기에는 날이 너무 더웠습니다. 그래서 인터넷으로 검색해 자신이 그리고 싶은 아름다운 자연 풍경을 찾

있습니다.

아이들은 선택한 자연 풍경에 자신의 상상력을 더해서 파스텔로 그림을 그리기 시작합니다. 파스텔은 색을 은은한 느낌으로 펼쳐서 바를 수 있기에 자연의 모습을 표현하기 좋은 재료입니다. 원하는 색깔의 파스텔을 A4 용지에 옅게 칠한 후 손가락이나 화장지를 사용해 문질러 펼칩니다. 이런 과정을 통해 서로 다른 색깔의 파스텔은 경계가 합쳐져 자연스러운 색깔을 만듭니다.

종이와 손에 묻은 파스텔은 가루 형태로 남아 있으므로 입으로 강하게 불면 가루가 날립니다. 따라서 종이에 칠한 파스텔은 최대한 가루가 남지 않도록 문질러 주고 손가락에 묻은 파스텔은 물티슈로 닦아 줍니다. 이렇게 A4 용지에 파스텔로 그린 그림은 작품의 배경이 됩니다.

배경이 완성된 후에는 중심이 되는 그림을 OHP 필름에 그립니다. OHP 필름은 투명하기에 노트북이나 태블릿 화면에 올려놓고 그림을 따라 그릴 수도 있습니다. 이렇게 본떠서 그리거나 인터넷 검색을 한 후에 보고 그릴 수도 있습니다. 혹은 참고 사진 없이 자신의 머릿속에 있는 내용만으로 그릴 수도 있습니다. 어떤 방법을 선택하든 중심 그림은 매직을 사용해서 진하게만 그려준다면 부드러운 파스텔 배경과 잘 어울립니다.

서로 다른 재질의 종이와 OHP 필름, 서로 다른 느낌의 옅은 파스텔 배경과 진한 매직으로 그린 그림이 만나서 하나의 작품이 되었습니다. 이 작품을 자석, 집게 혹은 압정을 사용해 교실 게시판에 전시해도 좋습니다. 하지만 A4 크기의 액자 안에 넣는 순간 한층 더 멋있는 작품이 됩니다. 아이들은 액자를 가져가서 네 군데의 고정쇠를 연 후, 안에 들어 있는 종이를 제거합니다. 그리고 액자

안에 들어 있는 기존의 필름 위에 중심 그림이 그려진 OHP 필름을 넣고 마지막으로 파스텔로 그린 배경을 넣어 줍니다. OHP 필름과 A4 용지가 구부러지거나 찢어진 부분이 없는지 확인한 후 액자의 고정쇠를 다시 구부려 고정하면 작품이 완성됩니다.

준비물

A4 용지, OHP 필름, 파스텔, 화장지, 물티슈, 매직, A4 크기의 액자

지도 방법

1. 인터넷 검색으로 배경이 되는 자연 풍경을 찾는다.
2. A4 용지에 파스텔을 손가락이나 화장지로 문지르면서 자연 풍경을 만든다.
3. OHP 필름에 매직을 사용해 중심 그림을 진하게 그린다.
4. 파스텔로 그린 배경 그림과 OHP 필름에 그린 중심 그림이 잘 어울리는지 겹쳐서 확인한다.
5. A4 크기의 액자 안에 그림이 그려진 A4 용지와 OHP 필름을 넣는다.

환경 수업 tip

자연 풍경을 그릴 때 가장 좋은 건 교실 밖을 벗어나 하늘, 나무, 꽃 등을 직접 보고 그리는 것이다. 자연이 주는 오묘한 색깔과 따뜻한 느낌은 사진으로 전해지지 않기 때문이다. 날씨 때문에 밖으로 나갈 수 없다면 교실 창문 너머로 보이는 자연 풍경을 그릴 수도 있고, 인터넷 검색을 통해 멋진 자연 풍경을 검색해서 활용할 수도 있다.

상현달 선생님의 eco talk

파스텔의 은은함은 마음속에 따스함을 줍니다. 아마도 그윽하고 깊은 자연의 모습과 닮아서일 겁니다. 어렸을 때는 자연이 그리 아름다워 보이지 않았습니다. 사람이 만든 건물과 놀잇감이 더 멋져 보였습니다. 하지만 시간이 흘러 자연과 함께한 추억이 하나씩 쌓이면서 하늘이 예뻐 보이고 나무가 멋져 보이며 꽃향기가 마음을 사로잡습니다. 아이들도 어려서부터 자연과 함께하는 작은 추억들이 쌓여 저보다 조금 더 빨리 자연이 항상 내 옆에 있다는 사실을 알았으면 좋겠습니다.

미술 교과 연계 — 스트링 아트로 동물 표현하기

재활용한 나무판에
지끈과 털실로 동물을 표현해요

　'스트링 아트'는 일정한 규칙에 따라 직선을 그어 주면 그 직선들이 모여 곡선을 이뤄내는 원리를 활용한 예술입니다. 못이나 나사에 실을 연결해 입체적인 작품을 만들 수 있습니다. '스트링 아트'라고 인터넷에서 검색하면 다양한 종류의 키트가 있습니다. 시중에서 판매하는 대부분의 '스트링 아트' 키트들은 나무판에 작은 못을 박아 실로 연결하는 방법입니다. 도안과 재료가 키트 안에 모두 들어 있어 작품을 빠르고 쉽게 만들 수 있습니다. 하지만 나무판에 박은 못을 장도리로 빼면 휘어지는 경우가 많아 한 번 사용한 못을 재사용하기 어렵습니다.

그래서 일반 못보다는 전동 드릴을 사용해 박을 수 있는 나사못과 기존 키트 안에 들어 있는 판보다 더 두껍고 크기가 큰 나무판을 준비했습니다. 사실 나사못과 나무판은 오늘 수업을 위해 구입하지 않았습니다. 나사못은 3년 전에 한 봉지를 구입해서 매년 수업에 활용하고 있습니다. 작품을 만들기 위해 나무판에 박은 나사못은 학년말, 작품을 정리할 때 버리지 않고 빼내서 재사용합니다. 또한 나무판은 나사못을 박은 면이 아닌 반대쪽 면을 사용하면 2년에 걸쳐 재사용할 수 있습니다. 또한 나사못을 박은 자국이 남아있는 면을 재활용해도 작품을 만드는 데는 크게 지장이 없기에 나무판을 몇 년간 사용할 수 있습니다.

오늘은 주위에서 볼 수 있거나 혹은 자신이 좋아하는 동물과 나무를 '스트링 아트'로 표현해 봅니다. 먼저 아이들은 나무판에 연필을 사용해 표현하고 싶은 동물과 나무의 형태를 그립니다. 다음으로 스케치한 그림에 일정 간격으로 전동 드릴을 사용해 나사못을 박습니다. 전동 드릴은 몇 번 사용해 보면 여자 아이들도 어렵지 않게 사용할 수 있습니다. 그리고 나사못을 잘못 박았을 때는 쉽게 제거도 가능하기에 실패에 대한 부담을 줄여 줍니다.

나사못을 박은 후에는 털실이나 지끈으로 나사못에 하나씩 연결합니다. 처음 시작하는 나사못에는 털실과 지끈이 풀리지 않도록 묶은 후 다음 나사못까지 팽팽하게 당기면서 연결합니다. 다음 나사못에는 털실과 지끈을 나사못에

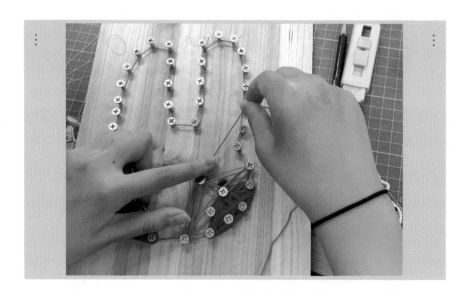

한 번 감아준 후 당겨줘야 풀리지 않습니다. 동물과 나무의 바깥쪽을 먼저 연결한 후 내부를 털실과 지끈으로 채워 갑니다. 진하게 나타내고 싶은 부분이 있다면 털실과 지끈을 여러 번 겹치면 됩니다. 털실과 지끈을 어떻게 연결하느냐에 따라 작품의 질감이 달라지고 입체감도 나타납니다.

완성된 작품은 교실 한편에 전시합니다. 시간이 지나 다른 작품으로 교체할 때가 되면 작품을 그대로 쓰레기통에 버리지 않습니다. 나사못을 제거한 후 나무판과 함께 보관하며 매년 그랬던 것처럼 내년에 또 사용합니다.

 **준비물**

나무판, 전동 드릴, 나사못, 털실, 지끈, 가위

지도 방법

1. 나무판에 연필로 동물과 나무 그림을 그린다.
2. 전동 드릴을 사용해 나무판에 그린 그림 위에 일정 간격으로 나사못을 박는다.
3. 그림 바깥면에 박은 나사못에 털실과 지끈을 연결해 형태를 잡아 준다.
4. 그림 안쪽 면에 박은 나사못에 털실과 지끈을 연결해 질감과 입체감을 표현한다.
5. 교실 한편에 작품을 전시하고 함께 감상한다.

환경 수업 tip

오늘 활동처럼 학생들 개인별로 하나의 동물이나 나무를 선택해 작품으로 만들 수 있다. 여기에서 조금 더 발전시키면 모둠별로 '자연' 혹은 '환경'이라는 주제를 정해 스토리가 있는 작품을 제작할 수도 있다. 학생들은 스토리에 맞게 등장인물을 '스트링 아트'로 만들고 나무판의 위치를 조정하면서 새로운 이야기들을 만들어 낼 수 있다.

상현달 선생님의 eco talk

'제로 웨이스트 zero waste'는 일회용품과 폐기물을 최소화하여 환경을 오염시키지 않는 삶을 지향한다는 개념입니다. 이런 삶을 위해서는 재사용과 재활용이 필요합니다. '재사용 Reuse'은 쓰고 버릴 물건을 손질해서 같은 용도로 다시 쓰는 것을 말하고 '재활용 Recycling'은 쓰고 버린 물건을 특별한 방법으로 손질해서 다른 방식으로 되살려 사용하는 것을 말합니다. 교실에서도 쉽게 버려지는 물건들을 재사용, 재활용하려는 노력이 필요합니다.

미술 교과 연계 ─ 팝콘 나무 만들기

반구와 팝콘을 활용해
동물들이 사는 팝콘 나무를 만들어요

지구에는 다양한 동물과 식물이 함께 살아 갑니다. 고소한 팝콘 나무 아래 동물들이 어울려 지내는 모습을 상상하니 마음이 흐뭇합니다. 물론 현실은 복잡한 먹이 사슬 속에서 서로 먹고 먹히며 살아 갑니다. 그래도 동물들은 먹이 사슬이 있기에 지금까지 지구의 오랜 주인으로 잘 살아오고 있었습니다. 하지만 사람이 지구의 이것저것에 관여하면서 환경 오염이라는 문제가 발생했습니다. 아이들과 함께 지구, 동식물, 인간, 환경 오염에 관한 내용으로 자유롭게 이야기를 나누었습니다.

어느 정도 이야기를 나눈 후 미리 준비한 동물과 나무 도안을 모둠별로 나눠 주었습니다. 동물과 나무 도안은 핀터레스트 사이트에서 찾거나 구글 이미지 검색을 통해 다양하게 준비했습니다. 컴퓨터에 내려받은 도안은 바로 출력하지 않고 바탕이 되는 원판 지름보다 작게 크기를 조절한 후 출력합니다.

아이들은 도안 중에서 마음에 드는 동물 도안과 나무 도안을 선택하고 가위로 오립니다. 그리고 동물과 나무가 잘 어울릴 수 있도록 색칠합니다. 흰색인 동그란 원판은 색칠이 완료된 동물과 나무 도안을 붙이는 배경입니다. 이곳을 흰색으로 두어도 되지만 색칠하면 멋진 작품을 만들 수 있습니다. 배경색을 칠한 후 동물과 나무 도안의 위치를 조정하면서 가장 잘 어울리는 배치를 찾습니다. 적절한 배치를 찾으면 글루건을 사용해 동그란 원판에 동물과 나무 도안을 붙입니다. 이때, 빨대를 잘라 도안과 동그란 원판 사이에 넣어 주면 도안들이 살짝 앞으로 나오는 효과를 주어 입체감을 느낄 수 있습니다.

아이들이 즐겁게 오리고 색칠하고 붙이는 동안 저는 오늘 활동의 주재료인 팝콘을 미니 오븐에 넣어 튀깁니다. 얼마 지나지 않아 교실이 고소한 팝콘 냄새로 가득합니다. 팝콘은 흰색 동그란 원판에 붙인 앙상한 나무에 피어나는 팝콘 꽃이 됩니다. 팝콘을 나무에 붙이기 위해서는 풀보다는 글루건이 더 효과적입니다. 저학년 아이들에게는 글루건이 위험하므로 선생님이 직접 나무에 글루건을 쏴 아이들이 팝콘을 붙일 수 있도록 합니다. 혹은 글루건을 사용하지 않고 양면테이프를 사용해 팝콘을 나무에 붙일 수도 있습니다. 처음에는 앙상

한 나무였지만 팝콘을 붙이는 순간 아름다운 꽃이 핀 나무가 되었습니다. 여기에 투명한 반구를 붙이면 공간감 있는 입체 작품이 완성됩니다.

팝콘이 만개한 팝콘 나무 아래에서 평화로운 동물이 보기 좋습니다. 우리가 사는 지구도 팝콘 나무 밑에 있는 동물처럼 평화롭고 행복했으면 좋겠습니다.

 **준비물**

동물·나무 도안, 가위, 미니 오븐, 팝콘, 색연필, 글루건, 양면테이프, 투명 반구

지도 방법

1. 지구, 동식물, 인간, 환경 오염이라는 내용으로 이야기를 나눈다.
2. 도안 중에서 마음에 드는 동물과 나무 도안을 선택한다.
3. 선택한 동물·나무 도안을 깔끔하게 자른 후 색칠한다.
4. 배경이 되는 흰색 동그란 판을 동물과 식물이 잘 어울릴 수 있도록 색칠한다.
5. 흰색 동그란 판에 동물과 나무 도안을 배치한 후 글루건으로 팝콘을 붙인다.
6. 작품에 공간감을 주기 위해 투명 반구를 흰색 동그란 판 위에 붙인다.
7. 완성된 작품을 교실 옆면이나 뒤 게시판에 전시한다.

환경 수업 tip

오늘 수업에서 활용한 팝콘은 2년 전 학교 행사 때 사용하고 남은 팝콘이다. 유통 기한이 지나 먹을 수는 없지만 팝콘 나무를 만드는 용도로는 충분히 사용이 가능하다. 나무 도안에 팝콘을 붙이는 순간 입체감을 주는 나무로 변신한다. 또한 미술 시간에 쓰고 남은 빨대 조각을 동물과 나무 도안 뒤에 붙이면 앞으로 살짝 튀어나온 효과를 줄 수 있어서 더욱 입체감을 살릴 수 있다.

상현달 선생님의 eco talk

나무는 살아 있는 동안 꽃을 피우고 열매를 맺어 여러 생명에게 먹이를 제공하고 보금자리의 역할도 합니다. 수명이 다한 나무에서는 이끼와 버섯이 자라며 작은 벌레들이 살 수 있는 공간이 됩니다. 나무가 잘 자라야 숲속에 사는 동식물이 건강해지고 생태계는 안정적으로 유지될 수 있습니다. 또한 나무는 사람들에게 신선한 산소를 공급해 주고 지구를 둘러싼 공기가 뜨거워지지 않도록 해 줍니다. 우리는 지구 모든 생명체에게 아낌없이 내어 주는 나무의 고마움을 잊지 않아야 합니다.

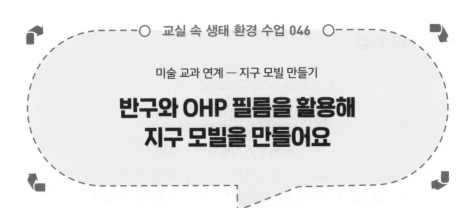

미술 교과 연계 — 지구 모빌 만들기

반구와 OHP 필름을 활용해 지구 모빌을 만들어요

지구에는 인간과 동물이 서로 어우러져 살아가고 있습니다. 둥근 지구처럼 모두가 둥글게 잘 지내면 좋겠지만 사람들의 마음은 둥글지 않은 것 같습니다. 살고 있는 땅, 하늘, 바다를 힘들게 하고 함께 살아왔던 동식물도 아프게 합니다. 수업을 하기 전, 아이들에게 지구에는 어떤 동물들이 사는지 물어봤습니다. 아이들은 고양이, 강아지, 곰, 꽃게 등 다양한 종류의 동물을 이야기합니다.

"여러분들이 말한 동물들이 계속 우리와 함께 살 수 있는 방법은 무엇일까요?"

여러 가지 이야기가 나오지만 결국에는 사람들이 환경을 오염시키지 않아야 한다는 결론에 이르게 되었습니다. 수업 시간에 환경을 보호해야 한다는 이야기를 하지 않았지만, 아이들은 스스로 환경을 보호해야 자기가 좋아하는 동물들과 함께 살아갈 수 있다고 생각합니다.

아이들이 말한 동물 외에도 여러 종류의 동물 도안을 핀터레스트 사이트에서 준비했습니다. 사진으로 내려받은 파일들은 한글 문서에 옮긴 후 반구 하나의 지름인 16센티미터보다 작은 크기로 줄였습니다. 지금까지 수업 시간에 활용한 도안들은 거의 A4 용지에 출력했습니다. 하지만 오늘은 A4 용지가 아닌 OHP 필름에 출력해서 활용할 예정입니다. OHP 필름에 출력한 동물 도안은 투명해서 앞면뿐만 아니라 뒷면까지 보입니다. 사방에서 동물 모습을 볼 수 있으므로 모빌로 만들기 적합합니다.

먼저 OHP 필름의 동물 도안을 색칠한 후, 동물 모양에 맞춰 잘라 줍니다. 그러면 앞, 뒤에서 모두 동물을 볼 수 있습니다. 다음으로 투명 반구에 '지구에 하고 싶은 말'을 적습니다. 투명 반구 자체에 매직으로 써도 되고 스티커에 글을 쓴 후 붙여도 됩니다. 이제 지구가 될 두 개의 반구를 예쁘게 꾸며 줍니다. 반구 꾸미기가 완료되면 두 개의 투명 반구 사이에 색칠한 동물 도안을 넣어 줍니다.

한 아이가 투명 반구 위에 '환경 오염 멈춰!'라는 글을 썼습니다. 아마도 지구에 살고 있는 사람들에게 하는 경고의 메시지인 것 같습니다. 마지막으로 글

루건이나 테이프를 사용해 두 개의 투명 반구를 붙이면 동물들이 살고 있는 동그란 지구가 완성됩니다. 지구 위쪽에 송곳으로 고리를 걸 수 있게 구멍을 하나 뚫습니다. 뚫은 구멍에 투명한 낚싯줄을 연결해서 교실 천장에 붙여 주면 공중에 떠 있는 지구가 됩니다.

둥근 지구가 대롱대롱 교실 위에 떠 있습니다. 지구 안에는 동물이 평화롭게 지내고 있습니다. 사람과 동물이 함께 있는 교실처럼 지구가 오염되지 않고 모두가 즐겁고 편안하게 살아가면 좋겠습니다.

 **준비물**

동물 도안, OHP 필름, 사인펜, 매직, 가위, 글루건, 테이프, 투명 반구, 송곳, 낚싯줄

지도 방법

1. 동물들이 사람들과 함께 살아갈 방법에 대해 생각한다.
2. 인터넷에서 동물 도안을 내려받은 후 한글 문서에 넣어 16센티미터보다 작은 크기로 줄인다.
3. OHP 필름에 동물 도안을 출력한다.
4. 사인펜과 매직으로 동물을 색칠한 후 자른다.
5. 투명 반구에 '지구에 하고 싶은 말'을 기록한다.
6. 두 개의 투명 반구 사이에 색칠한 동물 도안을 넣고, 글루건이나 테이프로 두 개의 투명 반구를 붙인다.
7. 지구 위쪽에 고리를 걸 수 있게 송곳으로 구멍을 뚫고 낚싯줄을 연결해 교실 천장에 붙인다.

환경 수업 tip

교실 뒤 게시판은 아이들의 작품을 전시하기에 좋은 장소다. 하지만 아이들의 작품이 늘어나면 얼마 전시하지 못하고 교체해야 하는 경우가 발생한다. 따라서 교실 천장에 걸 수 있도록 작품을 만들어 주면 아이들의 작품을 많이 전시할 수 있다. 또한 작품 교체 시기를 늘릴 수 있어서 그로 인해 발생하는 쓰레기도 줄일 수 있다.

상현달 선생님의 eco talk

지구는 우주에서 가장 신비로운 행성입니다. 세균에서부터 거대한 공룡에 이르기까지 많은 동물과 식물이 수천 년간 번성한 유일한 행성입니다. 지구에 많은 동식물이 번창할 수 있었던 이유는 생명을 유지하기에 적당한 온도를 지닌 행성이기 때문입니다. 과학자들은 전 세계 많은 장소의 지표면 온도를 측정했고, 그 평균 온도가 생물이 번식하기에 가장 좋은 온도인 약 13.9도임을 알아냈습니다.

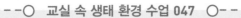
미술 교과 연계 ─ 자연의 모습 그리기

오일 파스텔을 활용해 자연의 모습을 그려요

　　오일 파스텔은 크레용과 파스텔의 중간 정도 질감을 지닌 유성 미술 도구입니다. 물감을 야자유나 파라핀 왁스 등의 유지로 굳혀 만들었습니다. 파스텔처럼 부드러운 색감을 내지만 가루 원료를 굳혀 만든 일반 파스텔과 달리 가루가 날리지 않고, 광택이 있는 것이 특징입니다. 그동안 파스텔을 활용한 수업을 하면서 파스텔 가루가 날리는 게 불편했습니다. 그리고 조금 더 부드러우면서도

210

선명한 작품이 나왔으면 하는 아쉬움이 있었습니다. 이후 우연히 오일 파스텔을 발견하게 되었고 직접 그림을 그려 보니 기존 파스텔이 가지고 있는 단점이 보완되어 좋았습니다. 그리고 무엇보다도 오일 파스텔의 색감과 질감이 자연의 모습을 부드럽고 은은하게 잘 표현해 주었습니다.

작품을 만들기 전날 도화지를 팔 등분 해서 잘랐습니다. 그림 그리는 곳이 너무 크면 아이들에게 부담이 되기 때문입니다. 개인당 세 장씩 그릴 수 있도록 도화지를 충분히 잘라 놓으니, 밥을 배불리 먹은 것처럼 든든합니다. 다음날 아이들에게 오일 파스텔로 그린 예시 작품을 보여 주고 오일 파스텔의 기본적인 사용 방법에 대해 안내합니다. 그리고 도화지의 가로, 세로에 종이테이프를 붙입니다. 종이테이프가 있냐, 없냐에 따라 나중에 그림의 질이 달라집니다.

아이들은 태블릿과 스마트폰을 활용해 '자연의 모습'이라는 주제에 맞는 사진이나 그림을 검색합니다. 자연의 모습과 어울리는 사진이나 그림을 찾으면 자신의 생각과 느낌을 담아 기존의 사진과 그림에서 변형한 그림을 그리기 시작합니다.

오일 파스텔을 사용해 그림을 다 그린 후에는 처음에 붙인 종이테이프를 떼어 냅니다. 종이테이프를 떼는 순간 오일 파스텔로 그린 그림이 깔끔해지면서 액자에 들어간 듯한 효과가 나타납니다. 그리고 마치 자연의 모습이 그려진 그림엽서 같은 느낌이 듭니다.

아이들이 완성한 작품을 교실 전면에 붙이고 함께 감상합니다. 그림을 그린 학생은 다른 친구들에게 그림의 제목과 내용에 대해 이야기합니다. 같은 자연의 모습을 그렸지만 한 학생은 해가 지는 자연의 모습을 그렸고, 다른 학생은

반대로 해가 뜨는 자연의 모습을 그렸습니다. 같은 자연의 모습을 그렸지만 바라보는 시선에 따라 해가 뜨기도 하고 지기도 합니다. 하지만 아름다운 자연의 모습이라는 점은 똑같습니다.

 **준비물**

도화지, 종이테이프, 태블릿이나 스마트폰, 오일 파스텔

지도 방법

1. 도화지를 팔 등분 해서 준비해 놓는다.
2. 오일 파스텔로 그린 그림을 예시 작품으로 보여주며 오일 파스텔 사용 방법에 대해 안내한다.
3. 도화지를 나눠 주고 도화지의 가로, 세로 네 곳에 종이테이프를 붙인다.
4. 스마트폰이나 태블릿으로 '자연의 모습'을 검색해서 사진이나 그림을 찾는다.
5. 도화지에 오일 파스텔로 그림을 그린 후 종이테이프를 떼어낸다.
6. 자신이 그림 작품의 제목과 내용을 친구들에게 설명한다.

환경 수업 tip

그림을 완성한 후 종이테이프를 떼면 그림이 한층 더 멋있게 보인다. 하지만 종이테이프를 떼는 과정에서 도화지의 겉면이 함께 떼어질 때도 있다. 이것은 종이테이프의 강한 접착력 때문이다. 따라서 종이테이프를 도화지에 붙이기 전, 책상에 여러 번 붙였다 떼기를 반복하면서 접착력을 낮춘다. 그래야 도화지 겉면이 함께 뜯어지는 문제를 해결할 수 있다.

상현달 선생님의 eco talk

택배가 늘어남에 따라 택배 상자를 고정하는 테이프의 양도 증가했습니다. 기존의 플라스틱 테이프는 택배 상자에서 제거하기 쉽지 않고, 제거하더라도 상자에 접착 물질이 남아 재활용 할 때 판지의 품질을 떨어뜨립니다. 그래서 등장한 것이 종이테이프입니다. 하지만 많은 사람들의 생각과는 다르게 종이테이프 역시 실제로는 재활용되는 종이류가 아니며 종이테이프가 붙어 있으면 상자의 재활용마저 어렵다고 합니다. 테이프를 쓰지 않으면서 상자를 포장하는 기술에 대해 고민할 때입니다.

미술 교과 연계 — 멸종 위기 동물 그리기

타이포그래피를 활용해
멸종 위기 동물을 그려요

지구에는 멸종 위기에 처한 많은 동물이 있습니다. 판다나 고릴라, 바다거북과 같이 아이들이 잘 아는 동물들도 있지만 사향노루, 스라소니와 같이 낯선 동물들도 많습니다. 지금도 많은 동물들이 지구 온난화로 인해 멸종 위기종이 되어가고 있습니다.

오늘 수업에서는 아이들과 함께 멸종 위기 동물에 대해 알아보고 동물들의 이름을 타이포그래피로 표현해 보려고 합니다.

타이포그래피는 '서체나 글자 배치 따위를 구성하고 표현하는 일'을 말하는데 넓은 의미로는 글자의 디자인까지 포함하는 종합적인 미술 활동입니다. 글자가 단순히 글을 읽기 위한 수단이 아닌 하나의 미술 작품인 것입니다.

먼저 자신이 알고 있는 멸종 위기 동물의 이름을 친구들과 이야기합니다. 아이들은 우리나라에 살고 있는 동물뿐만 아니라 세계 여러 나라에서 살고 있는 다양한 멸종 위기 동물들을 알고 있습니다. 전날 미리 멸종 위기 동물을 인터넷에서 검색한 후 구글과 핀터레스트 사이트에서 동물 도안을 내려받았습니다. 아이들은 여러 동물 도안을 보고 타이포그래피로 표현하고 싶은 동물을 하나 선택합니다. 그리고 타이포그래피가 무엇인지, 그림과 글자가 조화를 이루면서 작품으로 변화하는 영상을 시청합니다.

영상을 본 후 아이들은 동물 도안 안에 해당 멸종 위기 동물의 이름을 어떻게 배치할지 스케치합니다. 타이포그래피에서 중요한 것은 조화로움입니다. 그림과 글자가 서로 잘 어울려야 멋진 작품이 됩니다. 스케치가 완료되면 도화지와 먹지를 나누어 줍니다. 도화지를 가장 밑에 놓은 후 그 위에 먹지를 올리고 가장 위에는 글자를 디자인한 동물 도안을 올립니다. 이렇게 도화지, 먹지, 동물 도안 순으로 배치한 후 세 장의 종이가 흐트러지지 않도록 한쪽에 테이프를 살짝 붙입니다. 아이들은 이 상태에서 연필을 사용해 멸종 위기 동물의 이름이 쓰여 있는 동물 도안의 글자와 그림의 선을 땁니다. 선을 따라 연필로 그어 주면 먹지는 도화지에 해당 글자와 그림을 그대로 복사해 줍니다. 도화지에 글자와 그림들이 잘 나타나고 있는지 선을 따는 중간중간 도안과 먹지를 넘기며 확

인합니다. 그림과 글자를 도화지에 다 옮긴 후에는 도안과 먹지를 떼어냅니다. 그리고 네임펜이나 매직을 사용해 테두리를 진하게 그려준 후 그림과 글자가 서로 어울릴 수 있도록 색칠합니다.

 **준비물**

멸종 위기 동물 도안, 타이포그래피 영상, 도화지, 먹지, 테이프, 네임펜, 매직, 색연필, 사인펜

 ## 지도 방법

1. 자신이 알고 있는 멸종 위기 동물에 대해 친구들과 이야기를 나눈다.
2. 멸종 위기 동물 도안을 고른 후, 타이포그래피 영상을 시청한다.
3. 동물 도안 안에 해당 동물의 이름을 스케치한다.
4. 도화지, 먹지, 동물 도안 순으로 겹친 후, 세 장의 종이가 흐트러지지 않도록 한쪽에 테이프를 붙인다.
5. 연필을 사용해 도안의 그림과 글자의 선을 딴다.
6. 그림과 글자를 도화지에 모두 옮긴 후에는 도안과 먹지를 떼어 낸다.
7. 네임펜이나 매직을 사용해 그림과 글자의 테두리를 진하게 그려준 후 색칠한다.

 ## 환경 수업 tip

먹지Carbon Paper는 종이에 먹을 입혀서 볼펜으로 누르거나 타자기를 치면 글자나 그림이 복사되는 종이다. 먹지의 가장 큰 장점은 재사용이 가능하다. 오늘 수업에서 활용한 먹지도 3년 동안 사용했으며 먹지에 구멍이 나거나 찢어지지 않는다면 몇 년은 더 사용이 가능하다.

 ## 상현달 선생님의 eco talk

국립생태원 사이트에는 우리나라 멸종 위기 야생 생물 282종에 관한 도감, 포스터, 통계 자료집을 제공하고 있습니다. 특히 도감은 멸종 위기 야생 생물의 사진, 등급, 관리 현황, 생태 등을 자세히 소개하고 있습니다. 또한 포스터는 조류, 어류, 양서류 등 종별로 구분해 대표 사진과 함께 수록되어 교실 한편에 붙여 놓고 수업 자료로 활용하기에 좋습니다.

미술 교과 연계 — 지끈 공 만들기

지끈과 재활용품을 활용해 장식품을 만들어요

얼마 전 학생회 주관으로 풍선 만들기 행사를 했습니다. 행사 후에는 풍선이 남았고, 교실에는 미술 활동을 하면서 남은 지끈, 털실 등이 있었습니다. 남은 풍선과 교실에 있는 재료들, 아이들이 집에서 가져온 헌옷을 활용해 교실 천장에 매달아 놓는 장식품 만들기를 계획합니다.

행사를 하면서 구입한 인플레이터(풍선 자동 공기 주입기)를 사용해 빠른 속도로 풍선에 바람을 넣었습니다. 다음으로 재활용 창고에서 가져온 플라스틱 통에 밀가루풀을 담았습니다. 아이들은 비닐장갑을 끼고 밀가루풀을 풍선에 골고루 바릅니다. 그리고 밀가루풀을 바른 풍선에 지끈이나 털실을 감아줍니다. 지끈은 가로, 세로, 대각선 방향으로 서로 겹칠 수 있도록 붙이고 헌옷을 잘라 지끈과 지끈 사이에 붙입니다. 지끈 사이에 붙인 헌옷 조각은 미적인 아름다움도 주지만 지끈과 지끈을 잡아주어 강도를 높이는 역할도 합니다. 곡선인 풍선에 지끈을 붙이는 게 쉽지는 않습니다. 너무 팽팽하게 당기면 지끈이 풍선에서 벗어납니다. 그렇다고 느슨하게 당기면 모양이 예쁘지 않습니다. 아이들은 몇 번의 실패를 통해 적당한 힘의 강도를 찾아 지끈을 잡아당기며 장식품을 만듭니다.

풍선에 지끈, 털실, 헌옷 조각을 다 붙인 후에는 천장에 매달아 놓고 말립니다. 교실 창문으로 자연스럽게 들어오는 바람을 통해 풍선을 감싸고 있는 지끈과 털실이 단단하게 굳어 갑니다. 이틀 정도 지나자 풍선 바람이 빠지면서 저절로 쪼그라들기 시작합니다. 지끈과 털실도 단단해졌습니다. 이제 가위로 작아진 풍선을 지끈과 털실에서 떼어냅니다. 완성된 장식품에 힘을 많이 주면 굳어 있는 지끈과 털실이 휘어질 수 있으므로 힘을 조절하며 풍선을 제거합니다.

이제 지끈과 털실 사이에 굳어 있는 밀가루풀을 제거합니다. 처음에 아이들은 풍선에 밀가루풀을 골고루 바른 후, 그 위에 지끈과 털실을 감았습니다. 밀가루풀 덕분에 빠르게 지끈과 털실을 풍선에 감을 수 있었습니다. 하지만 지끈과 털실 사이에 밀가루풀이 굳어 있을 거라고는 생각하지 못했습니다. 이럴 줄 알았으면 풍선에 밀가루풀을 바르는 것이 아니라 지끈과 털실을 밀가루풀에

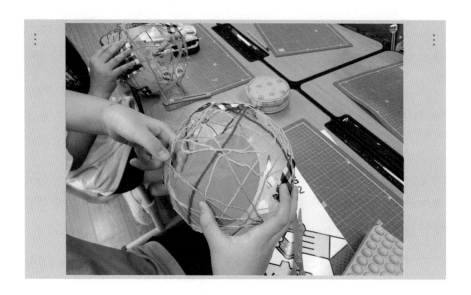

담근 후 풍선에 감아 주는 게 좋았을 것 같습니다.

아이들은 조금 더 깔끔한 장식품을 만들기 위해 가위와 칼을 사용해 지끈과 털실 사이사이 굳은 밀가루풀을 한참 동안 제거합니다. 끈기 있게 밀가루풀을 제거한 작품은 깔끔한 모습이지만 중간에 힘들어서 포기한 아이들의 작품은 지저분합니다. 그래도 아이들이 만든 작품을 천장에 매달고 멀리서 바라보니 모두 나 멋져 보입니다. 가까이 보아야 예쁘고 사랑스럽기는 하지만 어떤 경우에는 한 발짝 떨어진 곳에서 바라볼 때 멋있기도 합니다. 오늘이 바로 그런 날입니다.

 준비물

풍선, 밀가루풀, 플라스틱 통, 비닐장갑, 지끈, 털실, 헌옷, 가위, 칼

지도 방법

1. 비닐장갑을 끼고 바람을 넣은 풍선에 밀가루풀을 골고루 바른다.
2. 풍선에 지끈 혹은 털실을 가로, 세로, 대각선 방향으로 겹치면서 붙인다.
3. 헌옷을 잘라 지끈과 지끈 사이에 붙인다.
4. 밀가루풀이 마를 때까지 이틀 정도 천장에 매달아 놓는다.
5. 이틀 정도 지난 후, 바람이 빠진 풍선을 가위로 제거한다.
6. 가위, 칼을 사용해 굳어 있는 밀가루풀을 제거한다.
7. 완성된 작품을 교실 천장에 매달아 놓는다.

환경 수업 tip

지끈과 털실을 풍선에 촘촘히 감을수록 원에 가까운 모양을 지니면서 강도도 높은 장식품을 만들 수 있다. 그리고 지끈과 지끈 사이에 여러 색깔의 헌옷 조각을 붙이면 보기에도 좋은 작품이 된다. 그 외에 비닐이나 신문, 포장지 등을 재활용해서 장식품을 꾸밀 수 있다. 이렇게 완성된 장식품은 줄을 연결해 천장에 매달아 놓으면 바람에 흔들리는 모빌이 된다.

상현달 선생님의 eco talk

교실 천장에 매달려 있는 동그란 장식품을 보니 지구가 떠오릅니다. 장식품에 붙어 있는 휘어진 지끈과 헌옷이 마치 오염된 지구의 모습처럼 느껴집니다. 지구는 스스로 정화할 수 있는 자정 능력을 가지고 있습니다. 하지만 산업 혁명 이후 급속하게 늘어난 화석 연료의 사용은 지구의 평균 온도를 급격하게 상승시키고 그로 인해 많은 기후 변화가 일어났습니다. 이 피해는 결국 사람에게 돌아올 수밖에 없습니다.

미술 교과 연계 ─ 컵 받침과 수납 주머니 만들기

양말목을 활용해
컵 받침과 수납 주머니를 만들어요

한 달 전에 아이들은 마을에 있는 공방으로 체험 학습을 다녀왔습니다. 그 곳에서 직접 흙을 밀어 도자기 컵을 만들었고 한 달이 지나 푸른 빛을 띠는 컵 이 교실로 배달되었습니다. 전에는 아이들이 텀블러를 챙겨오지 못하면 종이 컵에 물을 마신 후 사용한 종이컵은 바로 쓰레기통에 버렸습니다. 이제 자기가 직접 만든 컵을 교실에 놓자 급하게 컵이 필요할 때면 이 컵을 사용해 물을 마십니다. 컵을 잘 활용하는 모습을 보니 얼마 전 TV에서 봤던 양말목 컵 받침이 떠올랐습니다. 컵을 만들었으니 컵 받침도 직접 만들면 의미 있는 활동이 되겠다고 생각했습니다.

'양말목'은 양말을 만들 때 발생하는 부산물입니다. 즉, 쓰레기입니다. 예전에는 공장에서 양말목을 그냥 버렸지만 최근에는 여러 가지 모양으로 재탄생하고 있습니다. 인터넷에 양말목이라고 검색하면 다양한 양말목 공예품을 만드는 과정이 나옵니다. 이 중에서 아이들도 따라 만들 수 있는 컵 받침 만들기 영상을 보며 작품을 만들어 봅니다.

먼저 갈퀴 모양의 사각 틀에 양말목을 가로로 걸어 줍니다. 양말목을 가로로 모두 건 후에는 세로로 지그재그 걸어 줍니다. 가로로 건 양말목에 한 번은 위를 지나고 다음은 아래를 지나면서 끝에 도달할 때까지 반복합니다. 양말목을 사각 틀에 모두 걸면 가로와 세로에 건 양말목이 서로 연결됩니다. 마지막으로 사각 틀 갈퀴에 걸린 양말목을 올이 풀리지 않도록 빼면 완성입니다. 양말목으로 만든 컵 받침 위에 자신이 만든 컵을 올려놓습니다. 그동안 아이들은 물을 마신 후 빨리 놀려는 생각에 컵을 정리함 위에 놓는 경우가 많았습니다. 그래서 컵의 밑부분이 깨지기도 했는데 이제는 양말목으로 만든 푹신한 컵 받침이 있으니 컵의 밑 부분이 깨질 걱정은 없어졌습니다.

집에서도 사용할 컵 받침도 여러 개 만들었지만 양말목이 많이 남았습니다. 아이들은 인터넷을 검색하며 컵 받침 외에 만들 수 있는 것을 찾아봅니다. 쉽게 만들 수 있으면서 자신들에게 필요한 도구인 수납 주머니 만들기 영상을 선택합니다. 영상을 중간중간 멈추며 만들었지만 얼마 지나지 않아 수납 주머니

가 완성되었습니다. 아이들은 양말목으로 만든 수납 주머니 안에 책상 위에 있는 학용품들을 넣었습니다. 그리고 책상 고리에 수납 주머니를 걸었습니다.

관심만 있다면 아이들도 얼마든지 멋진 양말목 공예품을 만들 수 있습니다. 아이들은 오늘 활동을 통해 양말목을 재활용하는 방법과 영상을 통해 다양한 직업들이 우리 주위에 있다는 사실도 알아 갑니다.

 **준비물**

양말목, 사각 틀, 양말목 컵 받침 영상, 수납 주머니 만들기 영상

지도 방법

1. 양말목으로 컵 받침 만들기 영상을 시청한다.
2. 영상의 설명에 따라 양말목을 사각 틀에 거는 방법을 익힌다.
3. 양말목으로 만든 컵 받침이 완성되면 컵을 올려놓고 느낌을 이야기한다.
4. 남은 양말목으로 집에서 사용할 컵 받침을 여러 개 만든다.
5. 양말목으로 수납 주머니 만들기 영상을 찾은 후 수납 주머니를 만든다.
6. 책상 위에 있는 학용품을 수납 주머니에 넣은 후 책상 고리에 건다.

환경 수업 tip

양말목으로 컵 받침을 만들기 위해서는 사각 틀에 양말목을 연결해 주는 방법을 알아야 한다. 이것만 성공하면 이후에는 같은 방식이 반복되어서 쉽게 컵 받침을 만들 수 있다. 만드는 방법을 완전히 익힌 후에는 양말목 색상을 어떻게 배열할 것인지 생각한다. 색상의 배치에 따라 전혀 다른 느낌의 컵 받침이 되기 때문이다. 아이들에게 색이 가진 의미와 상징에 대해서도 함께 이야기해 주면 보다 흥미로운 활동이 될 수 있다.

상현달 선생님의 eco talk

'새활용'은 업그레이드Upgrade와 재활용Recycling을 합친 '업사이클링'의 우리말 표현이며 제품을 다시 쓰는 것을 넘어서 품질이나 가치가 더 높은 새로운 제품으로 탄생시키는 과정을 말합니다. 1994년 독일의 디자이너인 '라이너 필츠'는 "리사이클링이 버려진 제품을 원료로 순환시키는 과정이라면 업사이클링은 폐기물이 전문가의 디자인을 거쳐 미적 가치를 담은 제품으로 탄생하는 과정이다"라고 업사이클링의 개념을 소개했습니다.

미술 교과 연계 — 운동장에 그림 그리기

자연물을 활용해
운동장에 그림을 그려요

　매년 두 차례 아이들과 교실이 아닌 운동장에 그림을 그립니다. 운동장이 도화지가 되고 나뭇잎, 풀, 눈 등이 물감이 되어 세상에 하나뿐인 작품을 만듭니다. 함평에는 겨울에 눈이 많이 내립니다. 운동장에 눈이 가득 쌓이면 아이들과 함께 나가 그림을 그립니다. 눈 위에 손으로 그림을 그리거나 눈 위에 누워 온몸으로 그림을 그리기도 합니다. 운동장에 쌓인 눈이 아이들과 만나 하나의 예술 작품이 되고 아이들은 눈과 만나 자연의 일부가 됩니다.

겨울에는 눈으로 작품을 만들었다면 여름에는 더 많은 자연 재료를 활용해 예술 작품을 만들 수 있습니다. 아이들은 교실을 벗어나 운동장에 나가는 것만으로도 좋아합니다. 따뜻한 햇살, 시원한 바람, 상쾌한 공기는 마음을 즐겁게 해 주고 자연이 우리 곁에 있음을 알게 해 줍니다. 학교 안에는 풀, 나뭇잎 외에도 돌, 모래, 물 등 많은 자연물이 있습니다. 학교 안을 돌아다니며 자연물들을 만나는 건 새로운 즐거움입니다.

아이들은 모둠별로 도화지가 될 장소를 선택합니다. 땅 위에 그리는 그림은 크기가 크기 때문에 각 모둠은 서로 멀리 떨어져서 위치를 잡습니다. 도화지가 준비되면 이제는 그 위에 색을 칠할 자연물감을 찾아서 학교 안을 탐색합니다. 아이들은 여러 가지 자연 재료를 찾아 한쪽에 모아 둡니다. 그리고 재료의 종류와 양을 보면서 어떤 그림을 그릴지 친구들과 이야기를 나눕니다. 그림의 주제가 정해지면 물을 사용해 바닥에 스케치한 후 그 안에 풀, 나뭇잎, 돌을 채우며 작품을 만듭니다.

아이들은 손과 발로 풀과 나뭇잎들의 위치를 옮기고 돌과 떨어진 꽃잎 등을 활용해 작품을 꾸밉니다. 땅 위에 그린 그림은 교실에서 그리는 그림과는 비교가 되지 않을 만큼 크기가 큽니다. 그림에 사용된 재료도 다양하고 손뿐만 아니라 온몸을 사용해 그려야 합니다.

작품이 조금씩 형태를 갖춰 갑니다. 아이들은 자신의 모둠에서 만든 그림 옆에 누워 크기를 비교하기도 합니다. 땅 위에 그린 그림은 종이에 그리는 일반 그림과는 다르게 오래 보관할 수 없습니다. 바람이 불고 비가 내리면 사라

집니다. 그래서 스마트폰이나 태블릿을 활용해 완성된 작품을 촬영하고 학급 커뮤니티에 올려 친구들과 공유합니다.

자연 재료를 활용해서 그림을 그린 후에는 재료들을 다시 자연으로 돌려보내 줘야 합니다. 작품을 감상한 후 재료들을 원래 있었던 자리로 옮깁니다. 정리한 후에는 교실로 돌아와 학급 커뮤니티에 올린 작품들을 보면서 그림의 제목, 사용된 재료 등에 대해 발표하는 시간을 갖습니다.

 **준비물**

풀, 나뭇잎, 돌, 물, 눈 등의 자연물, 스마트폰이나 태블릿

지도 방법

1. 학교 안에 있는 풀, 나뭇잎 등 다양한 자연물을 모은다.
2. 모둠별로 땅 위에 어떤 그림을 그릴지 이야기를 나눈다.
3. 물을 사용해 땅 위에 밑그림을 그리고 그 안에 자연 재료들을 채우며 작품을 만든다.
4. 작품이 완성되면 스마트폰이나 태블릿으로 촬영한 후 학급 커뮤니티에 올린다.
5. 작품에 사용된 재료들을 원래 있었던 자리로 옮기며 깨끗하게 정리한다.
6. 학급 커뮤니티에 올린 작품들을 보면서 그림의 제목, 재료 등에 대해 모둠별로 발표한다.

환경 수업 tip

학교 안에는 다양한 자연물이 있다. 모두 미술 작품을 만들기에 좋은 재료들이다. 하지만 작품을 만들기 위해 일부러 나무에 있는 꽃이나 잎을 떼서는 안된다. 활동을 하기 전, 이 점에 대해서 꼭 아이들에게 안내해야 한다. 환경 수업을 하는 과정에서 자연을 아프게 하는 일이 발생하지 않도록 무엇이 중요한지 잊어서는 안 된다.

상현달 선생님의 eco talk

학교 안을 살펴보면 관리가 되지 않고 버려진 공간이 있습니다. 이런 공간에 꽃과 나무를 심어 가꾸는 '게릴라 가드닝'을 해보는 것도 좋은 방법입니다. '게릴라 가드닝'은 크게 두 가지입니다. 지저분해 보이는 장소를 아름답게 변화시키기 위해 꽃을 위주로 심거나, 채소와 허브 등을 심어 텃밭으로 변화시키는 방법입니다. 아이들과 함께 학교 안에 '게릴라 가드닝'이 필요한 곳을 찾고 어떻게 관리할지 고민한다면 아이들은 주변 환경을 한 번 더 돌아볼 수 있을 겁니다.

미술 교과 연계 — 친환경 자동차 만들기

재활용품을 활용해
친환경 자동차를 만들어요

자동차는 우리 생활에 없어서는 안 되는 중요한 도구가 되었습니다. 하지만 자동차에서 나오는 배기가스는 공기를 오염시키는 원인 중 하나입니다. 그래서 자동차를 사용해야 한다면 공기를 오염시키지 않는 방법을 찾아야 합니다. 활동을 하기 전, 아이들과 이런 주제로 이야기를 나누었습니다. 아이들은 수소, 전기, 태양광 등을 활용한 친환경 자동차에 대해 다양한 생각을 말합니다. 이제 이야기한 내용을 바탕으로 클레이를 활용해 자동차를 만들어 봅니다. 클레이는 쉽게 모양을 만들고 변형할 수 있는 부담 없는 재료입니다. 아이들은 클레이로 자동차를 만들면서 머릿속으로 생각했던 친환경 자동차의 모습을 구체적으로 표현합니다.

클레이로 친환경 자동차의 모습을 만들어 본 후에는 사람이 탈 수 있는 크기의 자동차를 만듭니다. 이 정도 크기의 자동차를 만들기 위해서는 교실에 있는 도화지만으로는 안 됩니다. 그래서 학교 재활용 창고에 가서 여러 종류의 커다란 택배 상자를 가져옵니다. 아이들은 모둠별로 모여 각각의 클레이로 만든 자동차를 보면서 어떤 모양의 친환경 자동차를 만들지 의견을 모읍니다. 이 과정을 통해 하나의 자동차 모양이 결정되면 본격적으로 택배 상자를 활용해 친환경 자동차를 만듭니다.

친환경 자동차는 최소한 한 명이 탑승할 수 있어야 하고 배기가스가 발생하지 않아야 합니다. 아이들은 이 조건에 맞는 자동차를 만들기 위해 택배 상자를 오리고 붙이는 작업을 합니다. 자동차를 만들다 보면 처음 계획한 모양대로 만들어지지 않는 경우가 많습니다. 이럴 때는 모둠원들과 이야기를 하면서 더 좋은 결과물이 나올 수 있도록 합의와 격려의 과정이 필요합니다.

시간이 지나자 점점 자동차의 모양이 갖춰집니다. 자동차는 형태뿐만 아니라 디자인도 중요합니다. 친환경 자동차이지만 디자인이 세련되고 멋있지 않으면 사람들의 관심은 낮아질 수밖에 없습니다. 따라서 아이들에게 이런 점을 언급하며 자동차 디자인을 신경 쓸 수 있도록 합니다. 아이들은 물감과 스티커를 사용해 사람들이 좋아할 수 있는 자동차 외관을 꾸며 줍니다.

멋진 모습을 갖춘 친환경 자동차가 완성되었습니다. 아이들은 자신의 모둠에서 만든 자동차 앞에 모여 자동차의 이름을 정하고 어떤 원리로 자동차가 움직이는지 이야기를 나눕니다. 그리고 발표자를 정해 친구들에게 자신의 모둠에서 만든 친환경 자동차에 대해 설명합니다. 발표에서 가장 중요한 건 자동차가 어떤 원료를 사용해 어떻게 움직이는지 구체적으로 설명하는 것입니다. 이 과정을 통해 친환경 에너지를 알아가고 앞으로 친환경 에너지가 적용될 자동차의 미래에 대해서도 생각해 볼 수 있습니다.

 **준비물**

클레이, 택배 상자, 글루건, 테이프, 물감, 붓

지도 방법

1. 자동차가 배출하는 배기가스의 문제점과 친환경 자동차에 관한 이야기를 나눈다.
2. 클레이로 친환경 자동차 모형을 만든다.
3. 클레이 자동차를 보면서 모둠별 어떤 모양의 친환경 자동차를 만들지 의견을 모은다.
4. 택배 상자 등 다양한 재활용품을 활용해 사람이 탈 수 있는 자동차를 만들고, 색칠하며 꾸며 준다.
5. 모둠별로 자동차의 이름과 환경을 파괴하지 않고 작동하는 원리를 설명한다.

환경 수업 tip

택배 상자를 활용해 자동차를 만들기 위해서는 먼저 해야 할 과정이 있다. 바로 택배 상자를 얼마만큼 잘라 어떻게 붙여서 자동차 모양을 만들지에 대한 사전 작업이다. 꼼꼼하게 구상을 하지 않으면 불필요한 택배 상자 조각이 늘어나고 글루건과 테이프가 과도하게 사용된다. 따라서 종이에 구상도를 그리거나 클레이나 지점토로 자동차 형태를 먼저 만들어 보는 것이 좋다.

상현달 선생님의 eco talk

자동차의 연료인 휘발유나 경우 등 석유계 물질은 연소하면 산소와 결합해 수증기와 이산화탄소를 만듭니다. 하지만 실제로는 완전 연소되지 않고 불완전 연소하기 때문에 유해 물질이 배기가스에 섞여 나옵니다. 유해 물질은 인간의 호흡기와 눈을 자극하고 암을 유발하기도 합니다. 따라서 하이브리드 차, 플러그인하이브리드 차, 전기차, 수소 차, 태양광 차 등 기존 내연 기관차보다 대기 오염 물질의 배출이 적고 연비가 우수한 친환경 자동차의 개발에 집중해야 합니다.

미술 교과 연계 — 동물 책갈피와 키링 만들기

동물 책갈피와 함께 '슈링클스'를 활용해 키링을 만들어요

아이들과 함께 그림책《숲 속을 걸어요》를 읽었습니다. 그림책에는 숲속을 걸으면서 들려오는 자연의 소리와 만나게 되는 여러 동물이 소개되어 있습니다. 그림책을 읽은 후 동요 '숲속을 걸어요'를 들려주자, 아이들은 어릴 때 많이 들어 봤던 동요라며 즐거워합니다. 동요를 듣는 동안 그림책의 마음에 드는 문장 하나와 동물 그림을 선택한 후 학습지에 기록합니다. 학습지에 기록한 문장과 그림은 책갈피와 키링으로 만들어질 예정입니다.

먼저 아이들은 책갈피 도안 위에 마음에 든 문장을 쓰고, 동물을 그린 후 색칠합니다. 그리고 코팅 작업을 거치면 오래도록 쓸 수 있는 책갈피가 됩니다. 책갈피 끝에 펀치로 구멍을 뚫고 지끈을 연결해 주면 보다 멋스럽습니다.

다음으로 요술 종이라 불리는 '슈링클스'를 활용해 키링을 만들어 봅니다. '슈링클스'는 오븐에 넣으면 8분의 1로 크기가 줄면서 딱딱한 플라스틱으로 변하는 성질이 있습니다. 여기에 고리를 연결하면 키링을 만들 수 있습니다. 아이들에게 '슈링클스'에 대해 소개한 후 본격적으로 그림책에 있는 동물을 '슈링클스'의 거칠거칠한 면에 그립니다. 아이들이 그림을 그리고 색연필이나 사인펜으로 색칠하는 동안 저는 오븐 전원을 켜고 예열을 해 놓습니다. 이제 '슈링클스'를 오븐에 넣기 전 해야 하는 중요한 과정이 있습니다. 그것은 바로 펀치를 사용해 고리를 넣을 구멍을 뚫어 주는 겁니다. 이 과정을 잊어버리고 오븐에 구운 후에는 '슈링클스'가 딱딱해져 펀치로 구멍을 뚫을 수 없습니다. 그래서 이 과정을 잊지 않아야 합니다. 펀치 작업을 마친 '슈링클스'부터 차례대로 오븐에 넣고 '슈링클스'가 작아지면 오븐에서 꺼낸 후 두꺼운 책으로 눌러줍니다.

오븐에서 바로 꺼낸 '슈링클스'는 흐물흐물한 상태지만 몇 초 지나지 않아 딱딱한 플라스틱이 됩니다. 플라스틱이 된 '슈링클스' 모서리를 가위로 깔끔하게 다듬어 준 후 구멍에 핸드폰 줄 끈고리를 걸면 동물 키링이 완성됩니다. 아이들은 친구들과 함께 키링에 어떤 동물이 있는지 이야기를 나누고 소개하는 시간을 갖습니다. 서로의 키링에 대해 이야기를 나눈 후에는 자신의 가방에 직

접 키링을 연결합니다.

책갈피와 키링 모두 아이들의 학교생활을 함께하는 용품들입니다. 책갈피는 아침 독서 시간에 매일 활용하고, 키링은 책가방에 연결해 아이들이 가는 곳을 항상 따라다닙니다. 아이들이 책갈피와 키링을 보면서 그 안에 그려진 동물의 소중함을 느끼며 살아가면 좋겠습니다.

 준비물

그림책 《숲 속을 걸어요》, 동요 '숲속을 걸어요', 학습지, 책갈피 도안, 코팅지, 펀치, 지끈, 슈링클스, 색연필, 사인펜, 미니 오븐, 핸드폰 줄 끈고리

지도 방법

1. 그림책 《숲 속을 걸어요》를 함께 읽고, 동요 '숲속을 걸어요'를 함께 듣는다.
2. 그림책에서 마음에 드는 문장과 동물 그림을 선택한 후 학습지에 기록한다.
3. 책갈피 도안에 학습지에 기록한 문장과 동물 그림을 그리고 색칠한다.
4. 책갈피를 코팅하고 끝부분을 펀치로 뚫은 후 지끈으로 연결한다.
5. '슈링클스'에 동물을 그리고 색칠한다.
6. '슈링클스'를 오븐에 넣기 전 고리를 걸 수 있도록 펀치로 구멍을 뚫는다.
7. '슈링클스'를 미니 오븐에 넣고 구운 후, 구멍에 핸드폰 줄 끈고리를 건다.
8. 완성된 '슈링클스'를 친구들에게 소개한 후 가방에 연결한다.

환경 수업 tip

그림책 《숲 속을 걸어요》에는 다양한 동물과 식물이 나온다. 저·중학년 학생들은 그림책에 나온 동물과 식물을 선택한 후 '슈링클스'에 그림을 그리게 할 수 있다. 고학년 학생들은 멸종 위기 동물을 직접 검색해 찾아본 후 '슈링클스'에 그려 작품을 만드는 방법으로 수업을 진행하는 게 좋다. 똑같이 '슈링클스'를 활용한 수업이라도 학년 수준에 따라 활용할 수 있는 환경 그림책과 동물의 종류가 달라진다.

상현달 선생님의 eco talk

숲은 '녹색 댐'이라고 불릴 만큼 수질을 정화하고 홍수를 방지하며, 물을 공급해 줍니다. 또한 숲을 이루는 나무들은 이산화탄소를 흡수하여 기후 변화에 도움을 주고 야생 동식물이 살아가는 공간을 제공합니다. 이 외에도 숲은 인간에게 많은 도움을 주고 있지만 인간은 숲의 소중함을 잊고 살 때가 많습니다. 숲이 우리를 사랑해 주었던 것처럼 이제는 우리가 숲을 사랑하고 아껴주어야 할 차례입니다.

미술 교과 연계 — 다양한 표정 만들기

아름다운 지구, 오염된 지구의 모습과 관련된 표정을 카프라에 그려요

카프라는 수업 시간에 많이 활용하는 도구입니다. 그동안 카프라 천장까지 쌓기, 시계 만들기, 비석치기 등 카프라를 다양한 수업에 사용했습니다. 오늘은 카프라에 여러 가지 표정을 그리는 활동을 하려고 합니다. 먼저 아이들에게 카프라 다섯 개를 나누어 주었습니다. 아이들은 카프라를 가로 방향으로 맞춘 후, 연필로 사람 얼굴을 그립니다.

하지만 오늘 수업은 단순히 카프라에 표정을 그리는 게 아닙니다. 아름다운 지구의 모습을 볼 때의 표정과 오염된 지구의 모습을 볼 때의 표정을 그릴 수 있도록 관점을 제시합니다. 상황에 맞게 표정을 그리는 게 오늘 수업에서 가장 중요합니다.

아이들은 아름다운 지구를 볼 때의 표정은 환하게 웃는 얼굴을 그립니다. 반대로 오염된 지구를 볼 때의 표정은 우는 얼굴로 표현합니다. 또한 지구를 오염 시킨 사람들에게 화가 난 표정도 그립니다. 상황에 어울리는 표정이 무엇인지 선택하는 건 중요합니다. 지구의 모습에 따라 알맞은 표정을 그리는 시간은 지구의 아픔에 공감하는 과정이기도 합니다. 연필로 스케치한 후에는 매직으로 스케치한 곳을 진하게 덧입힙니다. 여기서 주의할 점은 다섯 개의 카프라에 모두 그림이 그려져야 합니다. 하나라도 그림이 그려지지 않은 카프라가 생기면 나중에 섞인 카프라를 원래대로 맞추는 활동에 문제가 생깁니다. 또한, 매직으로 색칠할 때 카프라가 밀려서 형태가 어긋날 수 있습니다. 따라서 다섯 개의 카프라가 흔들리지 않도록 카프라의 한쪽을 책으로 지지해 주면 편하게 색칠할 수 있습니다.

표정을 모두 완성한 후에는 카프라를 무작위로 섞어서 친구와 카프라를 교환합니다. 아이들은 바꾼 카프라의 위치를 조정하면서 표정을 맞춥니다. 다섯 개의 카프라만 맞추면 되기에 시간이 그리 오래 걸리지는 않습니다. 그래서 이번에는 네 명의 카프라를 모두 섞은 후 표정을 맞춥니다. 스무 개의 카프라가 섞여 있으니 맞추기가 쉽지 않지만, 아이들은 서로 협력하며 하나씩 웃는 얼굴, 우는 얼굴, 화난 얼굴이 그려진 카프라를 찾아냅니다. 이번에는 모든 아이들의

카프라를 한데 모은 후 섞습니다. 카프라의 수가 늘어나자 표정을 맞추는 게 어렵습니다. 카프라 하나만 바뀌어도 전혀 다른 표정의 그림이 됩니다. 아이들은 가장 맞추기 쉬운 표정부터 찾아서 하나씩 완성해 갑니다.

아이들이 그린 그림 중에는 당근, 고추, 오이, 가지도 있습니다. 아름다운 지구를 보면서 웃는 사람들의 모습과 지구에 사는 식물들의 웃는 얼굴도 보니 기분이 참 좋습니다.

 **준비물**

카프라, 매직

지도 방법

1. 아름다운 지구, 오염된 지구를 볼 때 어떤 표정이 나타날지 이야기를 나눈다.
2. 다섯 개의 카프라에 지구의 상황에 맞는 표정을 스케치한다.
3. 스케치한 표정에 매직을 사용해 진하게 덧입힌다.
4. 친구와 카프라를 교환한 후 표정을 맞춘다.
5. 네 명의 카프라를 섞은 후, 모든 아이들의 카프라를 섞은 후 표정을 맞춘다.

환경 수업 tip

다섯 개의 카프라를 연결해서 그림을 그리다 보면 카프라가 흩어지는 경우가 발생한다. 이를 방지하기 위해 본문에 소개한 방법 외에 그림을 그리는 반대쪽에 테이프를 길게 하나 붙이면 카프라가 움직이지 않아 안정적으로 그림을 그릴 수 있다. 또한 그림을 실수해서 카프라를 낭비하는 것도 예방할 수 있다. 그림을 다 그린 후 테이프만 떼어내면 카프라로 표정 맞추기 놀이가 가능하다.

상현달 선생님의 eco talk

1962년, 보스토크 1호를 타고 인류 최초 지구 밖으로 떠났던 사람, 광활한 우주에서 작은 지구를 처음 보았던 우주인 가가린은 "우주는 매우 어두웠지만, 지구는 푸르렀습니다"라고 말했습니다. 푸른 지구를 지키는 일은 우리 아이들의 푸른 미래를 지키는 것입니다. 이제는 푸른 지구와 지구를 둘러싼 환경을 지키고 보호하기 위해 우리 교육 현장이 나설 때입니다.

미술 교과 연계 — 머리카락 콜라주 만들기

꽃과 나뭇잎으로 알록달록 헤어스타일을 만들어요

얼마 전 카페에서 멋진 그림 하나를 발견했습니다. 사람을 프린팅한 그림에 과자와 빵으로 머리카락을 꾸민 작품이었습니다. 과자와 빵을 판매하는 카페 콘셉트에 잘 어울리는 작품을 보면서 수업 시간에 활용할 수 있는 아이디어가 떠올랐습니다.

날씨가 좋은 날 운동장에서 아이들 개인 사진을 찍었습니다. 이 사진에서

242

아이들 얼굴만 자른 후 한글 파일에 사진이 꽉 차도록 크기를 키워 넣었습니다. 그리고 컬러로 출력해 아이들에게 나눠 주었습니다. 아이들은 자기 얼굴이 크게 출력되자 부끄러워하면서도 좋아합니다.

오늘 아이들과 함께 할 활동은 꽃과 풀, 나뭇잎을 사용해 헤어스타일을 꾸며 보는 활동입니다. 학교 안에는 많은 꽃과 풀, 나뭇잎이 있습니다. 하지만 아이들은 오랜 시간 학교에 있으면서도 자연물이 주위에 있다는 것을 잊어버리고 지냅니다. 의식하며 관심 있게 보지 않으면 이 모든 것들이 그저 스쳐 지나가는 하나의 풍경일 뿐입니다.

비가 온 다음 날이라 학교에 있는 꽃과 풀, 나무들이 더 싱그럽습니다. 아이들은 학교 이곳저곳을 돌아다니며 헤어스타일을 꾸밀 자연물을 수집합니다. 하지만 자연물을 활용할 때 하지 말아야 하는 게 있습니다. 바로 작품을 멋지게 만들기 위한 도구로 꽃과 잎을 꺾는 행동입니다. 교실 밖으로 나가기 전에 이 부분에 대해서 아이들과 이야기를 나누었습니다. 우리의 편리함과 아름다움을 위해 자연을 훼손하거나 이용 수단으로 생각하지 말자는 공감대를 만들었습니다.

비가 온 후라 바닥에는 꽃과 나뭇잎들이 많이 떨어져 있었고 꺾어 있는 줄기들도 있습니다. 이런 자연물을 수집하면서 학교를 산책하니 아이들의 이야기 소리가 더 활기찹니다. 그동안 잘 가지 않았던 놀이터 뒤에 있는 숲에서도 다양한 꽃, 풀, 나무 등을 관찰합니다.

아이들은 자신이 수집한 자연물을 교실로 가져와 본격적인 헤어스타일 만들기를 시작합니다. 꽃과 풀, 나뭇잎을 신문지 위에 올려놓고 건조하며 꾸미고

자 하는 헤어스타일과 어울리는 색상을 고르고 모양을 만듭니다. 그런 다음 글루건을 사용해 자연물들을 하나하나 사진 속 머리카락 위치에 붙입니다. 아이들의 손이 움직일 때마다 머리 위에는 꽃으로 장식한 꽃 장식이 만들어지고 풀과 나뭇잎으로 꾸민 머리카락이 한 가닥씩 자라납니다.

밖에서 보던 꽃과 나뭇잎을 아이들의 작품 속에서 가까이 만났습니다. 친구 관계, 공부로 인해 복잡한 아이들의 머릿속이 푸른 꽃과 나뭇잎들로 채워지기를 바랍니다.

 **준비물**

아이들의 얼굴이 들어간 학습지, 꽃, 풀, 나뭇잎, 글루건

지도 방법

1. 아이들의 얼굴이 들어간 학습지를 나눠 준다.
2. 학교 이곳저곳에서 꽃, 풀, 나뭇잎 등 자연물을 수집한다.
3. 신문지 위에 자연물을 올려놓고 건조한다.
4. 헤어스타일을 어떻게 꾸밀지 구상한다.
5. 글루건으로 학습지에 자연물을 하나씩 배치한다.
6. 완성된 작품을 친구들과 함께 감상한다.

환경 수업 tip

수업 시간에 많은 양의 글루건을 사용할 일은 거의 없다. 따라서 소형 글루건만으로도 충분히 활용 가능하다. 글루건은 뜨거운 열로 글루건 스틱을 녹이기 때문에 사용하기 전에 안전 교육이 필수적으로 이루어져야 한다. 또한 글루건의 접착제 사용 방식인 '핫멜트 Hot Melt Adhesive' 방식은 접착 면에 빠르게 굳고 접착력도 높으므로 다시 떼어내기 쉽지 않다. 따라서 불필요한 쓰레기가 발생하지 않도록 신중하게 글루건을 사용해야 한다.

상현달 선생님의 eco talk

나무와 풀은 광합성을 하며 필요한 영양분을 만듭니다. 태양 에너지를 받아서 이산화탄소를 흡수한 뒤 그 탄소를 이용해 잎을 틔우고 꽃을 피우며 새로운 가지를 내면서 성장합니다. 식물은 이와 같은 광합성을 통해 산소와 물을 공기 중으로 배출합니다. 우리는 식물이 배출하는 산소와 수분을 호흡할 때 사용합니다. 또한 식물은 우리가 배출하는 이산화탄소를 빨아들여 대기 속 이산화탄소의 양도 줄여 줍니다. 이렇듯 식물은 지구의 탄소 발자국을 줄여 주면서 동시에 우리가 살아가는 데도 중요한 역할을 합니다.

미술 교과 연계 — 국화꽃 만들기

입체적인
종이 국화꽃을 만들어요

함평에는 매년 '대한민국 국향대전'이 열립니다. 국향대전에서는 100점이 넘는 국화 조형물, 200점이 넘는 국화 분재, 4,000본이 넘는 국화들을 볼 수 있습니다. 국화축제장 옆에는 생태습지공원이 있어 핑크뮬리, 수크령 등의 식물도 볼 수 있습니다. 아이들에게 꽃과 자연을 느끼게 하는 축제나 장소는 지역마다 있습니다. 지역 시청이나 군청 홈페이지를 참고하면 축제 시기와 장소

등의 정보를 얻을 수 있습니다. 따라서 학기초 체험 학습을 계획할 때 지역에 있는 축제, 공원 등과 연계하면 아이들에게 더욱 의미 있는 생태 환경 수업을 운영할 수 있습니다.

아이들은 국향대전 체험 학습에서 많은 국화를 보고 향기도 맡았습니다. 교실에서도 실제 국화를 키워본 적이 있습니다. 한두 번 키우기에는 괜찮았습니다. 하지만 오랫동안 시들지 않고 관리하기가 쉽지 않았습니다. 그래서 실제 국화는 아니지만 국향대전에서 본 국화의 아름다움을 교실에서도 느낄 수 있도록 입체적인 종이 국화꽃을 만들어 봅니다.

구글과 핀터레스트 사이트에서 국화꽃 도안과 꽃이 담긴 화병 도안을 검색했습니다. 여러 종류의 국화꽃 도안과 화병 도안을 출력한 후 아이들에게 나눠줍니다. 아이들은 화병 도안과 화병에 잘 어울리는 국화꽃 도안을 선택합니다. 그리고 화병과 화병에 꽂아 있는 꽃들을 색칠합니다. 다음으로 국화꽃 도안을 색칠하고 가위로 오립니다. 이제 국화꽃을 화병 도안의 꽃들 사이에 조화롭게 배치합니다. 평면인 화병의 꽃들 사이에 입체적인 국화꽃을 만들기 위해서는 국화꽃을 바로 붙이면 안 됩니다. 국화꽃 도안 뒤에 종이를 접어 붙인 후, 화병의 꽃들 사이에 붙이면 앞으로 튀어나온 것 같은 효과를 줍니다. 아이들은 화병에 국화꽃을 한 송이 붙이기도 하고 두 송이 붙이기도 합니다. 화병에 여러색의 국화꽃을 붙이니 왠지 국화꽃 향기가 나는 것 같습니다.

국화꽃이 가득 담긴 화병 작품을 칠판에 붙이고 서로의 작품을 감상합니다. 아이들은 자기가 그린 작품의 제목과 꽃의 종류를 친구들에게 설명합니다.

가장 좋은 건 실제 국화꽃을 화병에 담아서 교실에 놓는 겁니다. 아이들은

실제 꽃을 보고 향기를 맡으면서 자연을 느낄 수 있습니다. 하지만 이렇게 하지는 못하더라도 실제 꽃이 있는 화병 느낌을 주고 싶었습니다. 여기에 꽃향기가 나는 향수를 뿌리면 좋지 않을까 하는 생각도 해 봅니다. 아무리 진짜 꽃과 비슷하게 색칠하고 꽃향기가 나는 향수를 뿌린다고 해도 실제 꽃의 아름다움을 표현하지는 못합니다. 날이 좋을 때 아이들과 함께 학교 안에 있는 꽃과 나무의 아름다움을 보러 산책해야겠습니다.

 **준비물**

국화꽃 및 화병 도안, 색연필, 가위, 풀

지도 방법

1. 자연을 느낄 수 있는 지역 축제나 장소에 체험 학습을 다녀온다.
2. 화병 도안과 화병에 잘 어울리는 국화꽃 도안을 선택한다.
3. 색연필을 사용해 도안을 색칠한다.
4. 색칠한 국화꽃 도안 뒤에 종이를 접어 붙인 후 화병 도안에 붙인다.
5. 자신이 만든 작품의 제목과 꽃의 종류를 친구들에게 설명한다.

환경 수업 tip

색칠한 국화꽃 도안을 자를 때 남는 부분 없이 깔끔하게 잘라야 평면인 화분과 어울려 더욱 입체적인 느낌을 줄 수 있다. 또한 국화꽃 도안 뒤에 종이 두께를 달리하면 꽃이 앞으로 튀어나오는 정도가 달라진다. 오늘은 국화꽃과 화병 도안을 사용했지만, 학교에 있는 나무의 종류를 알아본 후 해당 나무 도안을 찾아 활용한다면 아이들이 훨씬 흥미를 느끼고 활동에 참여할 수 있을 것이다.

상현달 선생님의 eco talk

미국 워싱턴대학교 생물학과 교수팀은 오염 물질이 꽃향기를 분해해 곤충들의 후각에 교란을 일으킨다고 국제학술지 〈사이언스〉에 발표했습니다. 환경 오염이 후각에 의존하며 살아가는 곤충의 활동을 방해한다는 이야기입니다. 후각 교란으로 곤충들이 꿀을 찾지 못해 굶주리면 생태계 위협으로 이어집니다. 이는 곤충에 의존하는 식물들이 수분을 할 수 없으므로 농작물 경작에도 좋지 않은 영향을 줄 수밖에 없습니다. 결국 생태계와 농업까지 위협을 받게 되고 이것은 인류 생존과도 밀접하게 관련을 맺고 있습니다.

미술 교과 연계 — 실내화에 그림 그리기

'두들 보이'처럼
실내화에 그림을 그려요

학년말이 되었습니다. 며칠 후면 초등학교를 졸업하고 중학교로 가는 아이들입니다. 이제 1년 동안 신었던 실내화는 며칠만 지나면 버리게 됩니다. 그동안 아이들은 대부분 A4 용지나 도화지, 색지에 그림을 그렸습니다. 이번에는 종이가 아닌 버려질 실내화에 그림을 그려보기로 합니다.

실내화에 그림을 그린다고 하니 아이들이 깜짝 놀랍니다. 어떻게 실내화에 그림을 그리냐고 제게 묻습니다. 지금까지 아이들은 실내화는 깨끗하게 신어야 하는 것으로 생각했습니다. 더러워지면 빨고, 빨아도 깨끗해지지 않으면 버렸습니다. 학년이 올라가면 항상 헌 실내화를 버리고 새 실내화를 구입하기도 했습니다. 이번에도 졸업하는 날 실내화를 버린다고 생각하지만 막상 실내화에 그림을 그리려니 주저합니다. 어차피 버릴 실내화를 미술 작품으로 한번 만들어 보자는 제안에 결국 아이들은 용기를 냅니다.

신발에 그림을 그린 영상으로 유명해진 '두들 보이'라고 영국의 조 웨일이라는 소년이 있습니다. 영상을 보며 실내화에 어떤 방식으로 그림을 그릴지 생각합니다. 실내화에 그림을 그리기 위해서는 네임펜이나 유성 매직을 사용합니다. 따라서 잘못 그리면 지울 수 없습니다. 그때는 틀린 곳을 살려서 그려야 합니다. 실내화에 그림을 그리기 전, 먼저 종이에 어떤 그림을 그릴지 연습합니다. 사용할 패턴, 캐릭터 등을 종이에 연습하면서 구체적인 형태를 완성합니다.

종이에 충분한 연습한 후 실내화에 그림을 그립니다. 실내화는 종이와 다르게 곡선이 있고 중간중간 구멍이 있으며 두께가 다른 곳들도 있습니다. 그래서 종이에 그림을 그릴 때보다 더 신경을 써야 합니다. 아이들은 이런 것들을 고려하며 종이에 연습한 패턴을 참고해서 실내화에 그림을 그립니다. 아이들이 그리는 그림에는 이야기가 담겨 있어야 합니다. 이야기가 담겨 있지 않은 물건은 단지 팔기 위한 상품에 불과하지만 이야기가 담기는 순간 사람들이 사고 싶어 하는 명품이 됩니다.

얼마 있으면 쓰레기로 버려질 실내화지만 이야기가 담긴 패턴과 캐릭터가

들어가는 순간 또 하나의 예술 작품으로 변모합니다. 아이들은 실내화에 어떤 이야기가 담겨 있는지 친구들에게 설명합니다. 마지막으로 자신의 소중한 이야기가 담긴 실내화를 교실 복도에 전시합니다. 복도를 지나가는 학생들이 실내화에 그린 작품을 유심히 쳐다봅니다. 며칠 후면 버려질 수밖에 없었던 헌 실내화가 새로운 예술 작품이 되어 많은 아이들을 만나는 순간입니다.

 **준비물**

두들 보이 영상, 헌 실내화, 네임펜, 유성 매직, A4 용지

지도 방법

1. 두들 보이 영상을 시청하면서 실내화에 어떻게 그림을 그릴지 생각한다.
2. 종이에 패턴, 캐릭터 등을 그리면서 연습한다.
3. 종이에 충분히 연습한 후 헌 실내화에 그림을 그린다.
4. 실내화에 그린 그림에 어떤 패턴과 캐릭터가 있는지 친구들과 이야기를 나눈다.
5. 실내화를 교실 복도에 전시한다.

환경 수업 tip

교실이나 학교에는 오래된 교구나 학습 준비물, 폐기 도서 등이 있다. 이것들을 바로 버리기보다는 수업과 연계해서 활용하는 방법을 고민할 필요가 있다. 버려지는 그림책을 재활용해 팝업북으로 만들 수도 있고, 놀이의 도구로도 활용이 가능하다. 오늘 수업처럼 도화지나 캔버스의 대체물이 되어 자신의 상상력을 담은 하나의 작품이 될 수도 있다.

상현달 선생님의 eco talk

사람들은 지구의 자원이 무한하기라도 한 것처럼 물건을 버리는 데 익숙해져 있습니다. 사람들이 1년 동안 버리는 플라스틱을 모두 모으면 2억 4,200만 톤이 됩니다. 세상에서 가장 큰 동물인 대왕고래 160만 마리와 맞먹는 무게입니다. 더 충격적인 사실은 플라스틱 쓰레기가 우리가 버리는 전체 쓰레기의 12퍼센트밖에 되지 않는다는 사실입니다. 지금처럼 쓰레기를 계속 버린다면 2050년에는 쓰레기양이 지금보다 70퍼센트나 더 증가할 것입니다. 이는 한 해에 34억 톤에 달하는 쓰레기가 쏟아져 나오게 된다는 말입니다.

7장

교실 속
생태 환경 수업

| 융합 교과 연계 |

융합 교과 연계 — 멸종 위기 동물 디자인하기

'스티커 아트북' 기법으로
멸종 위기 동물을 디자인하고 응원해요

생태 환경 수업을 구상하면서 아이들이 흥미를 느끼면서도 의미 있게 활동하려면 어떻게 해야 할지 고민했습니다. 아이들의 관심과 너무 동떨어지지 않는 게 무엇일까 하다 생각한 게 아이들이 좋아하는 동물입니다.

예전에 아들과 함께 갔던 미술관에서 환경 오염과 함께 멸종 위기 동물에 관한 전시를 본 적이 있습니다. 그때 봤던 멸종 위기 동물에 관한 그림을 활용하면 아이들이 관심을 가질 것 같았습니다. 아들이 좋아하는 책 중 동물 도안에 스티커를 붙여 동물을 만드는 '스티커 아트북'이 있습니다. 이 '스티커 아트북' 기법을 멸종 위기 동물에 적용한 활동을 준비합니다.

인터넷에서 멸종 위기 동물을 검색한 후 전시회에서 봤던 그림을 찾아서 컴퓨터에 내려받습니다. 이 그림은 remove.bg 사이트를 활용해 배경을 지우고 포토스케이프 X 프로그램에서 색연필화 기법으로 변환하면 수업에서 활용할 수 있는 자료가 됩니다. 아이들은 색연필이나 사인펜으로 멸종 위기 동물 그림에 여러 가지 직선을 긋고 색칠합니다. 단, 직선을 그을 때는 다양한 각도가 나올 수 있게 자를 사용하도록 미리 안내합니다. 멸종 위기 동물 그림에 바로 색칠할 수도 있지만 그렇게 하지 않고 직선을 그었던 이유가 있습니다. 수학 시간, 각도에 대해 배우고 있는 아이들에게 멸종 위기 동물 그림에서 여러 각도를 찾을 수 있도록 하기 위해서입니다. 아이들은 각도기를 사용해 자신이 색칠한 멸종 위기 동물 그림에서 직각, 예각, 둔각 등 수학 시간에 배우고 있는 여러 가지 각도를 찾습니다.

다음으로 40여 종의 멸종 위기 동물 이름이 쓰인 학습지에서 아는 멸종 위기 동물의 이름을 찾습니다. 그리고 5×5 빙고 판에 멸종 위기 동물의 이름을 쓰고 놀이를 하면서 자연스럽게 멸종 위기 동물들의 이름을 익힙니다.

아이들의 작품을 교실에 며칠 동안 전시한 후, 전교생이 멸종 위기 동물에 대해 관심을 가졌으면 좋겠다는 생각이 들었습니다. 그래서 아이들이 가장 많이 지나다니는 1층 중앙 현관에 '멸종 위기 동물에게 응원의 메시지를 남겨주세요'라는 작은 행사를 준비했습니다. 아이들이 디자인한 멸종 위기 동물 그림

을 전시하고, 포스트잇, 볼펜, 보드 등을 준비해서 지나가는 아이들이 메시지를 남길 수 있도록 했습니다. 먼저, 저희 반 아이들이 멸종 위기 동물에게 응원의 메시지를 남기고 행사장 앞에서 기념사진도 찍었습니다. 며칠이 지나자 비어 있던 보드에 응원의 메시지가 쓰인 포스트잇이 가득 찼습니다. 포스트잇에 쓰인 글을 하나하나 읽으면서 아이들의 따뜻한 마음을 느낄 수 있었습니다. 아이들의 바람처럼 동물들이 지구에서 사라지지 않고 인간들과 함께 건강하게 살아가면 좋겠습니다.

 **준비물**

멸종 위기 동물 도안, 자, 각도기, 색연필, 사인펜, 학습지, 볼펜, 포스트잇, 보드

지도 방법

1. 멸종 위기 동물 도안의 배경을 지우고 색연필화 기법으로 변환한다.
2. 멸종 위기 동물 도안에 직선을 긋고 색칠한다.
3. 직선이 만나 생긴 도형을 각도기를 사용해 여러 가지 각도를 찾는다.
4. 학습지에서 아는 멸종 위기 동물을 찾아보고, 이름을 활용한 빙고 놀이를 한다.
5. 작품을 중앙 현관에 전시하고 전교생이 참여해 멸종 위기 동물에게 응원의 메시지를 남기는 행사를 운영한다.

환경 수업 tip

멸종 위기 동물에 대해서 전교생이 알았으면 하는 바람이 있었다. 그래서 멸종 위기 동물에게 응원의 메시지를 보내는 수업을 계획해서 전교생이 참여할 수 있도록 했다. 저학년 아이들은 고학년 아이들이 포스트잇에 쓴 내용을 보면서 따라 쓰기도 하고 자신의 생각을 짧게라도 기록했다. 아이들이 좋아하는 동물이라는 내용으로 수업을 구성하면 어렵지 않게 환경 문제를 인식할 수 있을 것이다.

상현달 선생님의 eco talk

기록에 존재하는 12만 700종 가운데 3만 5,500여 종이 멸종 위기에 처해 있습니다. 양서류의 40퍼센트, 포유류의 26퍼센트, 조류의 14퍼센트, 상어와 가오릿과의 33퍼센트가 위험한 것입니다. 과학자들은 현재를 '인류세(인류가 지구 기회와 생태계를 변화시켜 만들어진 새로운 지질 시대)'라고 부릅니다. 그만큼 인류가 지구와 기후에 끼친 영향이 크기 때문입니다. 실제로 인간은 생명의 자연 서식지를 파괴해 생물 다양성을 감소시키고 있습니다.

융합 교과 연계 — 지구를 지키는 손 만들기

석고 붕대를 활용해
'지구를 지키는 손'을 만들어요

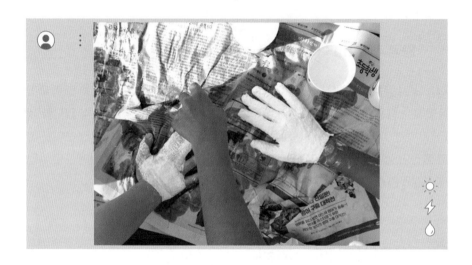

국어 시간, 아이들은 시를 배우고 있습니다. 배운 내용을 바탕으로 오늘은 지구, 환경을 주제로 감각적 표현을 사용한 시를 씁니다. 그동안 환경 수업을 하면서 아이들은 지구, 환경과 관련된 여러 가지 영상을 보고 글을 쓰면서 환경에 관한 나름의 생각을 가졌습니다. 이 생각을 시로 표현하며 깨끗하고 건강한 지구를 만들기 위해 내가 할 수 있는 일에 대해서도 생각합니다. 여기서 중요한 건 '손'입니다. 지구를 깨끗하게 하는 방법은 대부분 손을 사용해 이루어지기 때문입니다. 그래서 아이들과 석고 붕대를 사용해 지구를 지키는 내 손을 만들어 보는 활동을 합니다.

활동에서 중요한 재료인 석고 붕대는 가루가 많이 날리기 때문에 교실 밖으로 나가는 것이 좋습니다. 그리고 석고 붕대를 굳히기 위해서 필요한 물을 구하기 쉬운 곳이어야 합니다. 이 두 조건에 해당하는 수돗가 옆의 넓은 공간을 찾았습니다. 아이들은 돗자리를 챙겨서 밖으로 나간 후 수돗가 옆에 깔고 그 위에 신문지를 펼쳐 놓았습니다. 그리고 종이컵에 물을 채우고 말아져 있는 석고 붕대를 손 위에 올릴 수 있는 크기로 잘랐습니다.

이제부터 본격적으로 '지구를 지키는 손'을 만들 차례입니다. 이 활동은 물을 묻힌 석고 붕대를 손등 위에 올리면서 작업해야 하기에 혼자는 어렵습니다. 그리고 물을 묻힌 석고 붕대는 시간이 지나면 굳기 때문에 한 손으로 석고 붕대를 꼼꼼하게 반대편 손등에 붙이기 어렵습니다. 그래서 두 세명을 한 모둠으로 구성해 서로 도우면서 작업을 할 수 있도록 합니다. 친구의 손등에 석고 붕대를 올리고 물을 묻히는 작업을 반복하면 얼마 지나지 않아 석고 붕대가 손 모양으로 굳습니다. 이렇게 굳은 석고 붕대를 손에서 떼어 낸 후 선선한 곳에서 말립니다.

다음으로 세계 여러 나라의 국기를 출력한 후 아이들에게 나누어 줍니다. 아이들은 국기를 색칠하면서 지구에는 여러 나라가 있음을 알게 됩니다. 이렇게 색칠한 국기들은 지구를 상징하는 택배 상자에 붙이고 그 위에 석고로 만든 손도 함께 고정합니다. 석고 붕대로 만든 아이들의 손은 세계 여러 나라의 환

경을 지키고 더 나아가 지구를 깨끗하게 하는데 앞장선다는 의미를 담고 있습니다. 여기에 '지구를 아름답게 만들겠다'라는 다짐을 기록한 학습지에서 자신의 이름을 잘라 석고 붕대로 만든 손 주위에 함께 붙여 줍니다.

이 활동을 통해 아이들은 지구에는 많은 나라가 서로 연결되어 있다는 사실과 환경 문제는 한 나라의 문제가 아닌 모든 나라가 힘을 모아 함께 해결해야 하는 공동의 문제라는 것도 깨닫습니다. 그리고 그 시작은 바로 내 '손'으로부터 출발한다고 생각하게 됩니다.

 준비물

학습지, 석고 붕대, 종이컵, 가위, 신문지, 세계 여러 나라의 국기 도안, 택배 상자, 풀, 글루건, 색연필

지도 방법

1. 지구, 환경에 관한 시를 쓰고 깨끗한 지구를 만들기 위해 내가 할 수 있는 일에 대해서 생각한다.
2. 석고 붕대와 종이컵을 챙겨서 수돗가 근처 넓은 장소로 이동한다.
3. 석고 붕대를 자른 후 친구의 손등에 물을 묻힌 석고 붕대를 올린다.
4. 석고 붕대의 빈 곳이 없도록 촘촘하게 붙이고 굳을 때까지 기다린다.
5. 석고 붕대가 굳으면 손등에서 석고 붕대를 떼 서늘한 곳에서 말린다.
6. 세계 여러 나라의 국기를 색칠한다.
7. 택배 상자에 세계 여러 나라 국기와 석고 붕대로 만든 손을 고정한다.
8. '지구를 아름답게 만들겠다'라는 다짐을 기록한 학습지에서 자신의 이름을 잘라 석고 붕대로 만든 손 주위에 함께 붙인다.

환경 수업 tip

석고 붕대는 미리 4×3센티미터 크기 정도로 많은 양을 잘라 놓는 것이 좋다. 석고 붕대를 손등에 올려놓으면 금세 굳기 때문에 한 손으로 작업하기 어렵다. 또한 석고 붕대를 작게 자르지 않고 크기가 큰 상태로 작업하면 버리게 되는 석고 붕대의 양이 늘어난다. 따라서 환경도 생각하고 결과물의 완성도도 높이기 위해서는 미리 석고 붕대를 잘라 놓아야 한다.

상현달 선생님의 eco talk

지구를 깨끗하게 지키기 위해서는 아이들이 많은 시간을 보내는 학교에서 어떻게 해야 할지 생각해 보아야 합니다. 특히 학교에서 음식물 쓰레기는 커다란 골칫거리입니다. 재료를 기르고 운반하고 조리하는 과정마다 탄소 발자국이 쌓이기 때문입니다. 게다가 음식을 남기면 재활용 시설로 보내야 하는데 거기서 음식이 분해될 때까지 메탄가스가 발생해 환경에 좋지 않은 영향을 미칩니다. 따라서 음식을 남기지 않고 다 먹는 것만으로도 기후 변화를 늦출 수 있습니다.

융합 교과 연계 ─ 지구를 안고 있는 손 만들기

석고 붕대를 활용해 '지구를 안고 있는 손'을 만들어요

　　SNS를 보다가 '지구의 날'에 관한 캠페인 광고 사진을 보았습니다. 환경과 관련된 수업에 관심이 있다 보니 다른 사람들은 그냥 지나쳤을 사진이 제게는 유독 눈에 들어옵니다. 사람의 두 손이 지구를 감싸고 있는 사진에서 수업에 활용할 아이디어가 떠올랐습니다.

　　며칠 후 주문한 석고 붕대가 도착하자 돗자리를 들고 밖으로 나왔습니다.

석고 붕대를 적당량 잘라 물을 묻힌 후 손에 올립니다. 두세 명이 서로 도와 석고 붕대로 손 모양 본뜨기를 합니다. 완성된 손은 바람이 잘 부는 곳에서 말려 줍니다.

손을 만들었으니 이 손으로 환경을 위해 무슨 일을 할 수 있을지 생각해 봅니다. 하지만 바로 내가 할 수 있는 일을 찾아보지 않습니다. 먼저 세계 여러 나라, 대한민국, 그리고 함평군에서 할 수 있는 일을 생각해 보고, 마지막으로 내가 할 수 있는 일을 생각합니다. 이렇게 네 단계로 나누며 아이들은 환경을 보호할 수 있는 일에 대해서 조금 더 구체적으로 생각할 수 있습니다.

깨끗하고 건강한 지구를 만들기 위해서는 모든 사람이 서로 힘을 합쳐야 합니다. 그 출발점이 바로 나의 실천입니다. 아이들은 학습지에 기록한 내가 할 수 있는 일을 투명 반구에 옮겨 적습니다. 글로 써도 되고 색을 넣어 꾸며도 좋습니다. 두 명의 아이가 각자 꾸민 투명 반구를 합칩니다. 두 개의 투명 반구를 글루건으로 붙이면 하나의 지구가 됩니다. 이제는 석고 붕대로 만든 손을 지구에 붙입니다. 손이 지구를 받치고 있는 모습이 됩니다.

석고 붕대로 손을 만들 때 아이들은 협력했습니다. 투명 반구 역시 두 개가 합쳐져야 하나의 지구가 되고, 손 역시 두 사람의 손이 합쳐져야 안정적으로 지구를 받칠 수 있습니다. 환경을 지키는 것도 이와 같습니다. 혼자보다는 둘, 둘보다는 셋, 이렇게 서로 협력하고 도와야 지구를 아름답게 지킬 수 있습니다. 지구에 석고 붕대로 만든 손을 붙여서 세웠지만 균형이 맞지 않아 넘어질 때도 있습니다. 그때는 카프라를 석고 붕대로 만든 두 손과 지구 사이에 넣고 글루건으로 고정하면 지구가 넘어지지 않습니다.

시간이 지나자 붙여 놓은 손 하나가 떨어졌습니다. 그러자 균형을 유지하던 지구가 앞으로 넘어지면서 바닥으로 떨어집니다. 지구를 붙잡고 있던 나머지 손도 떨어져 나가고 투명 반구는 반으로 쪼개졌습니다. 우리가 살고 있는 지구도 사람들의 관심과 도움이 사라지면 결국에는 훼손되고 파괴될지 모릅니다.

 **준비물**

석고 붕대, 종이컵, 가위, 학습지, 투명 반구, 매직, 글루건, 카프라

지도 방법

1. 석고 붕대와 돗자리를 챙겨서 운동장으로 나간다.
2. 친구들과 협력해서 석고 붕대를 서로의 손등에 촘촘하게 올린다.
3. 석고 붕대가 굳을 때까지 기다린 후 손에서 떼어낸다.
4. 환경을 깨끗하게 하기 위해서 할 수 있는 일을 네 단계로 생각한다.
5. 투명 반구에 환경을 위해 내가 할 수 있는 일을 기록한다.
6. 글루건을 사용해 투명 반구 두 개를 붙인다.
7. 투명 반구로 만든 지구가 서 있을 수 있도록 석고 붕대로 만든 손 두 개를 그 밑에 고정한다.

환경 수업 tip

최근 들어 부쩍 환경 관련 캠페인을 알리는 영상, 사진, 그림들이 늘어나고 있다. 더 늦기 전에 온 국민이 환경 오염에 대한 경각심을 가져야 한다는 사실을 일깨워 주기 위해서일 거다. 이런 자료들을 관심 있게 살펴보면 환경 수업을 하는데 유용하게 활용할 수 있다. 아는 만큼 보이고, 그때 보이는 것은 전과 같지 않다는 《나의 문화유산답사기》의 저자 유홍준 교수님의 말은 환경 수업에도 똑같이 적용될 수 있다.

상현달 선생님의 eco talk

지구가 아닌 다른 행성들의 이름은 모두 그리스와 로마 신들의 이름에서 따왔지만 지구Earth는 '땅Eorthe'을 의미하는 게르만어로 만들어졌습니다. 지구의 70퍼센트를 차지하는 바다는 지구에 있는 물의 97퍼센트를 보유하고 있습니다. 또한, 지구는 기후와 날씨를 일으키는 대기가 있으며 지구 내부의 열로 따뜻하고 아늑한 환경을 유지합니다. 지구에는 약 870만 종의 동물과 식물, 미생물이 있다고 추정하지만, 과학자들이 파악한 생명체는 단 14퍼센트에 불과합니다.

융합 교과 연계 — 에코백 만들고 물건 구입하기

이야기가 담긴 에코백을 만들고 물건을 사러 가요

많은 사람이 환경을 생각하며 에코백을 사용합니다. 여러 학교에서도 에코백 만들기 활동을 합니다. 그런데 아이들을 유심히 보면 에코백을 만든 날에는 그 안에 이것저것을 넣는데 막상 시간이 지나면 잘 활용하지 않습니다.

'왜 애써 만든 에코백을 가지고 다니지 않을까….'

고민을 하다 두 가지 이유를 찾았습니다. 첫 번째는 에코백이 너무 작고 두 번째는 예쁘지 않습니다.

큰 크기의 에코백에 나만의 개성을 담아 예쁘게 만들면 될 것 같다는 생각이 들었습니다. 이를 위해 수납공간이 넓은 검은색과 베이지색 에코백 두 종을 구입했습니다. 그리고 패치라고 불리는 '와펜'도 함께 구입합니다. 와펜의 종류는 다양합니다. 저는 동물, 식물, 지구와 같은 와펜을 구입했습니다.

국어 수업 시간, 이야기 만들기 내용을 배우고 있습니다. 이 부분과 연결하기 위해 아이들에게 에코백 위에 와펜을 배치하면서 이야기를 만들도록 합니다. 와펜을 배치한 후에는 다리미로 와펜을 눌러 에코백에 고정했습니다.

에코백의 용도는 무엇일까요? 바로 물건을 담는 것입니다. 특히 에코백은 장을 볼 때 유용하게 사용하는 도구입니다. 이제 자신이 만든 에코백을 들고 물건을 사러 마트로 갑니다. 아이들은 돈의 액수를 생각하며 물건을 구입합니다. 물건을 구입하고 교실로 돌아온 아이들은 구입한 과자를 먹으며 에코백에 붙여진 와펜 이야기를 글로 표현합니다.

동물, 식물, 지구 와펜을 구입한 이유가 있습니다. 바로 아이들이 자연환경과 관련된 내용으로 이야기를 만들도록 의도했습니다. 제 의도대로 아이들이 글을 쓰고 있어서 다행입니다. 그리고 아이들은 자신이 만든 에코백을 활용해 물건을 샀던 경험도 학습지에 기록합니다.

다음으로 아이들이 상상한 이야기를 그림책으로 제작하기 위해 스토리보드를 만들었습니다. 긴 글을 짧은 글로 간추린 후, 그에 어울리는 그림을 그립니다. 스토리보드가 완성된 후에는 스크랩북을 사용해 그림책으로 제작합니다. 스토리보드를 그대로 스크랩북에 옮기는 아이들도 있고 스토리를 조금 수정하

는 아이들도 있습니다. 아이들이 스스로 쓰고 그린 작품이기에 어떤 경우도 모두 괜찮습니다.

시간이 지나자 그림책이 완성되었습니다. 아이들은 그림책 읽어 주는 선생님처럼 등장인물에 따라 목소리를 바꾸며 친구들에게 재미있게 그림책을 읽어 줍니다.

 **준비물**

에코백, 와펜, 다리미, 학습지, 스크랩북, 사인펜

생태 환경 수업 대백과 100

지도 방법

1. 에코백과 와펜을 선택한다.
2. 와펜을 에코백에 배치하면서 이야기를 만든다.
3. 배치가 끝난 와펜은 다리미로 에코백에 고정한다.
4. 완성된 에코백을 가지고 마트에 가서 물건을 구입한다.
5. 학습지에 와펜으로 만든 이야기를 기록한다.
6. 이야기로 스토리보드를 만든 후 스크랩북을 활용해 그림책으로 제작한다.
7. 완성한 그림책을 친구들 앞에서 실감 나게 읽는다.

환경 수업 tip

와펜은 스티커를 떼서 바로 붙일 수 있는 제품과 다리미로 접착제를 녹여 붙이는 제품이 있다. 학생들의 수준과 수업의 방향에 따라 적절한 와펜을 선택해서 활용한다. 또한 와펜은 캐릭터, 동물, 식물, 국기, 물건 등 다양한 종류가 있으므로 환경 수업에 적합한 와펜을 선택하는 것이 필요하다. 다리미를 사용할 때는 화상의 위험이 있으므로 교사의 세심한 관심이 요구된다.

상현달 선생님의 eco talk

물건을 살 때 장바구니나 에코백을 활용하는 것은 환경에 도움이 됩니다. 그러나 무엇보다도 환경에 좋은 것은 물건을 되도록 적게 사는 겁니다. 그래야 쓰레기의 양도 줄어듭니다. 쓰레기는 온실 효과를 일으키는 기체를 배출합니다. 가난한 나라일수록 쓰레기를 제대로 처리하지 못해 전체 쓰레기의 약 39퍼센트 정도만 수거해서 처리합니다. 더욱이 쓰레기를 많이 배출하는 부자 나라가 가난한 나라로 쓰레기를 보내 처리하기도 합니다. 쓰레기 처리의 책임을 가난한 나라에 떠넘기고 있는 겁니다.

융합 교과 연계 ─ 대형 한반도 지도 만들기

지구를 지키는 글자를 합쳐
대형 한반도 지도를 만들어요

　활동을 하기 위해 아이들은 '지구를 지키는 스무 가지 방법'을 학습지에 기록했습니다. 거창한 것 말고 내가 할 수 있는 구체적인 일을 생각해 봅니다. 이렇게 학습지에 기록한 실천 방법은 수업이 끝날 때쯤 대형 한반도 지도가 됩니다. 지난번에는 정사각형 칸이 그려진 A4 용지에 지구를 지키는 방법을 한 글자당 한 칸에 썼습니다. 이번에는 지난 수업을 업그레이드할 예정입니다. 지난

번에 그린 한반도 지도가 A4 용지 크기였다면 오늘 만들 한반도 지도는 가로 4.2미터, 세로 7.5미터 정도의 대형 작품입니다. 먼저 필요한 이면지가 얼마나 될지 수학적으로 계산해 봅니다.

설계도를 완성했으니 본격적인 활동에 들어 갑니다. 글자들을 파워포인트에서 한 글자씩 기록합니다. 글자 하나의 크기가 가로 25센티미터, 세로 20센티미터입니다. 총 필요한 글자는 208자입니다. 우리 반 아이들만 하기에는 너무 많아 다른 선생님들의 도움을 받아 전교생이 참여하는 활동으로 확장했습니다. 각 학년 미술 시간에 글자 꾸미기 활동으로 완성된 글자들이 속속 저희 반 교실에 도착합니다. 그사이 저희 반 아이들도 개인당 네 장 정도의 글자들을 꾸밉니다. 208자의 글자들이 모두 도착하자 글자들을 챙겨 강당으로 이동합니다. 설계도를 살펴보니 이면지 422장이 필요하기에 교무실, 행정실, 각 교실을 돌아다니며 이면지들을 수거했습니다. 이제 강당에서 작업을 시작합니다.

일단 아이들을 두 모둠으로 나누었습니다. 첫 번째 모둠은 대한민국 지도를 만들고, 두 번째 모둠은 북한 지도를 만듭니다. 시간이 흐르니 지도의 형태가 조금씩 갖추어져 갑니다. 아이들은 순간순간 글자들의 배열이 맞는지 확인하고 설계노트를 보며 비어 있는 공간의 위치도 계산합니다. 작업 시간을 숨이기 위해 글자를 맞추는 아이들과 종이에 테이프를 붙이는 아이들로 분담합니다. 어느덧 대한민국의 지도가 먼저 완성되었습니다. 완성된 대한민국의 지도를 힘을 합쳐 북한 지도 밑으로 옮깁니다. 분단된 한반도가 하나가 되는 순간입니다. 대한민국 지도를 먼저 맞춘 첫 번째 모둠은 두 번째 모둠의 작업을 돕습니다. 4시간이 넘는 작업이 이제 얼마 남지 않았습니다. 현수막 걸이를 내려 플래카드 붙

이는 곳에 지도의 끝을 붙이고 현수막 걸이를 위로 올립니다. 세로 길이가 7미터가 넘으니, 지도를 모두 들어 올릴 수는 없습니다. 그래도 현수막 걸이를 최대한 높이 올리니 한반도 지도의 모습이 나타납니다.

다음날 전교생이 강당에 모였습니다. 아이들은 한반도 지도를 보면서 자신이 꾸민 글자를 찾아봅니다. 지도에는 환경을 지킬 수 있는 다양한 방법이 쓰여 있습니다. 전교생이 함께 위에서부터 밑으로 읽어 나갑니다. 그리고 자신이 실천할 방법 한 가지를 선택하고 스스로 다짐하는 시간도 가져 봅니다.

 **준비물**

학습지, 이면지, 사인펜, 테이프

지도 방법

1. '지구를 지키는 스무 가지 방법'을 학습지에 기록한다.
2. 글자를 출력할 이면지 208장과 공간을 채울 이면지 422장을 모은다.
3. 파워포인트로 한 글자씩 만들어 출력한 종이를 전교생에게 나누어 준다.
4. 첫 번째 모둠은 글자를 배열하면서 대한민국 지도를 만든다.
5. 두 번째 모둠은 글자를 배열하면서 북한 지도를 만든다.
6. 만들어진 두 개의 지도를 합쳐서 하나의 한반도 지도를 만든다.
7. 한반도 지도를 강당 현수막 걸이에 부착해서 걸고, 전교생이 강당에 모여 지도에 쓰여 있는 문장들을 읽으면서 자신이 실천할 방법 한 가지를 선택한다.

환경 수업 tip

강당에서 작업을 하기 어려운 경우에는 A4 용지를 4분의 1, 6분의 1로 나눈 크기에 글자를 쓰면 교실 한쪽 면에 전시할 수 있는 크기가 된다. 이렇게 하면 대형 한반도 지도를 제작하는 데 시간도 적게 들고 테이프도 덜 사용하게 된다. 대형 한반도 지도를 만들기 위해서는 많은 양의 테이프가 사용된다. 이 테이프도 결국에는 쓰레기이므로 이 점에 대해서도 활동하면서 아이들과 이야기를 나눌 필요가 있다.

상현달 선생님의 eco talk

세계적으로 제지 산업에서 매년 생산하는 종이는 1인당 평균 약 55킬로그램입니다. 종이 생산에는 에너지와 물이 많이 사용되므로 환경에 좋지 않습니다. 또한 종이를 만들려면 원재료인 나무를 많이 베어야 하는데 세계 목재 수확량의 약 3분의 1이 종이를 만드는 데 사용된다고 합니다. 종이 사용으로 환경에 나쁜 영향을 끼치지 않는 제일 좋은 방법은 소비를 줄이고 재활용 종이를 많이 사용하는 겁니다.

융합 교과 연계 ─ 환경 루빅큐브 만들기

루빅큐브를 맞추며
나만의 환경 이야기를 만들어요

　　교실에서 활용하기 위해 보드게임 '고고 페이스 루빅큐브'를 구입했습니다. 아이들이 루빅큐브를 가지고 노는 모습을 보다가 수업 아이디어가 하나 떠올랐습니다. '고고 페이스 루빅큐브'는 더미에서 나오는 얼굴 카드 모양대로 자신의 쌓기나무를 돌려가며 얼굴을 맞추는 보드게임입니다. 이 보드게임을 환경 관련 내용으로 바꿔 활용하면 좋겠다고 생각했습니다.

구글 이미지와 핀터레스트 사이트에서 환경 관련 여섯 개의 이미지를 찾았습니다. 세 개의 이미지는 환경 오염과 관련된 것이고, 다른 세 개의 이미지는 환경을 보호하는 내용입니다. 이렇게 찾은 이미지를 라벨지에 출력해 자른 후, 쌓기나무에 붙입니다. 쌓기나무가 여섯 면이니 각 면에 이미지를 하나씩 붙입니다. 다음은 카드를 만들어 줍니다. 카드는 여섯 개의 이미지를 세 개의 세트로 출력합니다. 그러면 총 18장의 카드가 됩니다. 이 카드를 코팅한 후 게임에 활용합니다.

이제 보드게임을 시작합니다. 18장의 카드를 잘 섞은 후 뒤집어 놓습니다. 한 명이 카드 더미에서 카드를 뒤집으면 나머지 사람들은 해당 카드의 모양과 같도록 쌓기나무를 돌려가며 맞춥니다. 가장 먼저 카드에 있는 이미지와 같은 모양을 쌓기나무로 만든 사람이 "완성!"이라고 외칩니다. 그러면 다른 사람들은 '완성'이라고 외친 사람의 쌓기나무가 카드 이미지와 맞는지 확인합니다. 맞다면 '완성'을 외친 사람이 카드를 가져갑니다. 모든 카드가 사라질 때까지 놀이를 이어 갑니다.

놀이가 끝나면 보드게임을 통해 환경 카드에 익숙해진 아이들에게 동일한 여섯 개의 이미지와 학습지를 나누어 줍니다. 아이들은 여섯 개의 이미지 중에서 네 장을 골라 이야기를 상상해서 만듭니다. 하지만 학습지는 총 다섯 칸으로 이루어져 있습니다. 비어있는 한 칸에는 이미지들과 어울리는 그림을 그립니다. 아이들은 이미지를 옮기며 자신만의 재미있는 환경 이야기를 만듭니다. 아이들이 쓴 학습지를 보니 기후 위기, 환경 보호, 우리들의 노력 등에 대한 내용이 잘 나타나 있습니다. 아이들은 서로의 학습지를 바꿔가며 친구들의 글을

읽습니다.

　생각을 글로 쓴 후에는 몸으로 표현하는 시간을 갖습니다. 모둠원 중 한 명이 쓴 글을 선택해 연극으로 만들어 봅니다. 기존에 썼던 글에 대사와 지문을 넣고 소품을 준비한 후 몇 번 연습합니다. 그리고 친구들 앞에서 몸으로 표현합니다.

　환경 관련 내용을 놀이에서 시작해 상상하는 글쓰기로 이어가, 연극으로 마무리했습니다. 아이들이 수업 시간에 웃고 즐기며 공부하는 동안 내가 살아가는 환경에 대해 생각해 보는 시간이 되었으면 좋겠습니다.

 준비물

환경 관련 이미지, 라벨지, 쌓기나무, 학습지, 연극 소품

지도 방법

1. 환경 보호, 환경 오염에 관한 이미지를 세 장씩 준비한다.
2. 이미지를 라벨지에 출력해 자른 후 쌓기나무에 붙인다.
3. 여섯 개의 이미지를 세 개의 세트로 출력하여 가위로 자른 후 코팅해 카드를 만든다.
4. 카드 더미에서 카드를 한 장씩 뒤집으며 쌓기나무로 해당 이미지를 맞추는 놀이를 한다.
5. 놀이가 끝나면 여섯 개의 이미지 중에서 네 장을 골라 나만의 환경 이야기를 만든다.
6. 서로의 학습지를 돌려 읽는다.
7. 모둠원 중 한 명의 글을 선택해 연극 대본으로 수정하고 몸으로 표현한다.

환경 수업 tip

환경 보호, 환경 오염과 관련된 이미지 외에 멸종 위기 동물, 지구 온난화, 친환경 에너지 등 다양한 이미지를 활용할 수 있다. 어떤 이미지를 활용하느냐에 따라 환경 수업의 방향을 다르게 운영할 수 있다. 단, 루빅큐브라는 놀이 위주의 활동 뒤에는 이미지를 활용해 환경에 대해 고민해 볼 수 있는 시간을 갖는 것이 좋다.

상현달 선생님의 eco talk

2016년 발효된 파리협정 이후 121개 국가가 '2050 탄소중립 목표 기후동맹'에 가입하면서 '탄소 중립'이라는 용어가 주목받았습니다. '탄소 중립'은 대기 중 온실가스 농도 증가를 막기 위해 인간 활동에 의한 배출량을 감소시키고 반대로 흡수량은 증대하여 순 배출량이 '0'이 되는 개념으로 '넷제로^Net Zero'라고 말합니다. 우리나라는 2050년까지 탄소 중립의 목표를 이루기 위해 노력하고 있습니다.

융합 교과 연계 ─ 정크 아트 작품 만들기

'정크 아트'로
멸종 위기 동물을 만들어요

아이들에게 다양한 동물 도안을 주었습니다. 아이들에게는 도안에 있는 동물들이 '멸종 위기 동물'이라고 말하지 않았습니다. 그래서 아이들은 TV나 동물원에서 봤던 동물이라고만 생각합니다. 동물 도안을 보고 어떤 동물인지 이름을 맞춰 봅니다. 아이들은 대부분의 동물 이름을 맞췄지만 여전히 이 동물들이 멸종 위기 동물인지 알지 못한 채 활동을 시작합니다.

동물 도안에 그동안 버리지 않고 모아 놓은 헌책, 신문지, 잡지에서 해당 동물의 색과 모양이 어울리는 부분을 찾아 오린 후에 붙입니다. 종이를 모두 붙인 후에는 동물 모양이 선명하게 드러나도록 가위로 자릅니다. 이때 도안 선 밖으로 튀어나온 종이들도 가위로 자르면 되기에 선 안으로 종이들을 딱 맞춰서 꼼꼼하게 붙일 필요는 없습니다.

버려지는 종이로 멸종 위기 동물을 만든 후에는 이 동물들을 전시할 공간을 마련하기 위해 재활용 창고에서 택배 상자들을 가져왔습니다. 택배 상자에 멸종 위기 동물을 하나씩 붙이고, 상자를 쌓아 높게 세웠습니다.

두 번째 활동은 전교생이 모두 참여했습니다. 선생님들은 미리 공동 수업안을 만들고 학년 수준에 맞게 조금씩 변형해 수업을 진행했습니다. 저학년은 멸종 위기 동물 도안을 색칠하는 간단한 활동으로, 고학년은 페트병, 종이컵, 신문지 등 재활용 재료들을 활용해 멸종 위기 동물을 입체적으로 만들었습니다.

첫 번째 활동과 두 번째의 고학년 활동은 일상생활에서 나온 부산물인 폐품을 소재로 제작한 미술 작품인 '정크 아트'라는 걸 인터넷 검색으로 알 수 있게 했습니다. 그리고 자신이 디자인한 동물의 이름을 학습지에 쓰고 간략하게 조사합니다. 아이들은 자신이 선택한 동물을 조사하는 과정에서 멸종 위기 동물이라는 사실을 알게 됩니다.

"여러분이 디자인한 동물들의 공통점은 무엇일까요?"

아이들은 자신이 선택한 동물을 조사한 내용과 친구들이 조사한 동물들을 비교하며 도안의 동물들이 모두 멸종 위기 동물이라는 사실을 깨닫게 됩니다.

마지막으로 첫 번째 활동의 멸종 위기 동물을 전시한 택배 상자를 복도로

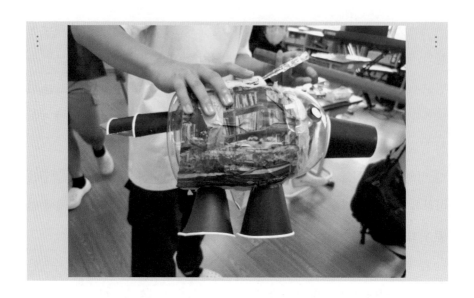

옮긴 후 다시 높게 쌓았습니다. 그리고 다른 학년과 모두 모여 환경을 지키며 지구를 보호하자고 다짐하는 시간을 갖습니다.

 **준비물**

멸종 위기 동물 도안, 헌책, 신문지, 잡지, 풀, 가위, 택배 상자, 페트병, 종이컵, 학습지

지도 방법

1. 동물 도안을 보고 어떤 동물인지 알아맞힌다.
2. 헌책, 신문지, 잡지를 잘라 동물 도안에 붙인 후 도안에 맞춰 가위로 자른다.
3. 완성된 동물 도안을 택배 상자에 붙인다.
4. 재활용 재료들을 활용해 동물을 입체적으로 만든다.
5. '정크 아트'의 의미를 알아보고 학습지에 기록한다.
6. 자신이 디자인한 동물을 인터넷으로 조사한 후 특징을 학습지에 기록한다.
7. 내가 디자인한 동물과 친구들이 디자인한 동물의 공통점을 찾는다.
8. 동물 도안이 붙여진 택배 상자를 복도에 옮긴 후 다른 학년 학생들과 함께 지구를 보호하자는 다짐을 한다.

환경 수업 tip

답을 제시하는 활동과 답을 찾아가는 활동은 크게 다르다. 환경과 관련된 답을 제시하면 편하게 수업을 진행할 수 있지만 아이들의 생각하는 힘은 길러지기 어렵다. 반면에 아이들 스스로 환경에 관한 답을 찾아가면 수업이 다소 시끄럽고 삼천포로 빠지기도 한다. 이때 바른 방향으로 가도록 가이드를 해 주는 것이 교사의 역할이다. 후자의 방법이 시간은 더 오래 걸리지만 아이들은 환경에 대해 더 많이 생각하고 친구들과 더 많은 이야기를 나눌 수 있다.

상현달 선생님의 eco talk

'정크 아트Junk Art'는 생활 속의 잡동사니나 망가진 기계 부품 따위를 이용하여 미술 작품으로 만드는 것을 말합니다. 1950년대 미국과 유럽에서 시작되었는데 당시 작가들은 산업 폐기물이나 버려진 폐품을 작품의 소재로 삼았고, 자연스럽게 쓰레기를 만들어 내는 현대 문명에 대한 비판을 작품에 담고자 했습니다.

융합 교과 연계 — 지구 지킴이 도장 찾기

도장을 찾아
지구 지킴이가 되어요

　오늘은 아이들과 함께 tvN 예능 프로그램인 〈벌거벗은 세계사〉에 서울대학교 남성현 교수님이 나온 편을 보았습니다. 아이들은 교수님의 강연을 보며 지구 온난화, 기후 위기 등을 배웁니다. 눈으로 보고 귀로 들은 내용을 학습지에 기록하면서 머리에 조금 더 오래 남을 수 있게 합니다. 학습지 마지막에는 자신이 알게 된 내용을 기록하는 것에서 한발 더 나아가, 자신의 다짐을 기록합니다. 다짐을 기록한 후 자신의 이름을 쓰고 사인을 하거나 도장을 찍으면 좋겠다고 생각했습니다.

이전에 수업을 하면서 우연히 아이들에게 자신의 이름으로 된 도장이 없다는 이야기를 들었습니다. 그래서 아이들에게 줄 도장을 준비했습니다. 이 도장의 첫 개시를 오늘 활동에 활용할 예정입니다. 지구 지킴이가 되려면 이름 옆에 도장을 꼭 찍어야 한다고 말했습니다.

"선생님! 전 도장이 없는데요!"

"저는 집에도 도장이 없어요!"

도장이 없는 아이들은 당황합니다. 이때 도장이 교실에 숨겨져 있다는 사실을 말합니다. 제가 기대했던 것처럼 아이들은 신나게 교실 이곳저곳을 찾기 시작합니다. 도장은 찾은 아이들은 누구의 도장인지 이름을 확인합니다. 자신의 도장을 찾은 아이들도 있지만 대부분은 다른 친구의 도장을 찾습니다. 그리고 해당 도장을 그 친구에게 줍니다. 한 명도 빠짐없이 모든 친구의 도장을 찾아야 하기에 아이들은 서로 돕습니다. 서로의 힘을 모으자 얼마 지나지 않아 숨겨져 있던 모든 도장을 발견합니다. 아이들은 도장을 찾는 힘든 과정을 거쳐 자신의 이름 옆에 도장을 찍고, 진정한 지구 지킴이가 되었습니다.

환경 관련 영상을 보고, 들으며 알게 된 내용을 학습지에 기록했습니다. 그리고 도장을 자신의 이름 옆에 찍으며 환경을 보호하겠다고 다짐합니다. 모든 일에는 실천이 중요합니다. 많은 사람이 몰라서 하지 않는 것이 아니라 알고 있지만 실천을 하지 않기 때문입니다.

다음날 아이들은 남성현 교수님을 직접 만났습니다. 어제 수업 시간에 영상

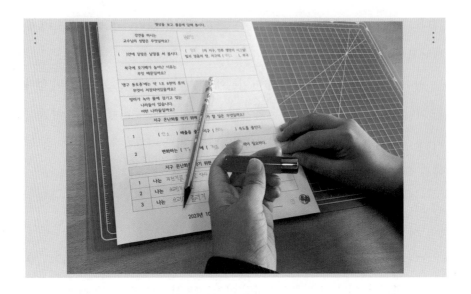

으로 본 사람을 직접 눈으로 보니 신기해합니다. 오늘은 직접 교수님의 환경 강연을 들으며 기후 위기와 지구 온난화에 대한 지식을 더 넓혀 갑니다.

지구를 보호하고 환경을 지켜야겠다는 생각이 단기간에 아이들의 마음에 뿌리내려지기는 어렵습니다. 수업 속에서 생각하며 말하고 쓰면서 자연스럽게 아이들의 마음속에 녹아내려야 합니다. 그래야 아이들의 마음에 지구와 환경이 내 삶의 일부라는 사실을 내면화할 수 있습니다. 관심이 있어야 더 자세히 바라볼 수 있고, 자세히 보아야 더 많이 사랑할 수 있습니다.

 **준비물**

〈벌거벗은 세계사〉 남성현 교수님 편, 학습지, 도장

지도 방법

1. 〈벌거벗은 세계사〉 서울대학교 남성현 교수님 편을 시청한다.
2. 영상을 본 후 알게 된 점과 나의 다짐을 학습지에 기록한다.
3. 교실에 숨겨진 도장을 찾은 후 지구 지킴이가 되기 위해 자신의 이름 옆에 도장을 찍는다.
4. 남성현 교수님의 강연에 참여해 기후 위기와 지구 온난화에 대한 이야기를 듣는다.
5. 강연을 들으며 궁금한 점을 묻는다.

환경 수업 tip

남성현 교수님의 대면 강의를 옆 학교에서 진행한다는 이야기를 듣고 학생들과 함께 참여하게 되었다. 영상에서 본 분을 직접 만나는 건 학생들에게 특별한 경험이었다. 이렇게 환경 수업과 학교 행사들이 잘 맞물려서 이어진다면 학생들의 환경에 대한 관심과 이해는 높아질 것이다.

상현달 선생님의 eco talk

남성현 교수님은 '지금의 지구를 사람으로 비교하자면 말기 암 환자'라고 말합니다. 전 세계가 우리가 생각하는 것 이상으로 심각한 기후 위기에 처해 있습니다. 2019년 호주에서 발생한 초대형 산불과 골프공 크기의 우박, 아프리카 폭우와 4,000억 마리의 거대 메뚜기떼의 출몰 등 이전까지와는 차원이 다른 기후 재앙은 바다의 수온 변화 때문이라고 합니다. 진짜 더 무서운 것은 점점 녹고 있는 북극의 빙하와 그로 인해 초래될 위기입니다.

융합 교과 연계 — 원주 구하기

양말목으로 물건을 만들고 원주를 구해요

　환경이 강조되면서 리사이클링, 업사이클링이라는 개념도 중요하게 여겨지고 있습니다. 오늘 수업에서는 업사이클링에 대해 알아보고 양말목으로 여러 제품을 만들어 보려고 합니다. 먼저 업사이클링 영상을 보며 업사이클링의 의미, 필요한 이유 등을 학습지에 기록합니다.

　다음으로 양말목이 무엇인지 알아봅니다. 학습지에 나들목, 구들목, 양말목

세 낱말을 적어놨습니다. 세 낱말 모두 '목'으로 끝나는 말이지만 의미는 전혀 다릅니다. 아이들은 인터넷 검색으로 낱말의 뜻을 학습지에 기록합니다. 그리고 아이들에게 실제 양말목을 보여 줍니다.

"양말목은 어떤 용도로 사용할 수 있을까요?"

아이들은 이 질문에 양말목의 용도를 고민합니다. 양말목은 꼭 머리끈처럼 생겼습니다. 아이들은 머리카락을 묶는 용도로 쓸 수 있을 것 같다며 머리카락을 묶어 봅니다.

"양말목은 어떻게 만들어졌을까요?"

또 다른 질문을 합니다. 양말목을 보면 볼수록 양말의 어느 부분을 만들고 나서 버려진 건지 알쏭달쏭합니다. 양말 공장을 촬영한 다큐멘터리 영상을 보면서 양말목이 만들어지는 과정을 살펴봅니다. 이어서 양말목을 재활용해 여러 가지 공예품을 만드는 영상을 시청합니다. 몇 번의 잇고 묶는 과정을 통해 양말목이 새로운 작품으로 만들어집니다. 이제 아이들도 직접 양말목으로 컵받침을 만듭니다. 틀을 사용해 가로와 세로에 양말목을 걸고 이어 줍니다. 이 과정을 반복하면 컵 받침이 만들어집니다. 아이들이 만든 컵 받침 중 몇 개는 교무실, 행정실에 계시는 선생님들과 교장 선생님께 드리기로 했습니다. 아이들은 다른 작품도 만들어 봅니다. 꽃, 곰, 나비 등 다양한 모양의 양말목 작품들을 만들고 많은 양말목을 사용해 목도리를 만들기도 합니다.

수학 시간에 아이들은 원의 둘레에 대해 배우고 있습니다. 양말목을 보니 원이 생각납니다. 그래서 양말목의 중심, 지름 등을 알아보고 양말목의 둘레를 계산하는 활동도 합니다. 원의 둘레를 배울 때는 공부하기 싫어하는 아이들이

많았습니다. 하지만 양말목으로 무언가를 만들면서 원의 둘레를 계산하니 즐겁게 활동에 참여합니다. 양말목의 둘레를 측정하자 거의 모두 비슷한 결과가 나옵니다. 아이들은 이를 통해 우리나라 성인의 일반적인 발목 크기가 정해져 있고 공장에서는 이 크기에 따라 양말을 제작한다는 사실을 알게 되었습니다.

마지막으로 자신이 만든 양말목 작품을 가방에 매달았습니다. 돈을 주고 산 것보다 자신이 만든 것을 더 의미 있고 가치 있게 생각하는 아이들입니다.

 준비물

업사이클링 영상, 학습지, 양말목이 만들어지는 영상, 양말목, 직조틀, 양말목 공예품 제작 영상, 자

지도 방법

1. 업사이클링에 관한 영상을 시청하고, 학습지에 기록한다.
2. 나들목, 구들목, 양말목의 의미를 인터넷으로 검색해 학습지에 기록한다.
3. 양말목이 만들어지는 과정과 공예품 만드는 영상을 시청한다.
4. 양말목으로 컵 받침, 꽃, 나비 등을 제작한다.
5. 자를 사용해 양말목의 지름을 측정하고 원의 둘레를 계산한다.
6. 친구들이 계산한 양말목의 원주와 비교한다.

환경 수업 tip

양말목으로 공예품을 만들 때 색상 배열에 신경 써야 한다. 양말목은 회색이나 검은 색이 많기 때문에 색상 배열을 고려하지 않으면 어둡고 칙칙한 느낌의 공예품이 만들어진다. 디자인이 예쁘지 않으면 아무리 환경친화적인 제품이라 하더라도 많은 사람들이 사용하지 않는다. 따라서 업사이클링 제품도 모양, 색깔 등 디자인을 고려해 제작해야 한다.

상현달 선생님의 eco talk

'지구 생태 용량 초과의 날'이란 물, 공기, 흙 등 1년 동안 생명이 필요로 하는 생태 자원에 대한 인류의 수요가 지구의 생산 및 자정 능력을 초과하는 날입니다. 처음 발표가 되던 1970년에는 12월이었으나 1987년에는 10월 27일, 2000년에는 9월 25일, 2022년에는 7월 28일로 매년 앞당겨지고 있습니다. 대한민국의 '지구 생태 용량 초과의 날'은 4월 2일로 세계 평균보다 훨씬 높습니다. 1년 동안 우리나라는 지구 세 개의 자원을 쓰고 있는 것입니다.

융합 교과 연계 ─ 종이컵으로 침대 만들기

종이컵을 재활용해
사람이 누울 수 있는 침대를 만들어요

아이들과 함께 그림책《마법 침대》를 읽었습니다.《마법 침대》는 그림책 작가로 유명한 '존 버닝햄'의 작품입니다. 책을 읽기 전, 표지를 보고 제목을 상상하는 활동을 합니다. 책을 읽은 후에는 사실 질문, 추론 질문, 평가 질문을 생각해 학습지에 기록합니다. 세 가지 질문의 의미를 헷갈리는 아이들은 교과서를 참고해 정리한 후《마법 침대》이야기의 흐름에 따라 중심 내용을 간추려 봅니다. 이 활동을 적용해 볼 수 있는 그림책은 많이 있습니다. 하지만 특별히 그림 책《마법 침대》를 선정한 이유가 있습니다. 책에 나온 마법 침대를 미술 시간에 종이컵으로 직접 만들어 보기 위해서입니다.

2년 전에 종이컵 3,000개를 구입했습니다. 종이컵은 수업이나 놀이할 때 사용하기도 하고 아이들이 텀블러를 가지고 오지 않은 날 물을 마시기 위한 용 도로도 사용했습니다. 그리고 종이컵은 다양한 상황에서 여러 가지 목적으로 재활용했습니다.

"선생님, 저희가 종이컵 위에 진짜 누울 수 있어요?"

"제가 눕는 순간 종이컵이 다 눌릴 거예요!"

아이들은 자신의 몸무게를 종이컵이 버티지 못할 거라고 말합니다. 종이컵 이 몇 개만 있다면 아이들의 말처럼 무게가 가해지는 순간 눌릴 겁니다. 하지 만 종이컵이 많이 모이면 아이들이 누울 수 있을 만큼 튼튼한 침대가 됩니다. 종이컵 아홉 개를 정사각형으로 배열한 후, 그 위에 그림책을 올려놓습니다. 이 렇게 반복하면서 아이들이 누울 수 있을 정도의 크기로 만들면 침대가 완성됩 니다. 아이들은 종이컵으로 만든 침대에 천천히 눕습니다. 종이컵이 눌릴 거라 는 예상과는 다르게 누워도 아무런 변화가 없자 아이들은 놀랍니다. 종이컵으 로 침대를 만든 아이들은 의자가 올라갈 수 있는 마법 양탄자도 만듭니다. 종 이컵으로 만든 마법 양탄자 위에 의자를 올린 후 그 위에 앉는 것입니다. 종이 컵은 의자뿐만 아니라 아이들의 무게까지도 버팁니다. 한쪽에서는 종이컵과 책을 활용해 마법 탁자도 만듭니다. 아이들은 탁자 위에서 즐겁게 보드게임을 합니다. 마지막으로 종이컵으로 쌓은 탑 위에 올라 갑니다. 목표는 종이컵으로

만든 탑 위에서 일어섰을 때 손이 교실 천장에 닿는 것입니다. 먼저 의자에 올라 책상 위로 이동한 후, 종이컵으로 만든 탑 위에 도착합니다. 팔을 뻗자, 손가락이 천장에 닿습니다. 모든 아이들이 교실 천장 손 닿기 도전에 성공합니다.

아이들은 오늘 종이컵을 활용해 마법 침대, 마법 양탄자, 마법 탁자, 마법 탑을 만들었습니다. 모두 수업과 놀이에서 사용한 종이컵을 재활용해서 만든 것으로 아이들은 종이컵 재활용 마법사가 되어 보았습니다.

 **준비물**

그림책 《마법 침대》, 학습지, 종이컵, 그림책과 교과서

지도 방법

1. 그림책 《마법 침대》의 표지를 보고 제목을 상상한다.
2. 그림책을 읽은 후 세 가지 질문과 중심 내용을 간추려 학습지에 기록한다.
3. 종이컵을 활용해 누울 수 있는 침대를 만든다.
4. 종이컵으로 만든 침대에 직접 누워 본다.
5. 종이컵으로 마법 양탄자, 마법 탁자, 마법 탑을 만들어 본다.

환경 수업 tip

종이컵을 사용하는 활동을 하기 전에는 종이컵이 만들어지는 과정, 종이컵이 분해되는 시간 등을 설명해 주면 좋다. 이런 설명을 한 후, 활동이 이루어졌을 때 버리게 되는 종이컵의 양이 많이 줄어 들었다. 종이컵에 대한 설명이 없었을 때 아이들은 종이컵을 그저 한 번 사용한 후 버린다고 생각했다. 그래서 종이컵을 일부러 밟거나 별생각 없이 쌓아 무게를 버티지 못하고 눌리는 경우가 많았다.

상현달 선생님의 eco talk

종이컵은 안쪽에 플라스틱 코팅이 되어 있어 일반 종이와는 다른 방식으로 버려야 합니다. 우선 음료나 이물질이 묻지 않은 상태에서 배출해야 재활용이 가능합니다. 그러므로 반드시 씻어내는 과정이 필요합니다. 물로 깨끗이 씻은 후에는 컵을 겹쳐서 버리는 게 좋지만 몇 개만 버린다면 발로 밟아 크기를 줄이는 게 좋습니다. 종이컵을 일반 종이류와 함께 버리면 선별을 위해 추가적인 비용과 노동력이 필요합니다. 따라서 종이컵은 일반 종이류와 섞이지 않도록 따로 모아서 버려야 합니다.

융합 교과 연계 — 흩어진 지도 맞추기

한반도 지도, 세계 지도를 맞추며 바다 오염에 대해 알아봐요

교실 뒤편에는 대형 한반도 지도와 세계 지도가 있습니다. 수학 시간, 아이들은 도형을 밀고, 뒤집고, 돌리는 내용을 배우고 있습니다. 이 내용을 지도와 연관 지을 수 있겠다는 생각이 들었습니다. 지도는 보통 각 지역이나 나라의 위치와 이름을 확인하기 위한 용도로 사용합니다. 그런데 이번에는 육지가 아닌 넓은 바다가 눈에 들어왔습니다. 조금 더 확장하면 바다 오염에 관한 수업을 할 수 있을 것 같습니다.

먼저 여분의 한반도 지도와 세계 지도를 조각조각 잘랐습니다. 지도는 너무 잘게 자르면 아이들이 원래의 모습으로 맞추기 어렵기 때문에 위치를 대략 알 수 있도록 조각을 냈습니다. 다음날 수학 시간, 한 모둠에게는 한반도 지도 조각을, 다른 한 모둠에게는 세계 지도 조각을 주었습니다. 아이들은 섞여 있는 지도 조각을 뒤집고 밀고 돌리면서 한반도와 세계 지도의 온전한 형태를 찾습니다. 그리고 교실에 붙어 있는 온전한 지도에 쓰여 있는 경도와 위도, 지역, 나라 이름에서 힌트를 얻으며 조각들의 위치를 맞춰 갑니다. 시작할 때는 지도 조각을 맞추는 속도가 느렸지만 방법을 찾자, 속도가 조금씩 빨라집니다.

지도 조각을 맞추면서 한반도 지역의 이름과 세계 여러 나라의 위치에 대해서 알아 갑니다. 실패와 반복의 시간이 흘러가자, 조각으로 흩어져 있던 한반도 지도와 세계 지도가 모두 완성되었습니다. 지도 맞추는 활동 자체도 의미가 있지만 한발 더 나아가 환경과 관련된 수업으로 확장해 봅니다.

아이들은 지도 조각을 바다와 육지로 구분해서 숫자를 세어 봅니다. 한반도 지도에서는 바다 조각이 47개, 육지 조각이 37개입니다. 세계 지도에서는 바다 조각이 53개, 육지 조각이 24개입니다. 지도 조각을 세어보는 활동을 통해 아이들은 자연스럽게 바다가 육지보다 넓다는 걸 알게 됩니다. 아이들은 육지가 많이 오염되어 있다고 생각합니다. 아이들이 사는 곳이 육지이기 때문에 쓰레기로 오염된 모습을 눈으로 많이 봐 왔습니다. 하지만 바다는 학교나 집 주변에서 볼 수 없고, 여행을 가서 봤더라도 오염된 바다의 모습은 거의 보지 못했습니다. 그러나 우리가 알지 못하는 사이에 바다는 육지보다 더 심각하게 오

염되어 있습니다. 이 내용을 확인하기 위해 바다 오염의 심각성을 다룬 영상을 시청합니다. 영상을 본 후 아이들은 학습지 내용을 읽으며 세 가지 물음에 자신의 생각을 기록합니다.

　환경을 보호해야 한다는 사실은 아이들도 잘 알고 있습니다. 하지만 내가 당장 생활하는 데 큰 불편함이 없기에 금세 잊어버립니다. 그래서 더욱 아이들과 함께 환경 오염에 대해 자주 생각하면서 내가 할 수 있는 일이 무엇인지 실천해 보는 것이 중요합니다.

 **준비물**

한반도 지도, 세계 지도, 바다 오염에 관한 영상, 학습지

지도 방법

1. 지도 조각을 섞은 후, 원래의 모양으로 맞출 수 있도록 한다.
2. 지도 조각을 바다와 육지로 구분해서 개수를 센다.
3. 학습지에 바다와 육지 지도 조각의 개수를 기록한다.
4. 바다 오염의 심각성을 다룬 영상을 시청한다.
5. 영상을 본 후에 알게 된 내용을 학습지에 기록한다.

환경 수업 tip

지도를 자를 때 너무 작게 자르게 되면 원래의 모양으로 맞추기가 어렵다. 따라서 아이들의 수준을 고려해서 크기를 조절해야 한다. 또한 수업 후반에 바다와 육지 지도 조각의 개수를 세는 활동이 있기 때문에 바다와 육지의 조각 크기를 비슷하게 잘라야 한다. 그래야 바다와 육지의 지도 조각 개수를 세는데 큰 오류가 생기지 않는다.

상현달 선생님의 eco talk

2021년 9월 지구에서 가장 깊은 바다인 마리아나 해구(수심 약 11,092미터)에서는 디즈니 영화 〈겨울왕국(2013년)〉의 풍선이 발견되었고, 지구에서 세 번째로 깊은 필리핀 해구(수심 약 10,540미터)에서는 해파리인 줄 알았던 물체가 비닐봉지임이 밝혀졌습니다. 건강했던 산호 군락은 플라스틱 비닐로 덮여 백화 현상이 진행되었으며 죽은 고래 배 속에서 플라스틱 컵과 비닐봉지가 쏟아지기도 했습니다. 많은 과학자가 바닷새의 90퍼센트, 바다거북의 52퍼센트가 플라스틱을 섭취한 것으로 추산하고 있으며 세계 여러 바다가 이미 위험 한계치에 도달해 있다고 합니다.

융합 교과 연계 — 학교 만들기

내가 다니고 싶은 친환경 학교를 만들어요

어렸을 때, 학교 운동장이 아주 넓으면 좋겠다고 생각했습니다. 천연 잔디에서 축구를 하고, 옆에서는 동물들이 뛰어다니는 상상도 했습니다. 그렇다면 아이들이 다니고 싶은 학교는 어떤 모습일까요? 내가 학교를 디자인한다면 어떤 부분에 초점을 맞추고 싶은지 생각해 보았습니다.

기존의 네모반듯한 모양이 아닌 세모 모양으로 지은 학교 영상을 시청하니다. 아이들은 영상을 보며 학교에 대한 고정관념에서 벗어나 새로운 형태와 구조를 가진 학교에 대해 생각할 수 있습니다. 또한 환경 문제가 중요해지면서 최근 친환경 건축이 관심을 받고 있습니다. 친환경적인 재료, 에너지 효율, 건물의 생태계 등을 소개하는 뉴스 영상도 시청합니다.

아이들은 영상을 본 후, 자신이 건축가가 되어 친환경적인 건축물을 만들어 본다는 것에 의욕이 샘솟습니다. 아이들의 의욕이 충만할 때 학습지를 건넵니다.

'내가 다니고 싶은 학교의 모습은?'

아이들은 자신이 다니고 싶은 학교의 모습을 학습지에 그립니다. 그리고 디자인에 대한 이유도 함께 기록합니다. 친환경적인 학교를 건축하기 위해서는 어떤 재료를 사용할지도 고민합니다. 마지막으로 모둠에서 제작할 학교의 완성된 모습을 한 마디로 소개해 봅니다.

학습지에 기록한 구상도를 바탕으로 학교 건축을 시작합니다. 학교를 만들기 위해 가장 중요한 것은 기둥으로 사용할 재료입니다. 택배 상자와 과자 상자에서 필요한 부분을 잘라 기둥을 세웁니다. 그리고 미술 수업을 하고 남은 우드락을 알맞은 크기로 잘라 학교 공간을 디자인합니다. 아이들은 학교 건물에 첨단 시설과 함께 친환경적인 요소도 만듭니다. 어느 학교 건물은 1층에는 수영장과 운동장, 2층에는 컴퓨터 시설이 있고, 3층 전체는 잔디를 깐 넓은 운동장이 있습니다. 또 다른 학교 건물은 사방에 문이 있어서 어디로 들어가든 원하는 교실로 쉽게 이동할 수 있습니다. 아이들의 이동 동선을 줄이고 공간을 효율적으로 사용해 냉난방비를 줄일 수 있도록 했습니다. 또한, 학교 본관과 운동장만큼 큰 동물 농장이 있는 학교도 있습니다. 사람과 동물이 함께 생활하며

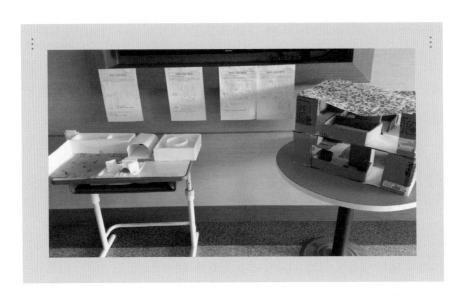

자연 친화적으로 공존하는 학교의 모습을 꿈꾸는 아이들입니다. 학교 건물이 완성된 후에는 전교생, 선생님들이 함께 볼 수 있도록 중앙 현관에 전시합니다.

아이들은 모둠원들과 협력하며 내가 다니고 싶은 친환경 학교를 건축했습니다. 구상했던 내용과 다르게 건축이 될 때는 친구들과 상의하며 건축 방법을 수정하고, 서로의 역할을 적절하게 분배하며 모든 친구가 참여할 수 있도록 조정도 했습니다. 아이들이 상상한 학교들이 실제로 만들어지면 좋겠습니다.

 준비물

학교 공간에 관한 영상, 친환경 건축에 관한 뉴스 영상, 택배 상자, 과자 상자, 우드락, 글루건, 색지, 풀, 학습지

지도 방법

1. 다양한 학교 모습에 관한 영상과 친환경 건축에 관한 뉴스를 시청한다.
2. 학습지에 내가 다니고 싶은 학교의 모습과 사용할 재료, 완성된 학교의 모습을 글과 그림으로 표현한다.
3. 택배 상자와 과자 상자로 건축물의 벽과 기둥을 세운다.
4. 우드락을 활용해 학교 공간을 꾸민다.
5. 완성된 학교 건축물을 중앙 현관에 전시하고 전교생이 함께 볼 수 있도록 한다.

환경 수업 tip

다니고 싶은 학교의 모습을 표현하라고 하면 대부분 게임기, 매점, 놀이 기구를 그린다. 따라서 교사는 아이들에게 학교의 외관을 바꾸거나 친환경적인 요소를 넣는 등의 관점을 제시해 주어야 한다. 이를 위해 최근에 만들어진 다양한 건축물의 모습을 보여 주면서 아이들의 사고를 확장한다. 특히 친환경 건축은 아이들에게 낯선 분야이므로 환경 문제와 연관해 제시할 필요가 있다.

상현달 선생님의 eco talk

과거 친환경 건축은 냉난방 에너지 등 건축물을 사용하면서 소비하는 에너지를 줄이는 것에 초점을 맞췄습니다. 하지만 최근에는 건축물을 짓고, 운영하며 폐기하는 전 과정에서 친환경을 실현해야 함을 강조합니다. 친환경 건축 재료에 관한 관심이 높아지고 있습니다. 친환경 건축 재료는 크게 천연 성분, 환경 친화성, 재사용, 재활용의 관점으로 나눌 수 있는데 이 중 하나에 해당한다면 모두 친환경 건축 재료라 할 수 있습니다.

융합 교과 연계 — 친환경 서울 문화 체험하기

온라인 워크북과 대중교통을 이용해서 서울 문화 체험을 떠나요

6학년 아이들이 가장 기대하는 행사는 서울 문화 체험입니다. 아이들과 함께 기획하면서 고려했던 게 있습니다. 바로 '친환경'을 목표로 삼아 이동하는 겁니다. 이를 위해 아이들은 지도와 인터넷 검색으로 서울 문화 체험 코스를 정합니다. 이번 체험은 대중교통을 이용하거나 도보로 이동할 예정입니다. 따라서 기차 시간, 이동할 때 타야 할 지하철이나 버스 등 모든 것들을 고려해서

코스를 짜야 합니다. 준비해야 할 것은 많지만 스스로 무언가를 계획하는 자체가 아이들에게는 의미 있습니다. 이번 체험에서 저는 아이들을 이끄는 게 아니라 아이들이 가는 곳을 옆에서 따라가는 역할입니다. 큰 안전상의 문제가 있지 않으면 아이들의 이동과 결정에 개입하지 않는다고 말했습니다.

'친환경 서울 문화 체험'은 워크북 준비부터 시작합니다. 기존의 수학여행과 같은 숙박형 체험을 가면 종이로 된 워크북을 준비했습니다. 하지만 종이 워크북은 잘 보지 않을뿐더러 이제는 스마트폰이 일상이 되었기에 종이 워크북까지 들고 다니는 건 번거롭습니다. 그래서 이번 체험은 구글 사이트 도구, 구글 프레젠테이션, 구글 설문지 등을 활용해 온라인 워크북을 만들었습니다. 아이들은 문화 체험 코스 및 기차 시간, 이동 거리, 지하철 노선 등 필요한 내용을 구글 프레젠테이션에 모읍니다. 저는 이 내용을 참고해 구글 사이트 도구를 중심으로 3일 동안 사용할 워크북을 제작합니다. 체험 관련 아이들의 배경지식을 넓혀 주는 영상을 추가하고 간단한 퀴즈를 넣어 흥미를 높였습니다. 또 매일 숙소에서 간단하게 느꼈던 점을 기록할 수 있도록 설문도 추가했습니다.

온라인 워크북을 사용하니 종이 워크북에 기록할 필요도 없고 잃어버릴 걱정도 없어졌습니다. 또 저녁에는 숙소에서 다음날 방문할 곳의 내용을 공부하고, 이동 경로도 미리 생각해 볼 수 있었습니다. 무엇보다도 온라인 워크북 설문 결과를 보면서 아이들의 생각을 바로 알게 되어 문화 체험 일정에 대한 피드백도 빠르게 이루어질 수 있었습니다.

종이를 사용하지 않은 친환경 문화 체험이라는 목표와 함께 대중교통을 이용해 대기 오염을 줄이자는 목표도 달성하고자 했습니다. 서울까지 관광버스

가 아닌 기차를 타고 갑니다. 서울에서는 지하철과 버스를 타고 목적지까지 이동하고 나머지는 모두 걸어서 다닙니다. 아이들은 3일 동안 매일 5만 보 이상을 걸으며 자기들이 계획한 체험 장소로 이동합니다. 교사가 앞에서 이끌어 주는 것이 아니기에 온라인 워크북을 참고해서 이동 경로와 방법을 결정합니다. 가끔은 지하철을 반대로 타거나 버스를 잘못 타서 다음 정거장에서 내리기도 합니다. 그래도 직접 걷고 생각하며 친구들과 협력하는 과정을 통해 하나하나 문제를 해결해 나갑니다.

 **준비물**

노트북이나 태블릿

생태 환경 수업 대백과 100

지도 방법

1. 서울 관광 지도와 인터넷 검색으로 서울 문화 체험 장소를 찾고 구글 프레젠테이션에 기록한다.
2. 구글 프레젠테이션 자료를 구글 사이트 도구와 결합해 온라인 워크북으로 제작한다.
3. 기차, 지하철, 버스 등 대중교통을 이용하거나 걸어서 체험 학습 장소로 이동한다.
4. 온라인 워크북을 활용해 체험 학습 장소에 대해 학습하고 관련 문제를 해결한다.

환경 수업 tip

korean.visitseoul.net('서울 관광 지도'라고 검색) 사이트에 들어가면 서울관광재단에서 제작한 서울 여행 가이드북을 신청하거나 PDF 파일로 내려받을 수 있다. 이곳에는 다양한 현대 서울 여행지뿐만 아니라 전통과 자연이 어울리는 장소도 소개하고 있어서 여러 테마의 '서울 문화 체험'을 계획하는데 많은 도움이 된다.

상현달 선생님의 eco talk

자동차, 버스, 기차, 오토바이 등 교통수단은 대부분 석유로 움직입니다. 석유는 우리가 숨 쉬는 공기를 더럽히는 탄소를 배출하고 심각한 대기 오염을 유발합니다. 그중 가장 큰 주범인 자동차 문제는 더 심각해지고 있습니다. 사람들은 더 크고 힘이 센 차를 원하는데 이는 대기에 더 많은 이산화탄소를 내뿜습니다. 이런 문제점을 인식하고 많은 도시에서는 대중교통을 늘리며 걷기, 자전거 타기와 같은 배기가스를 배출하지 않는 방법들을 우리 생활과 연결하기 위해 노력하고 있습니다.

8장

교실 속
생태 환경 수업

| 놀이 연계 |

놀이 연계 ─ 온라인 방탈출 게임하기

온라인 방탈출 게임으로
멸종 위기 동물에 대해 알아봐요

　국어 시간, 동물에 관한 글을 읽고 문제를 해결하는 수업을 하고 있습니다. 지금도 우리 주위에 있는 많은 동물들이 살 곳을 잃고 사라지고 있습니다. 아이들은 이미 TV나 책을 통해 이런 동물들이 멸종 위기 동물이 되고 있다는 사실을 알고 있습니다. 많은 동물이 인간과 함께 지구에서 살아가지만, 그 수가 점점 줄어들고 있습니다. 개발이라는 이름으로 서식지가 파괴되고 돈이라는 욕심 때문에 목숨을 잃는 겁니다. 하지만 많은 아이들이 멸종 위기 동물에 대해 정확히 알지 못합니다. 호랑이, 곰, 여우 등 대표적인 동물 몇몇만을 말합니다. 자세히 살펴보면 멸종 위기 동물은 아이들 근처에 사는 나비, 조개, 새, 개구리 등 다양합니다. 이런 생활 속 멸종 위기 동물을 온라인 방탈출 게임을 통해 알게 되면 단순한 지식 전달의 방법보다 더 좋겠다고 생각했습니다.

노트북이나 태블릿, 혹은 스마트폰으로 인터넷 검색창에 '라스트 애니멀'이라고 입력한 후 사이트에 접속합니다. 학교 환경에 따라 온라인 버전과 오프라인 버전 중 하나를 선택할 수 있습니다. 저희는 온라인 버전으로 활동을 시작합니다. 멸종 위기 동물은 곤충, 무척추동물, 어류, 조류, 포유류, 양서파충류로 나뉘어져 있습니다. 먼저 아이들은 곤충을 선택한 후 곤충에 관해 설명하는 음성을 듣고 해당하는 멸종 위기 동물을 찾습니다.

"앞에는 동그란 모양이고 흰 줄이 있어. 뒤에는 세모 모양이고 점이 있어. 색깔은 갈색이야."

과연 어떤 곤충에 대한 설명일까요? 바로 제주도 한라산 1,300미터 이상의 고지대에 살고 있는 '붉은점모시나비'입니다. 온라인 방탈출 게임 제작에 참여한 초등 1학년 학생이 '붉은점모시나비' 사진을 보고 설명한 내용이었습니다. 이렇게 아이들은 여섯 개의 곤충 중에서 설명에 해당하는 곤충 이름을 정답 칸에 기록합니다. 곤충의 이름을 정확하게 기록하면 해당 곤충에 관해 설명하는 화면을 볼 수 있습니다. 반면에 틀린 이름을 기록하면 초성 힌트가 주어져 문제를 해결할 수 있도록 도와줍니다. 아이들은 한 번에 맞추기도 하고 몇 번의 실패 과정을 거친 후에 맞추기도 합니다. 이렇게 아이들은 곤충에서 시작해 양

서파충류까지 총 서른여섯 개의 동물 이름을 기록하고 그에 대한 설명도 읽어 봅니다.

문제를 해결하면서 알고 있던 멸종 위기 동물을 만나기도 하지만 대부분의 멸종 위기 동물은 처음 들어 본 이름이었습니다. 그중 우리 주위에서 흔하게 볼 수 있는 동물들이 많습니다. 단순히 멸종 위기 동물 이름을 쓰고 외우는 활동이 아닌 온라인 방탈출 게임을 통해 아이들은 생활 속 다양한 멸종 위기 동물에 대해 알아 갑니다.

 준비물

노트북이나 태블릿, 혹은 스마트폰

지도 방법

1. 자신이 알고 있는 멸종 위기 동물의 이름을 말한다.
2. 인터넷에서 '라스트 애니멀'이라고 검색한 후 사이트에 접속한다.
3. 여섯 개의 카테고리를 순서대로 클릭하며 멸종 위기 동물에 대해 설명하는 음성을 듣는다.
4. 설명하는 음성을 듣고 그에 해당하는 멸종 위기 동물을 선택한다.
5. 서른여섯 개의 문제를 해결하며 멸종 위기 동물에 대해 알아 간다.

환경 수업 tip

'라스트 애니멀' 사이트에는 오프라인에서도 활용할 수 있도록 멸종 위기 동물도감을 올려 놓았다. 이미지를 컬러로 출력하면 카드놀이로 진행할 수 있다. 또한 '방탈출.com' 사이트에는 궁금한 이야기 B, 엔드게임 등 총 7종의 환경 관련 온라인 방탈출 게임이 있다. 수업 시간이나 환경 관련 행사, 계기 교육 때 활용하면 아이들이 재미있게 환경에 대해 알아 갈 수 있을 것이다.

상현달 선생님의 eco talk

과학자들은 지금 지구가 여섯 번째 집단 멸종의 시기를 맞이하고 있다고 말합니다. 이전에 있었던 집단 멸종의 주요 원인은 운석과 대규모 화산 폭발이었지만 이번에는 인간 행동으로 인한 기후 변화를 요인으로 꼽고 있습니다. 앞으로 50년 안에 전체 동식물 종의 약 3분의 1이 멸종할 것이라고 예상하며 수많은 동식물이 변화하는 기후에 적응하기 위해 나름의 생존 전략을 찾고 있다고 합니다. 이런 상황에서 인간은 내가 아니어도 누구든 지구를 구할 거란 생각이 아닌 내가 아니면 그 누구도 할 수 없다는 믿음으로 살아가야 할 것입니다.

놀이 연계 ― 기후 변화 젠가 놀이

젠가 위의
북극곰을 도와줘요!

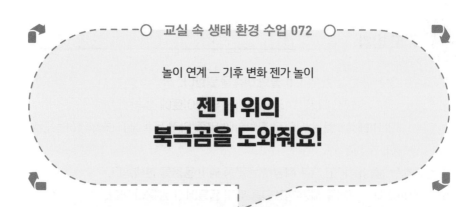

오늘은 젠가 놀이로 기후 변화를 알아보는 활동입니다. 먼저 젠가 나무 블록 옆면의 가로, 세로 크기를 자로 잰 후 그 크기로 한글 프로그램에서 표를 만들었습니다. 이 표에는 제로 웨이스트와 같은 환경 용어, 전기 버스와 같은 기후 변화를 해결할 방법, 폭염처럼 기후 변화로 인한 피해 등 환경과 관련된 다양한 낱말을 써넣었습니다. 낱말은 평소에 읽고 있던 환경 도서, 환경 그림책을 참고해 아이들이 알아야 하는 내용 위주로 선택했습니다. 표의 칸을 모두 채우니 약 300개 정도 됩니다. 놀이를 하며 이 모든 낱말을 알 수는 없겠지만 이 중에 10퍼센트라도 알게 된다면 충분히 가치 있다고 생각합니다.

이렇게 표에 기록한 300개의 환경 관련 낱말들을 라벨지에 출력했습니다. 그리고 아이들과 함께 한 칸씩 가위로 잘라 나무 블록 옆면에 하나씩 붙입니다. 아이들은 라벨지를 붙이며 자연스럽게 낱말이 무슨 뜻일지 고민합니다. 낱말의 뜻을 알고 있는 사람은 낱말의 뜻을 잘 모르는 친구에게 알려 줍니다. 아이들이 모두 낱말의 뜻을 모를 때는 저와 이야기를 나누면서 알아 갑니다. 이렇게 아이들은 젠가 놀이를 위한 준비 작업을 하면서 기후 위기, 피해, 해결책 등 다양한 환경 분야의 지식을 쌓습니다.

라벨지를 다 붙인 후에는 본격적으로 젠가 놀이를 시작합니다. 놀이 방법은 일반적인 젠가 놀이와 동일합니다. 하나 다른 점은 젠가 꼭대기에 북극곰이 있다는 겁니다. 젠가 놀이는 나무 블록을 빼다가 탑이 무너지면 지는 놀이입니다. 여기에 북극곰을 추가하면 나무 블록은 빙하가 되고, 놀이를 하며 탑이 무너지는 건 지구 온난화에 빙하가 녹아 북극곰이 살 곳을 잃어버리는 의미가 됩니다. 아이들에게 북극곰을 추가한 의미를 알려 주자 더 조심조심 나무 블록을 빼면서 젠가 놀이를 합니다.

아이들은 순서대로 자기 차례가 되면 나무 블록을 하나씩 빼냅니다. 그리고 자신이 빼낸 나무 블록에 쓰인 낱말을 읽습니다. 낱말 중에는 66센티미터, 꿀벌, SDGs처럼 봐도 무슨 뜻인지 알기 어려운 것들이 있습니다. 이런 낱말들은 제가 간단하게 설명하며 아이들이 이해할 수 있도록 도와줍니다. 놀이가 반복

될수록 탑 위에 있는 북극곰이 떨어지는 횟수가 조금씩 줄어듭니다. 자기 손끝 하나에 북극곰이 살거나 죽을 수도 있으므로 아이들은 더 신중할 수밖에 없습니다.

놀이가 끝난 후에는 자신이 읽은 낱말 중 가장 기억에 남는 낱말을 이야기해 보는 시간을 갖습니다. 서로 겹치지 않는 낱말을 말하며 어떤 뜻인지 이야기를 나눕니다.

 **준비물**

환경 관련 낱말, 라벨지, 가위, 젠가, 코팅한 북극곰 이미지

지도 방법

1. 나무 블록 옆면의 가로, 세로의 크기를 잰 후 한글 프로그램에서 해당 크기로 표를 만들어 환경 관련 낱말을 써넣는다.
2. 표를 라벨지에 출력한 후, 잘라서 나무 블록 옆면에 붙인다
3. 나무 블록을 쌓고 꼭대기에 북극곰 모형을 올려놓는다.
4. 북극곰 모형이 바닥에 떨어지지 않도록 조심하며 나무 블록을 빼낸다.
5. 자신이 뺀 나무 블록에 있는 낱말을 읽는다.
6. 놀이가 끝난 후 읽은 낱말 중 기억에 남는 낱말을 말하고 이야기를 나눈다.

환경 수업 tip

나무 블록에 붙인 환경 관련 낱말들은 기후 변화의 피해, 해결 방법, 환경 용어들로 구성되어 있다. 젠가 놀이를 마친 후 낱말들을 같은 카테고리로 묶어보는 활동으로 확장할 수 있다. 아이들은 이 과정을 통해 다양한 환경적 지식을 쌓을 수 있고 환경 관련 글을 쓰거나 자기 생각을 발표할 때 배경지식으로 활용할 수 있다.

상현달 선생님의 eco talk

육지의 10퍼센트와 바다의 12퍼센트는 얼음으로 덮여 있습니다. 얼음은 햇빛을 반사하기 때문에 햇빛이 지면이나 바다에 흡수돼서 지구 온도를 올리는 것을 막아 줍니다. 북극에는 400만 명이 살고 있고, 기온이 낮은 고산 지대에는 6억 7,000만 명이 살고 있습니다. 이들의 삶에는 눈과 얼음이 매우 중요한 역할을 합니다. 하지만 지난 수십 년 동안 북극의 얼음은 10년마다 13퍼센트씩 줄어들고 있습니다. 이런 속도로 북극의 얼음이 줄어들면 북극곰의 수가 지금의 3분의 2가 넘게 사라져 2050년이면 겨우 1만 마리쯤만 남게 될 것입니다.

놀이 연계 — 아슬아슬 중심 잡기

중심 잡기 보드게임을 하면서
숲속 동물들을 구해요

인간의 욕심과 함께 기후 변화로 인해 많은 숲이 파괴되고 있습니다. 아이들에게 심각성을 알려주기 위해 숲이 불에 타거나 사라져 가고 있는 영상을 준비했습니다. 아이들은 영상을 보며 숲의 소중함과 안타까운 마음을 함께 느낍니다.

영상을 본 후 숲이 파괴되는 원인, 파괴된 숲에 살고 있던 동물들의 모습을 학습지에 기록합니다. 그리고 숲속 동물들이 평화롭게 살기 위해서 내가 할 수 있는 일은 무엇인지 생각하고 세 가지 실천 방법을 기록합니다. 학습지를 제작할 때 중요하게 생각한 건 숲에 살고 있는 동물들이었습니다. 숲이라는 삶의 터전을 잃은 동물들은 결국 죽을 수밖에 없기 때문입니다. 그래서 오늘 아이들과 함께 할 놀이도 동물과 사람이 같은 공간에서 조화롭게 살아가는 내용을 담은 보드게임입니다.

'아슬아슬 중심 잡기' 보드게임에는 총 서른두 개의 블록이 있고 이 중에 동물 블록은 스물한 개입니다. 구체적으로 어떤 동물들이 있는지 살펴보기 위해 먼저 빙고 놀이를 합니다. 스물한 개 동물 블록 중에서 열여섯 개를 선택한 후 학습지에 있는 빙고 판에 동물 이름을 기록합니다. 그리고 빙고 놀이와 같은 방법으로 가로, 세로, 대각선 네 줄을 먼저 잇는 사람이 이기게 됩니다. 빙고 놀이를 통해 아이들은 보드게임에 있는 동물들의 이름을 알아 갑니다.

이제 본격적인 보드게임을 시작합니다. 아이들은 순서대로 판 위에 동물 블록을 하나씩 올립니다. 판 밑에는 반구 모양의 나무 블록이 놓여 있습니다. 즉, 동물 블록을 판 위에 올릴 때마다 판이 조금씩 흔들릴 수밖에 없습니다. 그래서 판 위에 있는 블록들의 무게를 고려해 블록을 배치해야 합니다. 블록이 하나씩 늘어갈수록 판이 좌우로 더 많이 움직입니다. 블록을 조금만 잘못 놓게 되면 판 위에 있는 블록들이 모두 바닥으로 떨어집니다. 아이들은 신중하게 블록을 판 위에 올립니다. 너무 성급하게 올리거나 무게를 고려하지 않고 올리면 금세 모든 동물과 사람, 나무가 중심을 잃게 됩니다.

평화로운 땅 위에 동물이 한 마리씩 올라 갑니다. 동물 사이에는 사람도 있

습니다. 동물들을 한쪽에만 올려놓아서는 중심을 잡기 어렵습니다. 사람, 나무, 동물이 균형을 이루며 서로 가깝게 모여 있어야 바닥으로 떨어지지 않고 서로 어우러져 살아갈 수 있습니다. 아이들이 놀이를 하며 사람과 동물, 나무, 풀, 꽃이 지구에서 조화를 이루며 함께 살아가야 한다는 사실을 알아갔으면 하는 바람입니다.

 **준비물**

기후 변화로 인해 숲이 파괴되고 있는 영상, 학습지, '아슬아슬 중심 잡기' 보드게임

지도 방법

1. 숲이 파괴되고 있는 영상을 보며 심각성을 인식한다.
2. 영상을 본 후 숲이 파괴되는 원인, 파괴된 숲에 살고 있던 동물들의 모습, 내가 할 수 있는 실천 방법 등을 학습지에 기록한다.
3. '아슬아슬 중심 잡기' 보드게임에 있는 동물 이름을 학습지 빙고 판에 기록한 후 빙고 놀이를 한다.
4. 빙고 놀이가 끝나면 블록을 하나씩 판 위에 올려놓으며 보드게임을 한다.
5. 판 위에 있는 블록들이 바닥에 떨어지지 않도록 무게 중심을 맞추며 순서대로 블록들을 판 위에 올려놓는다.

환경 수업 tip

보드게임을 하기 전과 후의 활동은 중요하다. 이 두 과정이 빠지게 되면 단순한 놀이 활동에 불과하다. 왜 보드게임 이름이 '아슬아슬 중심 잡기'인지, 왜 활동이 '숲속의 동물을 구해라'인지 놀이 전에 아이들과 생각해 보아야 한다. 그리고 중심을 잡지 못하고 블록들이 모두 바닥에 떨어지는 경우, 환경과 관련지어 이야기를 나누는 과정도 필요하다. 이를 통해 아이들이 환경 관점으로 놀이 활동을 바라볼 수 있도록 해야 한다.

상현달 선생님의 eco talk

사람만 숨을 쉬는 것이 아니라 식물도 우리처럼 호흡을 합니다. 하지만 식물은 사람과는 달리 광합성을 통해 이산화탄소를 받아들이고 산소는 내뿜습니다. 사람들이 숲을 '지구의 폐'라고 부르는 것은 나무가 산소를 만들기보다는 이산화탄소를 흡수해 주기 때문입니다. 숲이 사라지는 게 정말 위험한 이유는 이산화탄소 증가입니다. 숲이 사라지면 식물이 이산화탄소를 흡수하지 못해 그 결과 온실 효과가 강해져 지구의 기온이 올라가게 됩니다.

놀이 연계 — 젭을 활용한 온라인 방탈출 게임하기

메타버스 '젭'으로
환경 문제를 해결하고 목적지에 도착해요

메타버스 '젭'을 활용해 수업 자료를 만드는 원격 연수를 들은 적이 있습니다. 연수에서 설명하는 대로 하니 어렵지 않게 맵을 만들 수 있었습니다. 더 알고 싶은 내용은 인터넷을 검색하며 해결해 나갔습니다. '젭'을 활용해 맵을 몇 개 만들다 보니 환경 수업에도 '젭'을 활용하면 아이들이 재미있게 학습에 참여할 수 있을 것 같다는 생각이 들었습니다.

먼저 인터넷으로 오대양 육대주가 정확하게 구분된 세계 지도를 찾습니다. 세계 지도 안에는 각 대륙을 상징하는 동물 캐릭터도 포함되어 있어서 환경 수업 용도로 좋은 자료였습니다. 다음으로 포토스케이프 X에서 맵의 크기를 조정합니다. 세계 지도 이미지를 넣고 크기 조절 버튼을 누르면 자유롭게 픽셀의 크기를 조정할 수 있습니다. 이제 다른 기능을 사용해 세계 지도 안에 글자와 화살표를 만들어 줍니다.

만들어진 맵은 JPG 파일로 내려받은 후 '젭'으로 불러옵니다. '젭'에서는 이미지를 배경에 두고, 빠른 시간 안에 내가 원하는 맵을 만들 수 있습니다. 여기에 포털, 이동 금지 등의 기능을 넣어 주면 환경 수업용 맵이 완성됩니다. 목적지에 누가 도달했는지 확인이 가능하도록 온라인 자료 공유 프로그램인 띵커벨로 연결해 놓았습니다. 목적지에 온 아이들은 띵커벨에 접속해 이름과 소감을 남길 수 있고, 저는 누가 문제를 모두 해결했는지 한 눈에 확인이 가능합니다.

'젭'을 활용한 맵이 완성되었습니다. 학급 커뮤니티에 맵 URL 주소를 남기고 QR코드도 함께 출력해서 아이들이 빠르고 편하게 '젭'에 접속할 수 있도록 합니다. 아이들은 '젭'에 접속해 환경에 관한 다양한 문제를 해결합니다. 문제들은 혼자 풀기 쉽지 않습니다. 친구들과 이야기를 나누며 함께 답을 찾거나 인터넷을 활용하기도 하고, 교실에 있는 환경 도서를 참고해서 해결하기도 합니다. 저도 데스크탑으로 '젭'에 접속한 후, 전자 칠판을 켜 놓습니다. 그러면 아이들이 어느 문제를 해결했는지, 어디로 이동하고 있는지 확인이 가능합니다. 이번 활동은 저희 반만 하는 게 아니라 전교생이 모두 참여하고 있습니다.

그래서 선생님들께 문제의 답도 미리 보내드렸습니다.

목적지에 온 아이들이 띵커벨에 소감을 기록합니다. 처음에는 몇 개 없던 기록이 하루가 지나자 가득 채워집니다. 다른 학년 교실을 직접 보지는 않았지만 소감을 기록한 보드만 보더라도 아이들이 열심히 참여했다는 걸 알 수 있습니다.

 **준비물**

세계 지도 이미지, 노트북이나 태블릿, 환경 도서

지도 방법

1. 인터넷에서 세계 지도 이미지를 내려받는다.
2. 세계 지도 이미지를 '젭'에서 활용할 수 있는 크기로 조절하고 글자와 화살표를 추가한다.
3. '젭'에 접속해 수정한 세계 지도 이미지를 맵으로 만든다.
4. 학급 커뮤니티에 '젭' URL 주소를 남기고 QR코드를 출력해서 칠판에 붙여 놓는다.
5. '젭'에 접속해 책을 참고하거나 친구들과 상의하면서 환경 관련 문제를 해결한다.
6. 목적지에 도착하면 띵커벨에 접속해 자신의 이름과 소감을 남긴다.

환경 수업 tip

모든 아이들을 목적지에 도착할 수 있게 하는 것이 놀이의 목표다. 따라서 인터넷을 검색하거나 환경 도서를 참고해서 문제를 해결할 수 있도록 한다. 또는 문제 은행처럼 종이에 출력해서 아이들이 그 자료를 활용해 쉽게 문제를 해결할 수 있게 하는 것도 하나의 방법이다. 무엇보다도 생활 속에서 지구를 지키기 위해서는 혼자보다는 함께하는 게 중요한 것처럼 문제를 해결할 때도 친구들과 함께 해결할 수 있도록 놀이를 구성하는 것이 좋다.

상현달 선생님의 eco talk

많은 아이들이 가상 공간이 아닌 자신들이 살고 있는 곳에서 적극적인 방법으로 환경 운동을 벌이고 있습니다. 스웨덴의 환경 운동가 '그레타 툰베리'는 열다섯 살 때 기후 변화 대책 마련을 촉구하는 1인 시위를 하며 청소년들이 환경 문제에 관심을 갖도록 했습니다. 미국의 '조너선 리'는 열 살 때 환경 관련 동화를 연재했고, 10만 명 이상의 사람들이 그 동화를 읽었습니다. 그리고 세계 청소년 환경 연대인 'I See HOPE'를 설립해 환경 교육을 하고 있습니다.

놀이 연계 ─ 환경 지킴이 비행기 날리기

환경 지킴이 비행기를 날려서
종이컵 탑을 무너뜨려요

　종이컵은 수업 시간에 자주 활용하는 도구입니다. 놀이를 하기도 하고 그림을 그리거나 글씨를 쓰기도 합니다. 찌그러지지 않으면 계속해서 활용할 수 있습니다. 오늘은 그동안 여러 가지로 사용했던 종이컵으로 삼각형 모양의 탑을 쌓아보려고 합니다.

　아이들에게 종이컵을 세 개씩 나누어 주고 환경이 파괴되는 이유를 종이컵

326

에 기록하도록 합니다. 쓰레기, 산불, 이산화탄소 등 아이들은 환경을 오염시키고 기후 변화를 일으키는 여러 원인을 생각합니다. 아이들이 쓴 낱말 중에서 눈에 띄는 것이 하나 있습니다. 바로 '욕심'입니다. 결국 환경을 파괴하는 모든 원인의 시작은 사람들의 욕심이었습니다. 아이들은 종이컵에 쓴 낱말들을 모둠원들과 바꿔가며 서로의 생각에 관해 이야기를 나눕니다.

아이들은 환경 파괴 원인이 쓰인 종이컵을 20층 높이의 탑으로 쌓습니다. 작은 쓰레기들이 모여 커다란 쓰레기 더미를 만드는 것처럼 환경 파괴 원인이 모이니 커다란 탑이 만들어집니다. 다음으로 이면지를 한 장씩 나누어 주었습니다. 아이들은 이면지에 환경을 지키는 캐릭터를 그리고 종이비행기로 접습니다. 이 종이비행기가 종이컵으로 만든 탑으로 날아가 탑을 무너뜨립니다.

환경 수업에서 중요한 것은 수업 내용에 어떻게 의미를 담을까입니다. 텃밭을 가꾸고 재활용품을 활용해 무언가를 만드는 환경 수업만 할 수는 없습니다. 또한 환경 체험 학습을 모두 숲이나 생태 체험을 할 수 있는 곳으로만 갈 수도 없습니다. 그렇다면 늘 하는 수업에서 교실에 있는 재료들을 사용해 어떻게 환경 내용을 접목할까가 중요해집니다. 이런 생각으로 오늘 수업도 교실에 있는 간단한 도구인 종이컵과 이면지를 사용했습니다.

아이들은 자신이 만든 환경 지킴이 종이비행기를 종이컵 탑에 던질 준비를 합니다.

"셋, 둘, 하나!"

구호에 맞춰 종이비행기를 힘차게 날립니다. 날아간 종이비행기들은 탑을 무너뜨립니다. 하지만 한 번에 모든 종이컵을 바닥으로 떨어뜨리지는 못합니

다. 바닥으로 떨어지는 종이컵이 늘어나자, 아이들은 더 힘차게 환경 지킴이 종이비행기를 날립니다. 우리가 환경을 깨끗하게 하기 위해서는 반복적인 노력과 함께 많은 사람의 협력이 필요합니다. 종이비행기로 종이컵을 모두 바닥으로 떨어뜨리는 것도 이와 같습니다. 탑이 높을 때는 종이컵을 바닥으로 떨어뜨리는 게 오히려 쉽습니다. 하지만 1층이나 2층 정도 남은 종이컵을 바닥으로 떨어뜨리기 위해서는 종이비행기를 정확하게 반복적으로 날려야 합니다. 결국 아이들은 스무 번이 넘는 과정을 통해 모든 종이컵을 바닥으로 떨어뜨렸습니다.

 **준비물**

종이컵, 이면지, 매직

지도 방법

1. 세 개의 종이컵에 환경이 파괴되는 이유를 기록한다.
2. 종이컵에 쓴 낱말들을 친구들과 돌려가며 읽는다.
3. 이면지에 환경을 지키는 캐릭터를 그린 후 종이비행기로 접는다.
4. 환경이 파괴되는 이유를 기록한 종이컵을 탑으로 쌓는다.
5. 종이비행기를 날려 종이컵 탑을 무너뜨린다.

환경 수업 tip

환경이 파괴되는 원인은 여러 가지가 있다. 하지만 잘 생각해 보면 그 원인의 시작은 바로 사람이다. 사람들이 무분별하게 버리는 쓰레기, 편리함을 위해 개발한 기계들을 움직이기 위해 사용하는 화석 연료 등 모두 사람에 의해 환경 문제가 시작되었다. 아이들과 환경 수업을 할 때 눈에 보이는 문제도 관심을 가져야 하지만 근본적으로 사람들의 이기적인 마음, 욕심에 주목할 필요가 있다.

상현달 선생님의 eco talk

종이비행기처럼 탄소를 배출하지 않고 대기 오염도 유발하지 않는 비행기가 있다면 가장 좋을 것입니다. 하지만 비행기는 다른 교통수단에 비해 탄소 발자국이 큽니다. 미국에서 유럽으로 가는 왕복 비행은 승객 한 명당 이산화탄소 약 1톤을 배출하는데, 이것은 스페인이나 이탈리아에 사는 사람의 연간 평균 배출량의 20퍼센트에 해당합니다. 공간이 넓은 일등석은 이코노미석보다 두 배 이상의 탄소를 배출합니다. 따라서 비행기를 탈 수밖에 없다면 구형보다는 신형 비행기의 이코노미석을 타고, 직항보다는 경유하는 비행기를 타면 탄소 배출량을 줄일 수 있습니다.

놀이 연계 ─ 친구 얼굴 꾸미기

잡았다! 놓쳤다! 놀이를 하며
친구 얼굴을 꾸며줘요

평소에 아이들과 어떤 놀이를 할지 고민을 많이 합니다. 그러다 우연히 재미있는 놀이 영상을 봤습니다. 그즈음 수업 시간에는 멸종 위기 동물에 대해 알아보고 있었습니다. 영상에서 봤던 놀이와 멸종 위기 동물이 겹치면서 새로운 수업 아이디어가 떠올랐습니다.

먼저 아이들과 멸종 위기 동물 종류에 대해 알아봅니다. 아이들은 이전 수업 시간에 알게 된 멸종 위기 동물의 이름을 말합니다. 아이들의 발표를 듣고 칠판에 멸종 위기 동물의 이름을 기록합니다. 이렇게 기록한 내용을 바탕으로 시베리아 호랑이와 수달, 멧돼지와 고라니, 반달가슴곰과 붉은 박쥐처럼 힘이 센 동물과 힘이 약한 동물로 한 번 더 분류합니다.

다음으로 아이들은 등이 마주 보게 일렬로 배치한 의자에 앉은 후 손을 들고 가위바위보를 합니다. 가위, 바위, 보 셋 중 하나를 선택한 아이들은 고개를 돌려 반대편에 앉은 친구가 무엇을 냈는지 서로 확인합니다. 가위바위보에서 이긴 사람은 힘이 센 멸종 위기 동물이 되고 가위바위보에서 진 사람은 힘이 약한 멸종 위기 동물이 됩니다. 만일 비기게 되면 이긴 사람이 나올 때까지 가위바위보를 합니다.

"시베리아 호랑이는 어떤 울음소리를 낼까요?"

"수달은 어떻게 울까요?"

호랑이나 늑대의 울음소리는 아이들이 알고 있습니다. 하지만 수달이나 박쥐의 울음소리는 들어보지 못했습니다. 동물의 울음소리를 알면 그 소리를 내면 되지만 울음소리를 모를 때는 해당 동물의 이름을 말하는 것으로 대신 합니다.

이제 본격적으로 힘이 센 동물이 힘이 약한 동물을 잡으러 갑니다.

"셋, 둘, 하나!"

아이들은 제 구호에 맞춰 오른쪽이나 왼쪽으로 고개를 돌립니다. 만약 힘이 센 동물이 된 학생이 고개를 돌린 방향으로 힘이 약한 동물이 된 학생이 고개를 돌리면 잡힌 겁니다. 반대로 두 사람이 돌린 고개의 방향이 다르다면 힘

이 약한 동물이 도망간 겁니다. 힘이 센 동물이 힘이 약한 동물을 잡으면 스티커와 고무줄로 힘이 약한 동물이 된 친구의 얼굴을 꾸며 줍니다. 놀이 전에 매 경기 사용할 수 있는 스티커와 고무줄의 개수를 아이들에게 미리 알립니다. 두 번 정도 같은 친구와 하면 세 번째부터는 파트너를 바꿔 새롭게 놀이를 시작합니다. 놀이가 진행될수록 아이들의 웃음소리가 가득합니다. 작은 스티커와 고무줄이 아이들에게 큰 웃음을 줍니다. 아이들은 놀이를 통해 그동안 알게 된 많은 멸종 위기 동물들의 이름을 다시 생각해 볼 수 있었습니다.

 **준비물**

스티커, 고무줄

지도 방법

1. 알고 있는 멸종 위기 동물 이름을 말해 본다.
2. 힘이 센 멸종 위기 동물과 힘이 약한 멸종 위기 동물을 분류한다.
3. 의자를 등이 마주 보게 일렬로 배치한 후 구호에 맞춰 가위바위보를 한다.
4. 가위바위보를 이긴 학생이 힘이 센 동물, 진 학생이 힘이 약한 동물이 된다.
5. 구호에 맞춰 동물 울음소리를 내며 고개를 오른쪽이나 왼쪽으로 돌린다.
6. 고개가 같은 방향으로 돌아가면 힘이 센 동물이 힘이 약한 동물을 잡은 거고, 고개가 반대 방향이면 힘이 약한 동물이 도망간 거다.
7. 힘이 센 동물이 힘이 약한 동물을 잡으면 스티커와 고무줄로 친구 얼굴을 예쁘게 꾸며 준다.

환경 수업 tip

가위바위보를 하기 전, 미리 스티커와 고무줄의 개수를 말해 주면 아이들은 기대하고 놀이에 참여한다. 처음에는 스티커와 고무줄의 개수를 적게 하고 놀이가 진행될 때마다 개수를 올리는 것이 좋다. 매 경기 놀이 파트너를 바꾸고 한 바퀴 돌아 원래 파트너와 만나면 놀이를 마무리한다.

상현달 선생님의 eco talk

식물과 동물, 미생물이 다양하게 있어야만 인간을 포함한 지구에 사는 모든 생물이 살아갈 수 있습니다. 벌, 나비, 파리, 새, 박쥐처럼 꽃가루를 실어 나르며 식물의 번식을 돕는 동물들이 사라진다면 사람들이 먹을 식량도 함께 사라집니다. 다양한 동식물과 미생물이 살아가는 곳의 생태계는 그렇지 않은 곳보다 건강해서 질병이나 기후 변화에도 잘 이겨낼 수 있습니다.

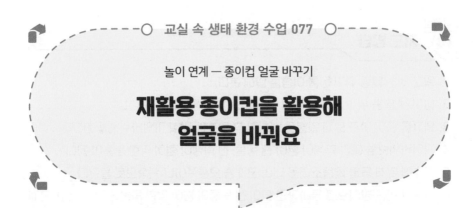

놀이 연계 — 종이컵 얼굴 바꾸기

재활용 종이컵을 활용해 얼굴을 바꿔요

    종이컵은 가볍고 색칠하기 쉽고 자르기도 편해 여러 수업에서 활용하기 좋은 도구입니다. 또한, 가격이 비싸지 않고 겹쳐 놓으면 보관도 용이합니다. 오늘은 종이컵을 활용해 다양한 표정을 만들어 보려고 합니다.

    우리는 다양한 감정을 가지고 살아 갑니다. 화가 날 때가 있고 기쁠 때도 있으며 슬플 때도 있습니다. 짜증이 나고 우울하거나 설레기도 합니다. 그리고 마음속에 품은 감정들은 모두 얼굴에 나타납니다.

아이들과 다양한 감정에 대해서 이야기를 나눕니다. 어떨 때 화가 나는지, 반대로 어떤 경우에 즐겁고 행복했는지 이야기를 나누다 보면 아이들의 일상이 보이기도 합니다. 감정에 대해 충분히 이야기를 나눈 후 어떤 표정을 종이컵에 표현할지 생각합니다.

아이들에게 두 개의 종이컵을 나누어 주었습니다. 종이컵 한 개에는 사람 얼굴을 크게 그립니다. 그리고 감정이 얼굴에 드러날 수 있도록 눈과 눈썹, 입이 있는 위치를 가위나 칼로 잘라 냅니다. 그러면 눈과 입이 있는 곳만 비어있는 얼굴이 만들어집니다. 다른 종이컵에는 감정을 나타내는 세 가지 대표 표정인 기쁘고, 슬프고, 화난 표정을 그립니다. 우리의 얼굴은 감정이 바뀔 때 대표적으로 눈과 눈썹, 입 모양이 달라집니다. 미간이 찌푸려진다든지 입꼬리가 내려가거나 반대로 올라 갑니다. 이렇게 눈과 눈썹, 입 모양을 종이컵에 간격을 두고 그립니다. 그림을 그릴 때는 사람 얼굴을 그린 종이컵을 표정을 그릴 종이컵에 겹쳐 놓고 위치를 파악한 후 그려야 합니다. 그래야 두 종이컵을 겹쳤을 때 자연스러운 표정이 나타납니다.

그동안 종이컵을 사용할 때는 불편함을 느끼지 못했습니다. 하지만 오늘은 종이컵 무늬가 그림을 그리는 데 걸림돌이 되었습니다. 종이컵 겉면에 이면지를 붙여 그림을 그리기 쉽게 했습니다. 기본적으로 기쁘고, 슬프고, 화난 표정을 표현했지만, 어떤 아이들은 세 가지 표정 외에도 다른 표정을 그리기도 했습니다.

작품을 완성한 후에는 사람 얼굴이 그려진 종이컵을 돌리며 이야기를 만듭

니다. 아이들은 친구들에게 이야기를 들려주며 적절한 때에 종이컵을 돌려 표정을 바꿉니다. 표정이 변하면서 새로운 이야기가 만들어지기도 하고 반대로 이야기가 만들어지면서 새로운 표정이 나오기도 합니다.

 **준비물**

종이컵, 가위, 칼, 사인펜, 색연필, 이면지

생태 환경 수업 대백과 100

지도 방법

1. 다양한 감정에 대해 친구들과 이야기를 나눈다.
2. 하나의 종이컵에 사람 얼굴을 크게 그리고 눈, 눈썹, 입이 있는 위치를 칼이나 가위로 잘라 낸다.
3. 다른 종이컵에는 기쁘고, 슬프고, 화난 표정과 어울리는 눈, 눈썹, 입 모양을 그린다.
4. 종이컵 두 개를 겹친 후 사람 얼굴이 그려진 종이컵을 돌려 가며 표정과 어울리는 이야기를 만들어 친구들에게 소개한다.

환경 수업 tip

무늬가 없는 종이컵을 사용해야 사람 얼굴을 표현하기 좋다. 하지만 일반적인 종이컵은 무늬가 있기에 이면지를 잘라 종이컵에 붙여 주면 겉면을 흰색으로 만들 수 있다. 수업을 위해 물건을 새로 구입하기보다는 기존에 있는 도구를 어떻게 재사용할지 고민해야 한다. 그래야 생활 속에서 의미 있는 환경 교육이 이루어졌다고 할 수 있다.

상현달 선생님의 eco talk

'재사용'과 '재활용'은 모두 환경을 지키는 방법이지만 그 의미는 조금 다릅니다. '재사용'은 이미 사용한 물건을 다시 사용하는 것이고, '재활용'은 용도를 바꾸거나 손질을 가해 다른 형태로 이용하는 것입니다. 두 낱말이 헷갈릴 때는 '셀 수 있느냐'를 생각하면 됩니다. '재사용'은 한 번 이상 여러 번 반복해서 사용하는 것이고, '재활용'은 일회성입니다. 본래의 용도가 사라진 채 다른 물건으로 재탄생되기 때문입니다. 예를 들어 커피 컵 바닥에 구멍을 뚫어 화분으로 사용했다면 '재활용'한 것이고 이 컵에 봄이 올 때마다 상추를 심었다면 '재사용'한 것입니다.

놀이 연계 ─ 비석치기

카프라를 활용해
단계별 비석치기 놀이를 해요

　어렸을 때 돌을 사용해 전통 놀이의 한 종류인 비석치기를 했습니다. 평평하고 납작한 돌을 찾아 바닥에 세우면 상대편 친구들이 세워진 돌을 넘어뜨리면서 즐겁게 놀았습니다. 오늘은 납작한 돌이 아닌 카프라를 활용해 비석치기를 합니다.

　먼저 기본적인 규칙을 설명합니다. 비석치기는 세워져 있는 상대편 돌을 넘어뜨리는 놀이입니다. 오늘은 돌이 아닌 상대편 카프라를 넘어뜨리게 됩니다. 상대편 비석을 넘어뜨리기 위해서는 쉬운 단계에서부터 시작해 점점 어려운 단계로 넘어갑니다. 유튜브를 검색하면 비석치기와 관련된 많은 영상이 있습니다. 영상을 본 후 아이들의 수준에 맞게 단계를 조정했습니다.

먼저 두 팀으로 나누었습니다. 카프라를 활용한 비석치기는 축구나 농구처럼 아이들의 신체 능력이 경기에 큰 영향을 미치지 않습니다. 그래서 운동 능력이 부족하거나 힘이 약한 아이들도 충분히 기량을 발휘할 수 있습니다. 또한, 남녀 아이들이 섞여도 큰 문제 없이 모두 즐겁게 참여할 수 있습니다. 이제 수비팀과 공격팀의 시작 지점을 표시하기 위해 교실 바닥에 종이테이프를 직선으로 붙였습니다. 종이테이프는 바닥에 쉽게 붙이고 뗄 수 있기에 놀이를 할 때 자주 사용합니다.

놀이를 시작하기 전, 아이들과 했던 활동이 있습니다. 그것은 그동안 카프라를 활용해 어떤 수업을 했는지 돌아보고 이야기를 나누는 것입니다. 이를 통해 아이들은 카프라가 수업 시간에 다양하게 활용되었다는 걸 알게 됩니다. 이 지점에서 환경과 관련된 내용으로 재사용, 오래 사용하기 등을 생각해 보는 시간도 갖습니다.

본격적으로 놀이를 시작합니다. 아이들은 한 발로 뛰는 것부터 시작해 상대 팀 카프라를 모두 넘어뜨리면 발등, 무릎, 가슴, 어깨, 머리까지 카프라의 위치를 옮겨가며 놀이를 합니다. 내가 상대방의 카프라를 넘어뜨리지 못하더라도 우리 팀이 상대 팀의 카프라를 넘어뜨리면 우리 팀 모두 다음 단계로 이동할 수 있습니다. 그러므로 내가 실패하더라도 다른 친구들을 끝까지 응원하게 됩

니다.

　카프라를 활용한 비석치기는 모든 아이가 참여할 수 있는 놀이입니다. 고학
년이면 공격팀과 수비팀 사이의 종이테이프 간격을 넓게 잡으면 되고 저학년
이면 좁게 잡으면 됩니다. 그리고 단계를 줄이거나 늘리면서 아이들의 수준을
고려한 놀이로 진행할 수 있습니다.

 **준비물**

카프라, 종이테이프

지도 방법

1. 비석치기의 기본 규칙에 관해 설명한다.
2. 수비팀과 공격팀으로 나누고 종이테이프를 사용해 각자의 위치를 표시한다.
3. 공격팀이 수비팀의 카프라를 모두 넘어뜨리면 다음 단계로 이동해서 놀이를 이어 간다.
4. 공격팀이 수비팀의 카프라를 모두 넘어뜨리기 못하면 공격과 수비를 바꿔서 놀이를 이어간다.

환경 수업 tip

저학년이 비석치기를 하는데 카프라 하나의 크기가 작다면 카프라 두 개를 붙여서 크기를 크게 할 수 있다. 또한 공격팀과 수비팀의 위치를 가깝게 하거나 멀리할 수 있으며 단계를 줄이거나 늘림으로써 놀이의 수준을 조정할 수 있다. 같은 놀이를 하더라도 사용하는 도구나 규칙을 수정한다면 놀이를 할 때마다 물건을 구입하지 않아도되고, 학생들은 매번 놀이에 흥미를 느낄 수 있다.

상현달 선생님의 eco talk

나는 얼마나 많은 물건을 가지고 있을까요? 그중 사용하는 물건은 얼마나 될까요? 그중에서 꼭 필요한 물건은 얼마나 될까요? 한 연구 조사에 따르면 열 살 어린이는 평균 238개의 장난감을 가지고 있다고 합니다. 그중 늘 갖고 노는 장난감은 단 12개 뿐이라고 합니다. 우리가 사용하는 모든 물건은 탄소 발자국을 가지고 있습니다. 제품을 만들 때 사용한 에너지, 운송할 때 사용한 에너지, 폐기할 때 사용될 에너지 등이 포함됩니다. 따라서 많은 물건을 가지기보다는 하나의 물건을 다양한 방법으로 활용하는 노력이 필요합니다.

놀이 연계 — 사격 놀이

일회용 나무젓가락을 활용해
나무젓가락 총을 만들어요

배달 음식을 시키면 일회용 나무젓가락이 함께 옵니다. 음식을 포장하면 일회용 나무젓가락을 함께 넣어 줍니다. 이렇게 일회용 나무젓가락은 손쉽게 얻을 수 있는 제품입니다. 그래서 집집마다 일회용 나무젓가락이 넘쳐 납니다. 일회용 나무젓가락은 모아 놓고 필요할 때 하나씩 쓰기도 하지만 사용하는 속도보다 모이는 속도가 더 빠른 게 문제입니다. 아이들의 가정에서도 일회용 나무젓가락을 필요한 곳에 사용하기도 하지만 너무 많아 버려지기도 한다고 합니다.

오늘은 이렇게 많아진 일회용 나무젓가락을 활용해 사격 놀이를 합니다. 아이들은 집에서 일회용 나무젓가락을 여러 개 가져옵니다. 다 모으니 꽤 많습니다. 이제 영상을 보면서 나무젓가락 총을 만듭니다. 모든 만들기가 그렇듯 영상을 한 번 보고는 똑같이 만들기가 어렵습니다. 중간중간 영상을 멈추며 만들기도 하고 이해가 되지 않는 부분은 친구와 함께 해결합니다.

오늘 만드는 나무젓가락 총은 테이프나 목공용 풀, 글루건과 같은 접착용 도구를 사용하지 않습니다. 나무젓가락과 고무줄만 사용합니다. 최소한의 재료만으로 완성품을 만드는 것입니다. 나무젓가락은 대부분 자르지 않고 처음 상태 그대로 고무줄을 감아서 고정합니다. 하지만 손잡이 부분은 나무젓가락 절반 정도의 길이를 사용해야 하기에 가위나 칼로 잘라 줍니다. 실톱을 사용해서 자르면 칼이나 가위보다 안전하고 빠르게 자를 수 있습니다.

나무젓가락을 고무줄로 하나씩 고정하자 형태가 만들어집니다. 여기에 사인펜으로 색칠하면 작품의 완성도가 더 높아집니다. 나무젓가락 총을 만든 이유는 방아쇠를 당겨 고무줄을 발사해 목표물을 맞히기 위한 것입니다. 이를 위해 종이컵으로 과녁을 제작합니다. 종이컵에 3점부터 7점까지의 점수를 쓰고 털실로 연결해 공중에 매달았습니다.

아이들은 자신이 제작한 나무젓가락 총에 고무줄을 건 후, 방아쇠를 당겨 종이컵에 발사합니다. 아이들에게는 다섯 번의 기회가 주어집니다. 다섯 번의 점수를 합해 가장 높은 점수를 획득한 사람이 이깁니다. 이 놀이에서는 조준한

방향으로 고무줄이 정확하게 날아가는 게 중요합니다. 하지만 어떤 나무젓가락 총은 정확도는 낮지만 고무줄을 멀리까지 날릴 수 있는 힘을 가지고 있습니다. 종이컵 과녁 맞히기 놀이가 끝나면 복도로 나가 멀리까지 고무줄을 날리는 놀이도 합니다. 종이컵 과녁 맞히기 놀이에서 이긴 사람이 고무줄 멀리 날리기 놀이에서 이기는 건 아닙니다.

 준비물

일회용 나무젓가락, 고무줄, 종이컵, 털실, 사인펜, 가위, 칼, 나무젓가락 총 만들기 영상

지도 방법

1. 영상을 보며 나무젓가락과 고무줄로 총을 만들고 색칠한다.
2. 종이컵으로 과녁을 만들어 털실을 연결해 천장에 매단다.
3. 종이컵 과녁을 향해 나무젓가락 총 방아쇠를 당겨 고무줄을 발사한다.
4. 가장 높은 점수를 획득한 사람을 우승자로 결정한다.
5. 다음으로 고무줄 멀리 날리기 놀이도 한다.

환경 수업 tip

나무젓가락을 고정하기 위해 글루건이나 목공용 풀을 사용하면 나무젓가락에서 접착제를 떼어내기 어렵다. 하지만 고무줄을 사용하면 나중에 고무줄만 제거한 후 나무젓가락을 재사용할 수 있다. 나무젓가락에서 발사하는 고무줄은 종이컵과 같은 목표물을 향해서만 쏠 수 있도록 하고 고무줄이 장전되지 않는 총이더라도 절대 사람을 향해 겨냥하지 않도록 안전 교육을 한다.

상현달 선생님의 eco talk

우리나라에서만 연간 25억 개 이상 사용되는 일회용 나무젓가락은 썩는 데 20년이 넘게 걸리고 음식이나 침이 닿을 때 변형되어 재사용도 어렵습니다. 또한 재활용 선별장에서도 크기가 작고 잘 허물어져 선별하기 쉽지 않기 때문에 일반쓰레기로 취급됩니다. 따라서 나무젓가락 대신 스테인리스 등으로 만들어진 다회용 젓가락을 사용하고, 음식을 포장하거나 배달시킬 때 나무젓가락은 필요 없다고 미리 말하는 노력이 필요합니다.

놀이 연계 ─ 눈감고 술래잡기

동물 사냥꾼,
멸종 위기 동물을 잡아요

아이들이 좋아하는 놀이가 있습니다. 바로 눈감술입니다. 처음에는 아이들이 눈감술이라고 하길래 무엇을 말하는지 몰랐습니다. 물어보니 눈을 감고 하는 술래잡기라고 합니다. 제가 어렸을 때 친구들이랑 했던 그 놀이가 눈감술이었습니다. 아이들과 눈감술 놀이를 하면서 조금씩 놀이 도구와 규칙을 수정했습니다. 안대를 착용해서 시야를 완전히 가리고 펀스틱을 활용해 술래가 움직이는 친구들을 더 쉽게 잡을 수 있도록 했습니다. 또한 움직이는 아이들에게 방울을 달아 놀이를 더 재미있게 변형하고, 술래를 두 명으로 해서 놀이가 더 빠르게 진행되도록 했습니다.

오늘은 안대를 쓰고 펀스틱을 활용한 놀이 방법에 멸종 위기 동물 카드를 추가합니다. 아이들에게 멸종 위기 동물 이름이 적힌 카드를 하나씩 나누어 줍니다. 카드에는 골리앗개구리, 돌고래, 노란눈펭귄, 설카타거북, 황새, 따오기, 쇠똥구리처럼 환경 오염으로 인해 사라질 위기에 처한 동물들의 이름이 있습니다. 카드를 받은 아이들은 어떤 카드를 받았는지 공개합니다. 동물은 각자의 울음소리가 있고 특징적인 동작을 합니다. 아이들은 자신의 카드에 적힌 동물의 울음소리를 내거나 '설카타거북'처럼 어떻게 우는지 알지 못하면 동물의 이름을 말해야 합니다. 그리고 그 동물처럼 움직여야 합니다. 황새라면 황새가 나는 것처럼 두 손으로 날개짓하고, 쇠똥구리라면 네발로 기어서 움직입니다.

술래는 지구에 사는 동물들을 잡아가는 사냥꾼이 됩니다. 안대를 쓴 동물 사냥꾼의 펀스틱에 닿는 동물들은 사냥꾼에게 잡힙니다. 놀이가 시작되면 술래가 아닌 아이들은 동물처럼 울음소리를 내며 움직입니다. 사냥꾼은 안대로 눈을 가리고 있기에 앞이 보이지 않습니다. 따라서 동물들의 울음소리와 움직이면서 내는 소리를 듣고 이동하며 펀스틱을 움직입니다.

"울음소리!"

놀이 중간에 제가 '울음소리'라고 외치면 아이들은 3초간 그 자리에 선 채로 동물의 울음소리를 크게 냅니다. 3초간 정지 상태이므로 사냥꾼은 이 기회를 이용해 동물들을 더 적극적으로 사냥합니다. 1분이 지나면 사냥꾼은 안대를

벗고 어떤 동물을 잡았는지 확인합니다. 이제 사냥꾼은 동물이 되고 동물 역할을 한 아이들 중의 한 명이 사냥꾼이 됩니다. 놀이가 끝날 때마다 다시 모든 카드를 섞은 후 새로운 동물이 되어 놀이에 참여합니다.

 **준비물**

멸종 위기 동물 이름 카드, 안대, 펀스틱

지도 방법

1. 멸종 위기 동물 이름 카드를 준비한다.
2. 카드를 받은 후에는 공개하며 해당 동물의 울음소리와 동작을 표현한다.
3. 놀이가 시작되면 사냥꾼은 안대를 쓰고 펀스틱을 활용해 도망 다니는 동물들을 찾는다. 동물은 도망 다닐 때 울음소리와 동작을 흉내 내야 한다.
4. 제한된 시간에 사냥꾼이 몇 마리의 동물을 잡는지 확인한다.

환경 수업 tip

안대와 펀스틱은 학기 초에 구입해 놓으면 1년 동안 잘 활용할 수 있다. 안대는 중간에 한 번씩 세탁하면 깨끗하게 사용할 수 있으며 펀스틱은 별도의 세탁이 필요 없고 딱딱하지 않기에 안전상에도 큰 문제가 없는 놀이 도구이다. 눈감술을 하기 위해서는 넓은 공간이 필요하므로 책상과 의자를 최대한 교실 구석으로 밀고 책상 위에는 물통과 같이 바닥으로 떨어질 수 있는 것들은 모두 가방에 넣을 수 있도록 한다.

상현달 선생님의 eco talk

탄소 발자국은 개인이 대기에 방출한 온실가스의 양을 의미합니다. 우리가 운전하는 자동차, 집을 시원하게 해주거나 따뜻하게 해 주는 전기, 먹는 음식, 그리고 버리는 쓰레기까지 모두 온실가스를 배출합니다. 지구의 온도가 1.5도 한계선을 넘지 않으려면 2030년까지 탄소 배출량을 약 2.5톤으로 줄여야 한다고 합니다. 전 세계 탄소 배출량의 3분의 2가 가정의 소비 및 생활방식과 관련 있으므로 먼저 우리 자신의 생활방식을 변화해 탄소 배출량을 감소시키려는 노력이 필요합니다.

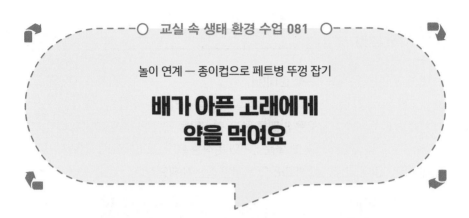

놀이 연계 — 종이컵으로 페트병 뚜껑 잡기

배가 아픈 고래에게
약을 먹여요

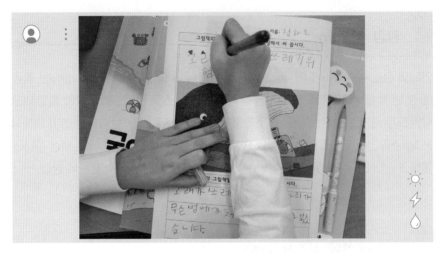

아이들은 수업 시간에 그림책《똥파리가 고래를 만났어》를 읽고 있습니다. 이 그림책은 플라스틱, 비닐 등 바다에 버려지고 있는 쓰레기의 심각성을 말합니다. 이로 인해 쓰레기들을 삼킨 해양 생물들이 목숨을 잃고 있다는 것도 알려 줍니다.

본문을 보기 전에 먼저 표지를 살펴봅니다. 표지에 있는 제목을 하얗게 지운 학습지를 나누어 주었기에 아이들은 그림책의 제목을 알지 못합니다. 아이들은 표지에 있는 그림과 색을 유심히 관찰한 후 어울리는 제목을 유추합니다. 이와 연계해서 그림책이 어떤 내용일지도 생각해 학습지에 기록합니다. 아이들이 생각한 그림책의 제목과 내용을 보니 그림책과 관련 없는 제목과 내용도 있지만 그림책의 내용을 비슷하게 예상한 아이들도 있습니다.

제목과 내용을 짐작한 후에 책을 읽으면 아이들이 훨씬 더 집중합니다. 책을 읽으며 자신이 생각한 것과 맞는지 비교하며 확인했습니다. 자신이 예상한 것과 맞은 아이들은 즐거움의 환호성이 나오고 그렇지 못한 아이들은 아쉬워합니다. 하지만 예상과 다르더라도 중요하지 않습니다. 이미 아이들은 책 내용에 집중하며 작가가 무슨 말을 하고 싶었는지 충분히 이해했습니다.

이제 책 내용과 관련 있는 놀이를 하기 위해 도구를 먼저 제작합니다. 아이들은 종이컵 바닥이나 옆면에 고래와 같은 바다 동물을 그립니다. 그림을 그린 종이컵은 바다 동물의 몸이 되고 종이컵에 뚫려 있는 부분은 바다 동물의 입이 됩니다.

"여러분이 종이컵으로 만든 고래나 문어가 쓰레기들을 삼켜서 배가 아파요. 어떻게 하면 고래나 문어의 아픈 배를 낫게 할 수 있을까요?"

아이들은 배가 아팠을 때 병원에서 주사를 맞거나 약을 먹었던 경험을 이야기합니다. 이제 교실에 있는 재료인 페트병 뚜껑에 털실을 테이프로 붙인 후 종이컵 바닥에 연결합니다. 종이컵, 털실, 페트병 뚜껑이 일렬로 만들어졌습니다. 종이컵은 배가 아픈 바다 동물의 몸과 입, 털실에 매달린 페트병 뚜껑은 바다 동물의 배를 치료해 주는 약입니다. 이렇게 놀이의 상황을 아이들에게 알려

준 후 놀이를 시작합니다.

종이컵을 좌우로 움직이면 종이컵 바닥에 매달려 있는 털실과 페트병 뚜껑도 움직입니다. 이때 순간적으로 종이컵을 자신의 몸쪽으로 가져오면 털실에 매달려 있는 페트병 뚜껑이 위로 올라옵니다. 위로 올라온 페트병 뚜껑을 종이컵 안에 넣으면 성공입니다. 종이컵 안에 페트병 뚜껑을 한 번에 넣는 것은 쉽지 않습니다. 여러 번의 시행착오를 겪으면서 자신만의 방법을 찾아야 합니다.

준비물

그림책 《똥파리가 고래를 만났어》, 학습지, 종이컵, 털실, 페트병 뚜껑, 테이프, 매직

지도 방법

1. 표지에 있는 그림을 보고 책 제목과 내용을 상상해서 학습지에 기록한다.
2. 그림책 《똥파리가 고래를 만났어》를 함께 읽으면서 자신이 상상한 제목과 내용이 비슷한지 확인한다.
3. 종이컵의 바닥이나 옆면에 바다 동물을 그린다.
4. 페트병 뚜껑에 털실을 붙인 후 종이컵 바닥에 연결한다.
5. 종이컵을 좌우로 움직이며 털실에 매달려 있는 페트병 뚜껑을 종이컵 안에 넣는다.

환경 수업 tip

페트병 뚜껑은 고래의 아픈 배를 낫게 해 주는 '알약'이다. 하지만 현실에서는 죽은 고래의 배 속에 페트병이 많이 들어 있었다. 이런 사실에 대해 아이들과 이야기를 나누면서 아이들의 머릿속에 잘못된 개념이 쌓이지 않도록 해야 한다. 페트병 뚜껑 대신 다른 도구를 사용하거나 페트병 뚜껑을 '약'이라고 쓰인 종이에 싸는 것도 하나의 방법이다.

상현달 선생님의 eco talk

과학자들은 바다로 유입되는 플라스틱 양이 2040년까지 3배로 증가할 거라고 보고 있습니다. 연구에 따르면 700종 이상의 해양 동물들이 플라스틱을 먹거나 플라스틱에 묶여 있다고 합니다. 스코틀랜드 해변에서 발견된 고래의 배 속에는 밧줄, 플라스틱 컵, 가방, 장갑, 튜브 등 약 100킬로그램의 쓰레기가 들어 있었습니다. 또한, 전 세계 거북이들의 52퍼센트가 플라스틱 쓰레기를 먹습니다. 갈라파고스의 푸른 거북은 비닐봉지를 가장 좋아하는 먹이인 해파리로 착각하는 바람에 먹거나 얽혀서 죽는다고 합니다.

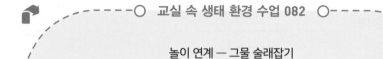
놀이 연계 ─ 그물 술래잡기

그물이 되어
바다 쓰레기를 없애요

바다에는 많은 쓰레기가 있습니다. 플라스틱과 비닐, 생활용품들은 바다로 흘러가 해류를 타고 전 세계 바다를 떠다닙니다. 이런 바다 쓰레기들은 해양 생물들의 몸에 들어가 결국에는 생물들을 죽게 만듭니다. 또한 쓰레기들은 햇빛을 받게 되면 미세한 플라스틱 조각으로 분해됩니다. 해양 생물들은 바닷물과 함께 이 미세 플라스틱을 먹고 결국 바다 생태계를 위험한 상황으로 만듭니다. 그리고 그 영향은 바다 생물을 먹는 사람에게까지 이어집니다.

놀이를 하기 전, 아이들과 바다 쓰레기, 미세 플라스틱 등에 대해 이야기를 나눕니다. 그리고 자신이 알고 있는 바다 쓰레기의 종류에 대해서도 친구들과 이야기를 나눕니다. 아이들은 페트병, 비닐, 유리병, 고래 배 속에서 나온 그물, 빨대 등 그림책에서 봤거나 TV에서 봤던 다양한 바다 쓰레기의 이름을 말합니다. 이 바다 쓰레기들이 오늘 놀이에서 그물이 수거해야 할 대상입니다.

놀이 방법은 그물이 쓰레기들을 하나씩 수거해서 모든 쓰레기를 제거하는 겁니다. 먼저 그물 역할을 할 한 사람을 뽑습니다. 그리고 나머지 아이들은 바다에 떠다니는 쓰레기가 됩니다. 쓰레기 역할을 맡은 아이들은 순서대로 자신이 어떤 바다 쓰레기인지 말합니다. 첫 번째 사람이 페트병이라고 말하면 다음 사람은 페트병을 제외한 다른 쓰레기를 말합니다. 세 번째 사람은 앞에서 말한 두 사람과 겹치지 않는 바다 쓰레기를 말합니다. 이런 방법으로 모든 아이들이 서로 겹치지 않게 바다 쓰레기를 말한 후 놀이는 시작됩니다.

놀이가 시작되면 그물 역할인 사람은 바다 위에 떠다니는 쓰레기 역할을 하는 친구들을 잡기 위해 뜁니다. 일반적인 술래잡기와 다르게 '얼음'을 할 수도 없고, 무조건 도망 다녀야 합니다. 그러다 그물이 쓰레기를 터치하면 쓰레기는 그물이 되어 그물 역할인 사람의 손을 잡고 또 다른 쓰레기들을 잡기 위해 돌아다닙니다. 시간이 지날수록 그물은 늘어나서 점점 커지고 쓰레기는 줄어듭니다. 그물이 한 명일 때는 쓰레기를 잡기 어렵지만 그물의 숫자가 늘어나면 조금 더 쉽게 쓰레기를 잡을 수 있습니다. 그물의 숫자가 다섯 명이 되면, 세 명, 두 명으로 그물을 분리합니다. 이렇게 되면 여러 그물이 돌아다니며 쓰레기

를 잡을 수 있어 쓰레기들은 그물을 피하기가 쉽지 않습니다. 결국에는 그물들이 쓰레기들을 한쪽 구석으로 몰아서 모두 제거합니다. 놀이를 하면 할수록 그물들이 쓰레기들을 제거하는 속도가 빨라집니다.

바다가 빠르게 오염되고 있지만 한편으로는 많은 사람이 바다를 깨끗하게 하기 위해서 많은 노력을 하고 있습니다. 예전에는 기술의 발전이 더디었지만, 이제는 다양한 기술과 방법을 동원해 과거보다는 빠르고 효율적으로 바다를 지켜내고 있습니다.

 **준비물**

별도의 준비물 필요 없음

지도 방법

1. 바다를 오염시키는 쓰레기의 종류에 대해 알아본다.
2. 그물 역할을 할 한 명을 정하고, 나머지는 바다 쓰레기 역할을 한다.
3. 놀이를 하기 전 바다 쓰레기 역할인 아이들은 순서대로 바다 쓰레기 중 하나를 말한다. 단, 앞에서 말한 바다 쓰레기와 겹치면 안 된다.
4. 놀이가 시작되면 그물이 바다 쓰레기를 잡기 위해 뛰어다닌다.
5. 바다 쓰레기가 잡히면 쓰레기는 그물이 되어 그물 친구와 손을 잡고 함께 바다 쓰레기를 잡는다.
6. 그물이 다섯 명이 되면 세 명, 두 명으로 그물을 분리한 후 놀이를 이어간다.
7. 모든 바다 쓰레기를 잡으면 역할을 바꿔 다시 놀이를 시작한다.

환경 수업 tip

놀이를 시작하면 아이들은 돌아가면서 바다 쓰레기를 하나씩 선택해야 한다. 따라서 놀이를 하기 전, 바다 쓰레기 종류에 대해 먼저 알아봐야 한다. 종류가 다양해 아이들이 기억하기 어려운 경우에는 교사가 그 내용을 기록한 후 출력해서 활용할 수 있다.

상현달 선생님의 eco talk

바다 오염의 가장 큰 원인은 각종 쓰레기입니다. 어부들이 쓰다 버린 그물, 페트병, 빨대, 풍선, 비닐봉지, 생활용품까지 종류도 다양합니다. 바다 쓰레기의 80퍼센트는 육지에서 왔습니다. 비료나 살충제 같은 제품도 바닷물을 오염시키고 도로에 흘린 휘발유도 빗물에 씻겨 바다로 흘러갑니다. 바다 쓰레기 중 배출 경로가 불확실한 오염 물질로 환경이 오염되는 것을 '비점 오염'이라고 합니다.

놀이 연계 ─ 숨어 있는 그림 그리기

종이를 펼치면
숨어 있는 자연이 나타나요

"땅속, 나무 밑, 돌 밑에는 무엇이 있을까요?"

우리는 과일과 나무의 바깥, 땅 위와 같이 자연의 일부분만을 보며 살고 있습니다. 하지만 자연은 드러나지 않는 곳이 더 많습니다. 우리 눈으로 볼 수 없기에 어떻게 생겼는지 알지 못하고 그래서 더욱 관심을 두지 않습니다.

오늘은 그동안 감추어져 있던 땅속, 돌 밑처럼 겉으로 드러나지 않은 자연이 어떻게 생겼는지 생각해 보는 활동을 합니다. 아이들은 땅속과 돌 밑에 무엇이 있을지 다양한 상상을 하며 친구들과 이야기를 나눕니다. 다음으로 A4 용지를 안쪽으로 절반 접고 편 후에 접힌 부분의 아랫부분만 바깥쪽으로 절반 접습니다. A4 용지는 두 번 접힌 모습입니다.

A4 용지 절반의 위쪽에는 우리 눈으로 보이는 자연의 모습을 그립니다. 나무 기둥, 나뭇가지, 꽃, 돌멩이, 구름, 나비 등이 서로 어우러져 살아가고 있는 모습입니다. 자연의 모습을 예쁘게 색칠한 후에는 아래쪽 종이를 펼쳤을 때 어떤 그림이 나타나는지 알 수 있도록 아래쪽 접혀 있는 부분에 제목을 기록합니다. 자연의 보이는 모습을 모두 나타낸 후에는 보이지 않는 부분을 그리기 시작합니다. 바깥으로 접혀 있는 종이를 밑으로 잡아당기면 A4 용지의 아래쪽 절반이 나타납니다. 이곳에는 나무 밑에 무엇이 있는지, 땅과 돌 밑에는 무엇이 있는지, 마지막으로 하늘 밑에는 무엇이 있는지 그림을 그립니다.

아이들은 지렁이, 두더지, 개미 등 다양한 땅속 생물을 그립니다. 그리고 땅위 작은 돌멩이 밑에는 나무 크기만큼의 커다란 개미집을 그리기도 합니다. 우리는 땅 위에 있는 나무와 풀에만 관심이 있습니다. 하지만 접혀 있던 종이를 펼치는 순간 눈에 보이는 나무와 풀보다 더 많은 뿌리와 땅속 생물들이 나타납니다.

많은 아이들이 땅 밑에 관심을 가질 때 하늘 밑에 무엇이 있을지 생각하는 아이들도 있습니다. 사람은 모두 하늘 밑에서 살아가고 있습니다. 너무 당연한 사실이기에 잊고 살아왔습니다. A4 용지 절반 위쪽, 하늘을 그린 그림의 접혀 있던 아랫부분을 펼치면 땅 위에 핀 꽃들이 보입니다. 꽃들 사이에는 가족이

웃으면서 음식을 먹고 있습니다. 하늘 밑에 사람만 있었다면 무언가 허전해 보이는 그림일 겁니다. 하지만 사람들 사이 꽃들이 존재하기에 그림 속 웃는 사람들의 표정이 더 밝아 보입니다.

하늘 밑에는 사람만 살아가지 않습니다. 그리고 사람만 살아갈 수도 없습니다. 우리는 땅 위에서는 나무, 꽃과 나비, 작은 돌멩이와 함께, 땅 밑에서는 지렁이, 개미, 나무뿌리와 함께 지내고 있습니다.

 **준비물**

A4 용지, 사인펜, 색연필

지도 방법

1. 땅속, 돌 밑에는 무엇이 있을지 친구들과 이야기를 나눈다.
2. A4 용지를 안쪽으로 절반 접고 편 후에 접힌 부분의 아랫부분만 바깥쪽으로 다시 절반을 접는다.
3. 접혀 있는 종이의 위쪽에 눈으로 볼 수 있는 자연의 모습을 그린다.
4. 접혀 있는 종이의 아랫부분에 그림의 제목을 기록한다.
5. 바깥으로 접혀 있는 종이를 밑으로 당겨서 A4 용지를 펼친 후 땅속, 나무 밑, 돌 밑에 있는 것들을 상상해서 그림으로 표현한다.
6. 그림을 완성한 후에는 A4 용지를 밑으로 내리며 친구들에게 그림에 관해 설명한다.

환경 수업 tip

수업을 계획할 때는 '땅속에는 무엇이 있을까?'라는 내용만 생각했다. 막상 수업을 시작하니 아이들은 땅속 외에 나무, 돌, 하늘, 과일 등 다양한 자연물의 안과 밑에 무엇이 있는지 나타내고 싶어 했다. 이럴 때는 아이들이 표현하고 싶은 게 자연의 일부라면 모두 허용하는 것이 좋다. 결과적으로 아이들이 제작한 작품 안에는 지구를 구성하는 다양한 존재들이 표현되어 있을 것이다.

상현달 선생님의 eco talk

숲에는 지구 전체 생물 종의 80퍼센트 정도가 살고 있고, 이 중에는 산림 파괴로 인해 서식지를 잃고 멸종된 생물 종도 있습니다. 건강한 숲은 이산화탄소를 흡수하지만 병들거나 죽은 숲은 반대로 이산화탄소를 만들어냅니다. 숲이 흡수했던 이산화탄소가 많을수록 더 많은 이산화탄소를 뿜어냅니다. 나무는 물의 순환 과정에도 중요한 역할을 합니다. 나무가 줄어들면 강수량도 함께 줄어들어 땅이 메마르게 되고, 나무가 없으면 땅이 쉽게 바스러져서 산사태의 위험성도 높아집니다.

놀이 연계 ― 신문지 놀이

신문지를 뭉치고 던지며
찢으면서 스트레스를 풀어요

교무실에는 여러 종류의 신문이 있습니다. 신문 중에는 아이들이 볼 수 있는 어린이 신문이나 수업 시간에 활용할 수 있는 신문들이 있습니다. 한쪽에 모아 놓은 신문들을 훑어본 후 수업 시간에 활용하면 좋을 신문을 교실로 가져옵니다. 하지만 시간이 지나면 수업 시간에 활용하는 신문보다 교무실에서 교실로 가져오는 신문이 더 많아집니다. 그래서 남은 신문들을 어떻게 활용할지 고민합니다.

오늘은 종이컵과 신문으로 자신의 감정에 대해 알아보고 표현해 보려고 합니다. 먼저 종이컵에 화가 나고, 짜증 나며 기분이 좋지 않은 감정을 기록합니다. 아이들은 기록하면서 자신이 어떤 상황일 때 부정적인 감정이 나오는지 생각해 보고, 친구들의 마음도 나와 비슷한지 비교합니다. 기록한 종이컵은 모두 책상 위에 올려놓습니다. 부정적인 감정은 마음속에 품고 있으면 분노와 스트레스로 결국 병이 됩니다. 그래서 적절한 방법으로 풀어 주는 게 필요합니다.

아이들의 부정적인 감정을 해소하기 위해 교실에 모아 놓은 신문지를 활용합니다. 각자 신문지를 구겨 동그랗게 뭉친 후, 부정적인 감정들이 쓰인 종이컵을 향해 힘차게 던집니다. 신문지가 날아가자, 종이컵이 바닥으로 하나씩 떨어집니다. 하지만 여전히 책상에는 종이컵들이 자리 잡고 있습니다. 아이들은 신문지를 다시 모아 종이컵이 모두 바닥에 떨어질 때까지 던집니다. 종이컵이 바닥에 떨어질 때마다 아이들의 환호성이 터져 나옵니다. 신문지를 던지면서 스트레스도 함께 날리는 것 같습니다.

하지만 신문지가 종이컵에 잘 맞지 않아서 스트레스가 쌓이는 아이들도 있습니다. 이제 신문지를 모두 잘게 찢습니다. 아이들은 글씨는 예쁘게 써야 하고 글은 주제에 맞게 써야 하며 교실 규칙을 지켜야 하는 등 정해진 틀 안에서 생활하고 있습니다. 당연히 해야 할 일들이지만 이에 대한 스트레스도 있습니다. 하지만 신문지를 찢을 때는 아무런 규칙이 없습니다. 마음대로 찢기만 하면 됩니다. 아이들은 선생님의 간섭 없이 신문지를 마음대로 찢은 후 소리를 지르면서 하늘 위로 신문지를 던집니다. 하늘로 올라간 신문지들은 아이들의 스트레

스를 날려버리고 나서 바닥으로 떨어집니다. 교실은 순식간에 찢어진 신문지들로 가득합니다. 모든 환경 수업이 그렇듯 가장 중요한 건 뒷정리입니다. 아이들은 모두 힘을 모아 조각 난 신문지를 깨끗하게 쓸고 분리수거함에 담습니다.

오늘 하루 아이들은 신문지를 뭉쳐서 던지고 잘게 찢으면서 스트레스를 날렸습니다.

 **준비물**

종이컵, 사인펜, 신문지

지도 방법

1. 종이컵에 화가 나고, 짜증 나며 기분이 좋지 않은 감정을 기록한다.
2. 종이컵에 쓴 내용을 친구들과 비교하고, 종이컵을 책상 위에 올려놓는다.
3. 신문지를 구겨 뭉친 후, 부정적인 감정이 쓰인 종이컵을 향해 던진다.
4. 모든 종이컵이 바닥에 떨어질 때까지 신문지를 던진다.
5. 신문지를 자유롭게 찢은 후 소리를 지르면서 하늘 위로 신문지를 던진다.
6. 함께 힘을 모아 조각 난 신문지를 쓸고 분리수거함에 담는다.

환경 수업 tip

신문지를 찢고 던지는 활동 전에 신문지를 활용하는 수업이나, 놀이 등을 구상하는 것이 좋다. 예를 들어 신문에 있는 내용을 국어 수업의 소재로 삼아 공부하거나 신문지로 모자를 만들어 놀이 도구로 활용할 수 있다. 고학년이라면 신문이 만들어지거나 폐기되는 과정이 담긴 영상을 함께 보면서 신문에 대해 더 자세하게 알아보는 것도 좋다.

상현달 선생님의 eco talk

과거, 신문은 정보를 주는 매체 외에도 생활 속에서 긴요하게 사용되었습니다. 벽지, 화선지의 대용이었으며 청소할 때도 사용했고, 아이들에게는 좋은 놀잇거리였습니다. 하지만 정보 전달 매체가 다양해짐에 따라 현재 신문 구독률은 급감하고 있습니다. 일부 신문은 사람들에게 읽히기 전에 화물차에 실려 고물상으로 가거나 해외로 바로 수출되기도 합니다. 반면 이렇게 낭비되는 신문지를 잘게 파쇄해 소음을 막아 주는 차음재나 건물 내부 열을 보존해 주는 단열재로 활용하려는 노력들도 있습니다.

놀이 연계 — 이면지 탑 쌓기

이면지로 튼튼한 탑, 가장 높은 탑을 만들어요

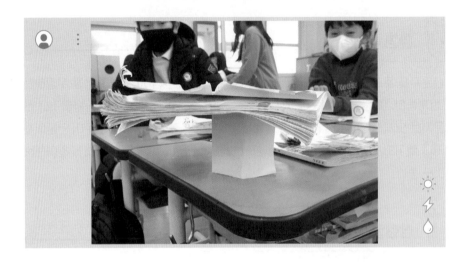

교실에는 이면지가 매일 생깁니다. 출력을 잘못한 종이도 있고 복사하고 남은 종이도 있습니다. 그래서 프린터기 옆에는 이면지를 모아 놓는 바구니가 있습니다. 이면지는 쉬는 시간, 자유롭게 그림 그릴 때 활용하기도 하고 매직을 사용할 때 책상에 매직이 묻지 않도록 밑에 까는 목적으로도 사용합니다. 또한, 종이를 활용하는 놀이를 할 때 새 A4 용지는 아까우므로 이면지를 가벼운 마음으로 활용하기에 좋습니다.

오늘은 이면지를 활용해 탑 쌓기 놀이를 합니다. 첫 번째 활동은 이면지 한 장으로 튼튼한 탑을 쌓는 놀이입니다. 이면지를 나누어 주며 조건을 말합니다. 첫째, 이면지 외에 다른 도구는 사용하지 않는다. 둘째, 탑의 높이는 10센티미터 이상이 되어야 한다. 셋째, 수학책을 5초 이상 버틸 수 있어야 한다. 아이들은 조건을 생각하며 이면지를 접기 시작합니다. 이면지를 여러 번 접으면 수학책을 버틸 수 있는 강도가 생깁니다. 하지만 10센티미터 이상의 높이로 만들어야 하기에 이면지를 계속해서 접을 수만은 없습니다. 높이는 유지하되 수학책을 버틸 수 있는 강도를 만들기 위해 접고 펴고를 반복합니다. 그리고 수학책을 이면지 위에 올릴 때의 무게중심도 잘 맞춰야 합니다. 무게중심이 맞지 않으면 수학책이 탑 위에서 5초를 버티기 어렵습니다. 시간이 지나자 성공하는 아이들이 나타납니다. 아이들은 "도전!"이라고 외치고 제가 보는 앞에서 탑 위에 수학책을 올립니다. 수학책에서 손을 떼는 순간 5초를 셉니다. 그리고 10센티미터 이상의 높이인지, 다른 도구는 사용하지 않았는지 확인하고 이상이 없으면 성공입니다.

두 번째는 이면지 열 장으로 가장 높은 탑을 쌓는 활동입니다. 조건은 첫째, 이면지 열 장 외에 다른 도구는 사용하면 안 된다. 둘째, 이면지를 접어도 되지만 찢어서는 안 된다. 셋째, 10초간 형태를 유지하고 있어야 한다. 넷째, 5분 동안 계속해서 도전할 수 있다. 이번 활동은 친구들과 모둠을 이루어 문제를 해결합니다. 이면지를 높이 쌓기 위해서는 이면지 위에 이면지를 올리기만 하면 됩니다. 하지만 그렇게 쌓으면 이면지가 쉽게 쓰러지기 때문에 안정적인 기초

작업이 필요합니다. 아이들은 이면지를 세운 후 그 위에 이면지를 깔고 다시 그 위에 이면지를 세로로 올립니다. 다들 비슷한 형태들로 탑을 만들지만, 중요한 건 가장 높은 탑을 만드는 것입니다. 아이들은 안정적이면서도 층마다 이면지를 적게 사용해 높이 쌓는 방법을 고민합니다. 안정적으로 쌓으면 탑이 높지 않고, 반대로 높이 쌓으려고 하면 금방 무너집니다. 아이들은 문제를 해결하기 위해 많은 이야기를 나눕니다. 시간이 지날수록 이면지로 만든 탑이 높게 올라 갑니다. 중간에 무너지기도 하지만 아이들은 문제점을 찾고 다시 쌓아 올립니다.

 **준비물**

이면지

지도 방법

1. 이면지 한 장으로 세 가지 조건에 해당하는 튼튼한 탑을 만든다.
2. "도전!"이라고 외친 후 이면지로 만든 탑 위에 수학책을 올린다.
3. 수학책에서 손을 떼는 순간 5초를 세고 다른 조건에 모두 부합하는지 확인한다.
4. 모둠별 이면지 열 장으로 네 가지 조건에 해당하는 가장 높은 탑을 만든다.
5. 이면지로 만든 탑이 무너지더라도 5분 동안 계속 도전할 수 있으며 탑의 높이를 누가적으로 기록해 가장 높게 쌓은 모둠을 선정한다.

환경 수업 tip

아이들은 테이프를 쓰는 것에 익숙해져 있다. 테이프를 종이에 붙이는 순간 종이는 재활용을 하기 어렵다. 따라서 이번 활동에는 테이프와 같은 접착제를 쓰지 않는다는 것을 환경적 관점에서 미리 이야기해 준다. 놀이를 보다 재미있게 하기 위해서는 추가된 재료를 모두 사용하거나 제작한 탑과 관련된 숨은 이야기를 만들어 보는 등 다양한 방법으로 조건을 수정하거나 추가할 수 있다.

상현달 선생님의 eco talk

종이의 탄소 발자국을 줄이기 위해서는 재활용 종이로 인쇄된 책이나 중고책을 사는 것이 좋습니다. 전자책도 좋은 방법이기는 하지만 전자책과 태블릿을 만드는 데도 많은 과정과 에너지가 들어 갑니다. 따라서 가장 지속 가능한 독서 방법은 공공도서관에서 책을 빌려 읽는 겁니다. 종이 영수증보다는 전자 영수증을 선택하거나 영수증을 출력하지 않는 것도 좋습니다. 종이 영수증은 비스페놀A와 같이 화학 물질이 첨가된 종이에 인쇄되므로 재활용할 수 없습니다. 이 종이 영수증을 만들기 위해 매년 1,000만 그루 이상의 나무가 사용된다고 합니다.

놀이 연계 ─ 최고의 짝꿍 찾기

균형잡기 놀이를 하며 공생 관계의 동물과 식물을 알아봐요

아이들은 서로 관계를 맺고 살아가는 동물과 식물에 대해 배웁니다. 대표적으로 꿀벌과 해바라기, 말미잘과 흰동가리, 진딧물과 개미, 버섯과 나무가 있습니다. 우리는 이 관계를 '공생'이라고 부릅니다. 이 동물과 식물은 서로 도움을 주고받으면서 생태계를 구성해 살아 갑니다. 생태계 안에서 살아가는 사람 역시 혼자 살아가는 게 아니라 동식물과 어우러져야 합니다. 사람이 자연보다 낫다고 여기거나 동식물보다 가치 있다고 여기는 순간 생태계의 균형은 깨집니다. 오늘은 아이들과 생태계의 균형을 몸으로 표현하는 놀이를 합니다.

서로 도움을 주고받는 동물과 식물에 대해 알아봅니다. 책에 있는 동물과 식물을 보며 서로 어떤 도움을 주고받는지 이야기를 나눈 후 공생 관계에 있는 동식물 중 하나를 선택합니다. 아이들은 자신이 선택한 동식물과 공생 관계에 있는 동식물을 선택한 친구와 만납니다. 그리고 자리에 앉아 두 발을 맞닿은 상태로 양손을 잡습니다.

"셋, 둘, 하나!"

시작 소리에 맞춰 동시에 일어납니다. 공생 관계에 있는 동식물이 서로에게 도움을 주듯 아이들도 일어나기 위해서는 균형을 잡으면서 서로 동시에 양손을 잡아당겨야 합니다. 서로를 믿지 못하거나 누구 한 명이 힘을 덜 쓰게 되면 한쪽으로 기울어집니다. 실패하면 공생 관계에 있는 친구와 이야기를 나누며 문제점을 찾습니다. 몇 번의 실패 후에는 균형을 잘 잡고 일어납니다. 두 명이 성공하면 네 명으로 숫자를 늘립니다. 네 명이 발을 모은 상태에서 양옆에 있는 친구의 손을 잡습니다. 그리고 시작 소리에 맞춰 손을 잡아당깁니다. 네 명으로 늘어나자 쉽게 성공하지 못합니다. 하지만 계속 이야기를 나누고 방법을 바꿔가며 해결책을 찾습니다.

이번에는 종이컵을 활용해 균형을 잡아보는 놀이를 합니다. 아이들은 동식물, 하늘, 땅 등 자연의 일부를 하나 선택합니다. 그리고 자신이 선택한 자연의 일부가 도움을 주거나 반대로 도움을 받는 존재를 정합니다. 그것이 종이컵이 됩니다. 예를 들어 자신이 참새라고 말한 아이는 종이컵을 참새가 자유롭게 날

아다닐 수 있는 하늘이라고 정했습니다. 참새는 하늘의 일부가 되어 살아가야 한다는 내용을 적용한 놀이입니다.

아이들은 누운 상태에서 종이컵을 이마에 올립니다. 그리고 종이컵이 바닥에 떨어지지 않게 천천히 일어납니다. 중간에 종이컵이 떨어지면 다시 누워서 처음부터 시작합니다. 처음에는 고개도 못 들던 아이들이 시간이 지나자, 종이컵을 떨어뜨리지 않고 자리에서 일어난 후 다시 눕기도 합니다. 자신의 소중한 친구인 종이컵을 떨어뜨리지 않기 위해 노력합니다.

 **준비물**

종이컵

생태 환경 수업 대백과 100

지도 방법

1. 서로 도움을 주고받는 동물과 식물에 관해 이야기를 나눈다.
2. 동식물 중 하나를 선택한 후 공생 관계에 있는 친구와 만난다.
3. 자리에 앉아 두 발을 맞닿은 상태로 양손을 잡고, 시작 소리에 맞춰 동시에 일어난다.
4. 두 명이 성공하면 네 명이 모여 시작 소리에 맞춰 동시에 일어난다.
5. 자연의 일부를 하나 선택하고, 그 자연에 도움을 주거나 받는 존재를 정한다.
6. 그 존재를 종이컵이라고 생각하고 누운 상태에서 종이컵을 이마에 올린 후 천천히 일어난다.

환경 수업 tip

공생 관계라는 개념이 저학년 아이들에게는 어려울 수 있다. 따라서 서로 도움을 주고, 도움을 받는 동식물이라는 쉬운 내용으로 말하는 게 좋다. 이것도 어려워한다면 나무와 동물, 바다와 물고기, 비와 풀과 같이 자연에서 살아가는 동식물과 연관시킬 수도 있다. 학생들의 수준에 따라 교사가 적절하게 조절하면 된다.

상현달 선생님의 eco talk

지구에서 도시가 차지하는 면적은 3퍼센트에 지나지 않습니다. 세계 인구 절반인 42억 명이 땅 전체의 3퍼센트에 모여 살고 있습니다. 도시는 '열섬 현상' 때문에 주변보다 온도가 더 높고 대도시일수록 쓰레기가 많이 배출됩니다. 이런 쓰레기들이 제대로 처리되지 않으면 땅과 바다를 더욱 오염시킵니다. 사람들의 편의를 위해 커지는 도시는 동물들이 살던 곳을 빼앗고 결국 생태계의 균형은 깨지게 됩니다. 자연환경을 보호하기 위한 규칙을 지키지 않는 도시화는 사람과 동식물의 공존을 깨뜨리고 여러 생물의 멸종을 앞당기고 있습니다.

놀이 연계 — 오염된 땅 건너기

술래를 피해서
깨끗한 땅으로 이동해요

생각해 보면 지구는 아프지 않은 곳이 하나도 없는 것 같습니다. 땅과 바다는 쓰레기로 오염되었고 하늘은 매연으로 힘들어하고 있습니다. 놀이책을 읽다가 아이들이 신나게 뛰어다니면서도 환경 오염과 연결할 수 있는 놀이를 발견했습니다. 놀이를 하기 전, 땅을 오염시키는 것들과 오염된 곳에서 일어나는 자연재해에 대해서 생각합니다. 아이들은 플라스틱, 비닐, 기름, 음식물 등 다양한 오염원과 폭우, 가뭄, 산불 등의 여러 자연재해에 대해서 말합니다.

"여러분들이 말한 쓰레기들로 인해 땅이 오염되었습니다. 오늘 놀이는 오염된 땅을 건너 깨끗한 땅으로 이동하는 놀이입니다."

놀이를 위해 사각형의 꼭짓점에 해당하는 곳에 미니 라바콘을 놓았습니다. 라바콘으로 만든 사각형 안에는 술래가 한 명 들어가는데 이 술래는 오염된 땅에서 일어나는 자연재해입니다. 술래를 제외한 다른 아이들은 다양한 동물들입니다. 동물들은 사각형 밖에 일렬로 서 있는 상태에서 호루라기 소리와 함께 술래를 피해 이동해야 합니다. 술래는 동물들이 사각형 안에 들어오면 잡을 수 있지만 사각형 밖에 있는 경우에는 잡지 못합니다. 동물들은 술래가 이동하는 틈을 보면서 재빠르게 오염된 땅을 건너 반대편으로 뛰어 갑니다. 놀이가 진행될 때마다 동물들은 술래에게 잡히고, 한 마리의 동물도 살아남지 않을 때까지 놀이는 반복됩니다.

이번에는 자연재해에 해당하는 술래를 두 명 정합니다. 술래가 추가되었기 때문에 라바콘으로 더 큰 사각형을 만듭니다. 오염된 땅이 커지고 그에 따라 자연재해도 더 늘어났습니다. 동물들은 술래가 한 명일 때보다 오염된 땅을 건너기가 더 어렵습니다. 동물들은 사각형 안으로 뛰어가기를 주저합니다. 이때 제한 시간 10초를 셉니다. 10초 동안 어떤 동물이든 사각형 안으로 뛰어 들어가지 않으면 모든 동물은 아웃입니다. 술래가 두 명일 때 놀이는 더 빨리 끝납니다.

이번에는 개인전이 아닌 단체전입니다. 동물 팀과 자연재해 팀으로 나누어 동물 팀은 사각형 밖에 일렬로 서 있고 자연재해 팀은 사각형 안으로 들어갑

니다. 호루라기 소리와 함께 동물들은 술래를 피해 오염된 땅을 건너서 반대편 안전한 땅으로 이동합니다. 반대편으로 건넌 동물은 다시 원래의 안전한 땅으로 이동할 수 있습니다. 개인전일 경우에는 술래를 피해 오염된 땅을 한 번만 건너면 됐습니다. 하지만 이번에는 오염된 땅을 건너는 팀원 전체의 횟수를 더 해서 더 많이 오염된 땅을 건너는 팀이 이기게 됩니다. 술래들은 동물들이 한 번 오염된 땅을 건넜다고 방심하면 안 됩니다. 반대쪽에서 또다시 건너올 수 있으므로 항상 잡을 준비를 해야 합니다. 제한 시간 1분 동안 더 많이 오염된 땅을 건넌 팀이 놀이의 승자가 됩니다.

 **준비물**

미니 라바콘

생태 환경 수업 대백과 100

지도 방법

1. 땅을 오염시키는 것들과 오염된 곳에서 일어나는 자연재해에 관해 생각하고 이야기를 나눈다.
2. 사각형 꼭짓점에 해당하는 곳에 미니 라바콘을 놓는다.
3. 술래는 자연재해 역할, 나머지 아이들은 동물 역할을 한다.
4. 술래는 라바콘 안의 사각형 땅에 들어가서 사각형 땅을 건너는 동물을 잡는다.
5. 한 마리의 동물도 살아남지 않을 때까지 놀이를 반복한다.
6. 술래를 두 명으로 늘려 놀이를 진행한다.
7. 개인전이 끝난 후에는 단체전으로 바꿔 놀이를 한다.
8. 동물들은 계속해서 땅을 건너고 1분 후, 몇 번을 왕복했는지 숫자를 센다. 더 많이 왕복한 팀이 이긴다.

환경 수업 tip

저학년 아이들에게 자연재해라는 낱말은 어려운 표현이다. 따라서 몸이 아픈 사람에게 나타나는 증상과 연계시키면 좋다. 몸이 아프면 열이 나고 콧물과 기침이 난다. 또한, 어지럽고 토하거나 몸이 빨개지기도 한다. 지구도 아프면 뜨거워지고 열파, 가뭄, 홍수 등 여러 현상들이 나타난다. 이렇게 지구를 사람이라고 생각하고 설명하면 아이들이 이해하기 쉽다.

상현달 선생님의 eco talk

지구의 온도가 올라가면 식물이 꽃을 피우는 기간이 길어져 많은 농작물을 기르기가 어렵습니다. 또한, 산불이 일어날 위험도 커지며 산불이 나면 많은 양의 이산화탄소가 뿜어져 나오게 됩니다. 뜨거워지는 지구는 인간과 농작물에 해로운 곤충이 살아가기 좋은 환경을 만들어 큰 피해를 일으킬 수 있습니다.

9장

교실 속
생태 환경 수업

| 행사 연계 |

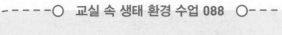

행사 연계 — 3월 23일 '세계 기상의 날'

지구 온난화 기사를 읽고 내용을 간추려요

수업 시간에 읽거나 들은 내용을 간추리는 활동을 하고 있습니다. 오늘은 신문 기사를 읽은 후, 그 내용을 간추려 보려고 합니다. 지구 온난화와 관련된 뉴스를 시청합니다. 인터넷에는 다양한 지구 온난화 영상이 있습니다. 이 중에서 3~4분 정도의 뉴스 영상을 찾아 시청하는 것이 좋습니다. 영상을 보면서 아이들은 지구 온난화의 심각성과 문제점에 관한 생각을 확장할 수 있었습니다.

지구 온난화에 대한 배경지식을 알면 학습지에 있는 신문 기사를 이해하기 더 쉽습니다.

학습지의 신문 기사에는 글과 그래프가 제시되어 있습니다. 아이들은 신문 기사를 읽고 물음에 해당하는 내용을 찾아 기록합니다. 그래프를 보고 알 수 있는 것과 기사를 읽고 난 느낌도 씁니다. 아이들이 기록한 내용을 보니 지구 온난화의 심각성을 바라보는 생각은 비슷한 것 같습니다.

다음으로 신문 기사의 내용을 좀 더 꼼꼼하게 읽을 수 있도록 텔레파시 놀이를 합니다. 신문 기사에 들어 있는 낱말 중 선생님이 미리 기록한 낱말이 무엇일지 예측하는 활동입니다.

'선생님은 기후 변화라는 낱말을 20점 칸에 썼을 거야. 지구 온난화는 중요한 낱말이니까 50점에 썼을 거야.' 이런 식으로 아이들은 교사가 어떤 낱말을 썼을지 예측해 자신의 학습지에 열개의 낱말을 기록합니다. 모두 기록하면 교사는 미리 적어 놓은 종이의 낱말을 순서대로 부릅니다. 이때 낱말의 순서는 중요하지 않습니다. 교사가 부르는 낱말이 있으면 확인 칸에 동그라미를 하고, 교사가 부르는 낱말이 없다면 확인 칸을 비워두면 됩니다. 만약 교사가 다섯 번째 낱말로 '지구 온난화'를 말했는데 학습지 5번에 '지구 온난화'라고 기록한 아이는 보너스 점수 30점을 추가로 얻게 됩니다. 아이들은 자신이 학습지에 기록한 낱말들을 말해 달라는 텔레파시를 교사에게 보냅니다. 중간중간 "텔레파시 발사"라고 외치면 활동이 조금 더 즐거워집니다.

교사가 열 개의 낱말을 모두 말하면 아이들은 확인 칸의 동그라미 개수를 확인하고 해당 점수를 더합니다. 보너스 점수가 있다면 잊지 않고 총점에 추가

합니다. 열 개의 낱말을 모두 다 맞춘 아이들은 300점 만점에 보너스 점수까지 얻을 수 있습니다. 이 활동은 높은 점수를 얻어 1등을 하는 것이 목표가 아닙니다. 점수는 그저 아이들의 환경 교육 활동에 흥미를 주는 요소일 뿐입니다. 낱말을 기록하기 위해 신문 기사를 꼼꼼하게 읽고 잘 모르는 낱말은 친구들이나 선생님에게 물어보거나 사전에서 찾으면서 해당 낱말의 뜻을 아는 것이 중요합니다. 환경 관련 신문 기사를 읽고 텔레파시 놀이를 통해 아이들은 환경과 관련된 다양한 낱말의 뜻을 알아 갑니다.

 **준비물**

지구 온난화 뉴스 영상, 지구 온난화 신문 기사를 포함한 학습지, 텔레파시 놀이 학습지

지도 방법

1. 지구 온난화와 관련된 뉴스를 시청한다.
2. 신문 기사를 읽고 물음에 해당하는 내용을 찾아 학습지에 기록한다.
3. 신문 기사에 있는 낱말 중 교사가 미리 기록한 낱말이 무엇일지 예측한다.
4. 열 개의 낱말을 학습지에 기록하면 교사는 미리 적어놓은 낱말을 순서대로 부른다.
5. 교사가 부른 낱말을 학습지에 기록했다면 '확인 칸'에 동그라미를 한다.
6. 낱말을 모두 확인한 후, 얻은 점수와 보너스 점수를 합한다.

환경 수업 tip

환경과 관련된 신문 기사는 온라인으로 검색하면 쉽게 찾을 수 있다. 또한 학교로 오는 어린이 신문이나 잡지에도 환경 관련 내용이 많이 수록되어 있다. 이런 신문 기사들을 미리 사진으로 찍어두거나 스크랩해 놓으면 수업 시간에 활용하기 좋다. 그리고 글만 있는 신문 기사보다는 표나 그래프, 그림이 함께 들어가 있는 기사가 있다면 아이들이 신문 기사를 해석하고 문제를 해결하는데 더 좋은 자료가 될 수 있다.

상현달 선생님의 eco talk

3월 23일은 '세계 기상의 날'로 국제연합UN 기상 전문 기구인 세계기상기구WMO가 출범한 날입니다. 세계기상기구는 날씨 예측, 대기 오염에 대한 연구, 기후 변화, 오존층 파괴 등 기상에 관한 내용을 연구하고 있습니다. 지구 평균 기온이 과거보다 얼마나 상승했는지, 대기 중 온실가스 농도는 어떻게 변하고 있는지 등을 알기 위해서는 전 세계의 데이터를 모아야 합니다. 이런 이유로 기후 변화에 관한 정부 간 협의체인 세계기상기구가 유엔환경계획과 함께 설립된 것입니다.

행사 연계 ― 4월 4일 '종이 안 쓰는 날', 4월 5일 '식목일'

온라인 학습지로 4월 4일, 5일에 대해 알아보고 직접 나무를 심어요

4월 5일이 식목일이라는 건 대부분의 아이들이 알고 있습니다. 하지만 4월 4일이 무슨 날인지는 모릅니다. 아이들뿐만 아니라 교사인 저도 몰랐습니다. 수업을 준비하며 4월 4일이 '종이 안 쓰는 날'이라는 사실을 알게 되었습니다.

오늘은 '종이 안 쓰는 날'과 '식목일'에 맞춰 수업을 진행합니다. 식목일 행사는 4월 5일인 내일 해야 하지만, 내일은 아침부터 비가 온다는 소식에 나무

심기 행사를 하루 앞당겼습니다. 교장 선생님께서 미리 묘목상에 가셔서 여러 종류의 나무를 사 오셨습니다. 그리고 주무관님과 함께 며칠 전부터 아이들이 나무를 쉽게 심을 수 있도록 구덩이를 파 놓으셨습니다. 나무를 심어 본 아이들도 있지만 대부분은 처음 심어 봅니다. 교장 선생님께서 나무 심는 방법을 간략하게 설명해 주십니다.

이제 아이들은 나무를 하나씩 챙긴 후, 구덩이에 나무를 심습니다. 나무를 심은 후에는 흙이 흥건히 젖도록 물을 충분히 줍니다. 교실로 돌아온 아이들은 학급 커뮤니티에 있는 학습지를 스마트폰이나 태블릿으로 해결합니다. 평소라면 이면지에 출력한 학습지로 수업했겠지만 오늘은 '종이 안 쓰는 날'이기에 미리캔버스로 학습지를 만들었습니다. 미리캔버스로 만든 학습지는 유레카 사이트에서 편집한 후 학급 커뮤니티에 올렸습니다.

아이들은 학급 커뮤니티에 있는 URL을 클릭해 유레카에 접속합니다. 그리고 전자 칠판에 실시간으로 나타나는 결과를 보면서 종이 안 쓰는 날, 식목일, 환경과 관련된 문제를 해결합니다. 아이들이 답을 제출하면 막대그래프로 바로 확인이 가능합니다. 그래프를 함께 보면서 정답을 생각해 보고 이야기를 나누면서 확인합니다.

나무를 심으면서 아쉬운 점이 하나 있었습니다. 누구의 나무인지, 나무의 이름은 무엇인지 알 수 있으면 좋을 것 같았습니다. 그래서 아이들이 심은 나무 옆에 세워 놓을 수 있는 푯말을 주문했습니다. 며칠이 지나고 나무로 된 푯말이 도착했습니다. 아이들은 푯말에 자신이 심은 나무의 이름과 나무에 하고 싶은 말을 적었습니다. 그런 다음 푯말에 바니시를 발라 코팅했습니다. 바니시

가 마르자 푯말을 들고 자신이 심은 나무가 있는 곳으로 갑니다.

아이들은 각자가 심은 나무 옆에 푯말을 세웠습니다. 푯말이 흔들리지 않게 망치질을 하면서 푯말을 땅에 박았습니다. 나무 옆에 나무 이름과 응원의 말이 기록된 푯말을 세우니 나무가 더 잘 자랄 것만 같습니다. 학교가 몇 년 후면 100년이 됩니다. 아이들이 심은 작은 나무가 잘 자라서 앞으로 100년 후 커다란 나무가 되어 우리 학교를 잘 지켜 주면 좋겠습니다. 그리고 나무가 크는 만큼 아이들의 꿈과 미래도 멋지게 커갔으면 좋겠습니다.

 준비물

묘목, 장갑, 호미, 모종삽, 온라인 학습지, 스마트폰이나 태블릿, 나무 푯말, 매직, 망치, 붓, 바니시

지도 방법

1. 묘목을 준비하고, 나무를 쉽게 심을 수 있도록 구덩이를 파 놓는다.
2. 나무 심는 방법을 아이들에게 설명한다.
3. 나무를 심은 후, 흙으로 구덩이를 메운 후 물을 충분히 준다.
4. 온라인 학습지에 있는 종이 안 쓰는 날, 식목일, 환경과 관련된 문제를 해결한다.
5. 나무 푯말에 나무 이름과 응원의 말을 기록한다.
6. 푯말을 바니시로 칠한 후 마르면 각자가 심은 나무 옆에 세운다.

환경 수업 tip

나무 푯말을 바니시로 코팅하면 푯말을 더 오래 사용할 수 있다. 나무의 특성상 비, 바람, 이슬, 눈 등을 맞게 되면 형태가 틀어지거나 썩을 가능성이 높다. 따라서 나무 푯말을 바니시로 꼼꼼하게 칠해 주는 과정이 필요하다. 물건을 재사용, 재활용하는 것도 중요하지만 오래 사용하는 것도 그만큼 중요하다는 사실을 아이들에게 알려 준다.

상현달 선생님의 eco talk

'종이 안 쓰는 날'은 2002년 국내 환경 단체가 단 하루만이라도 종이 사용을 줄여 나무를 보호하는 마음을 가져보자는 취지로 제안한 날입니다. 나무를 심는 것도 중요하지만 나무를 잘 가꾸고 덜 사용하는 것도 중요합니다. 종이를 덜 사용하는 건 결국에는 나무를 심는 것이기 때문입니다. '식목일'에는 나무를 심는 것만큼 숲을 보전하는 일도 중요하다는 것을 생각해 봐야 합니다. 숲은 탄소를 흡수하는 최고의 저장고이지만 산불이 나면 엄청난 양의 탄소를 배출하는 장소로 바뀌게 됩니다.

행사 연계 ─ 4월 22일 '지구의 날'

카프라, 종이컵으로
튼튼한 지구 탑을 만들어요

지구는 아름다운 행성입니다. 초록 땅과 푸른 바다, 파란 하늘이 어우러져

있습니다. 눈으로 지구 곳곳을 볼 수는 없지만 영상으로나마 지구의 아름다운

곳을 아이들과 함께 살펴봅니다. 하지만 이렇게 아름다운 지구에 문제가 발생

하고 있습니다. 지구의 온도가 조금씩 올라가 세계 곳곳에서는 산불, 가뭄, 폭

설 등의 기후 변화가 일어나고 있습니다. 이미 뜨거워지고 있는 지구의 온도를

낮추기는 어렵습니다. 대신 지구의 온도가 천천히 올라갈 수 있도록 할 수는 있습니다. 영상을 보며 집과 학교에서 내가 할 수 있는 일에 대해 학습지에 기록합니다. 이렇게 기록한 내용을 카프라와 종이컵에 옮겨 씁니다. 카프라와 종이컵은 튼튼한 지구 탑을 만드는 주요 재료입니다.

아이들은 서로 도우며 지구 탑을 쌓습니다. 중간에 무너지면 원인을 찾고 다시 쌓아 올립니다. 지구를 지키는 일도 이와 비슷합니다. 서로 도우며 자신의 위치에서 실천하는 노력이 필요합니다. 하늘 높이 솟은 지구 탑 위에 푸른 지구 사진을 붙입니다. 하지만 지구 탑을 계속 세워둘 수만은 없기 때문에 의미 있게 무너뜨리는 방법을 고민합니다. 종이컵과 카프라로 만든 지구 탑이 무너지는 건 지구가 무너지며 아이들의 노력이 사라지는 겁니다.

다음날 기후 위기와 관련된 영상을 보면서 중요한 내용을 학습지에 기록합니다. 그리고 기후 위기를 일으키는 악당의 이름을 상상하고 그림으로 표현했습니다. 아이들의 작품을 보니 정말 나쁜 악당 캐릭터 같습니다. 이제 종이를 구깁니다. 기후 위기 악당이 출동할 준비가 되었습니다. 아이들은 구긴 종이를 지구 탑에 던집니다. 악당들이 종이컵과 카프라로 만든 지구 탑을 공격합니다. 지구 탑은 쉽게 무너지지 않습니다. 지구 자체의 회복 능력이 있기 때문입니다. 하지만 악당들도 공격을 멈추지 않습니다. 이어 더 강력한 공격이 이어집니다. 악당들이 실내화로 들어가 더욱 강력하게 변했습니다. 이런 내용들을 이야기로 만들어 활동 중간중간 아이들에게 말합니다.

"실내화에 숨은 악당들 출동!"

결국 지구 온난화와 기후 위기를 일으키는 악당들이 지구 탑을 무너뜨립

니다. 아이들이 힘들게 쌓은 노력도 사라집니다. 무너진 지구 탑을 보니 마음이 좋지 않습니다. 하지만 무너진 지구 탑은 다시 쌓을 수 있습니다. 중간에 포기하지만 않으면 됩니다. 우리 지구도 이와 마찬가지입니다. 지구를 지키기 위한 노력을 깜빡하거나 잊어버릴 때도 있습니다. 쓰레기를 함부로 버리고 양치컵을 사용하지 않고 물을 낭비하는 등과 같은 일을 반복하기도 합니다. 하지만 지구를 지키기 위한 노력을 잊지만 않는다면 우리 손으로 지구를 깨끗하고 건강하게 만들 수 있습니다.

 **준비물**

아름다운 지구와 기후 위기에 관한 영상, 학습지, 카프라, 종이컵, 매직, 푸른 지구 사진

지도 방법

1. 아름다운 지구의 모습을 담은 영상을 시청한다.
2. 학습지에 환경을 보호하기 위해 할 수 있는 일을 기록한다.
3. 학습지에 기록한 내용을 카프라와 종이컵에 옮겨 적는다.
4. 카프라와 종이컵으로 교실 천장까지 닿는 지구 탑을 쌓는다.
5. 기후 위기에 관한 영상을 시청한다.
6. 기후 위기를 일으키는 악당의 이름을 상상하고 학습지에 그림으로 표현한다.
7. 학습지를 구긴 후 카프라와 종이컵으로 만든 지구 탑에 던진다.

환경 수업 tip

매년 카프라와 종이컵을 사용해 교실 천장까지 쌓는 활동을 했다. 그동안은 놀이에 초점을 맞췄다면 이번에는 환경에 초점을 맞춰 수업을 진행했다. 카프라와 종이컵으로 만든 탑 꼭대기에 푸른 지구 이미지를 붙이면 지구 탑이 된다. 같은 재료라 할지라도 그 안에 무엇을 담느냐에 따라 놀이 수업이 될 수도 있고 환경 수업으로 바뀔 수도 있다.

상현달 선생님의 eco talk

'지구의 날'이 탄생한 배경에는 미국 원유 유출 사고가 있습니다. 1969년 1월 28일 캘리포니아의 원유 시추 시설이 폭발하여 10만 배럴의 원유가 쏟아지면서 수백 제곱마일의 바다를 오염시켰습니다. 이 사건을 계기로 미국 역사상 최대 규모인 2,000만 명의 시민들이 참여한 시위가 열렸습니다. 다음 해인 1970년, 지구 보호의 중요성을 강조하면서 기업의 사회적 책임과 시민들의 생활 문화 개선을 촉구하는 선언문이 발표되었습니다. 이 행사가 제1회 지구의 날이 된 것입니다.

행사 연계 ─ 5월 둘째 주 토요일 '세계 공정무역의 날'

그림책 《거짓말 같은 이야기》를 읽고 공정 무역에 대해 알아봐요

오늘 아이들과 함께 읽을 그림책은 《거짓말 같은 이야기》입니다. 책에는 여러 인물이 자신의 사연을 이야기하는데 대한민국에 사는 솔이의 이야기부터 시작합니다. 솔이는 그림 그리기를 좋아하는 개구쟁이고, 꿈은 화가입니다. 이어 세계 곳곳에 사는 친구들이 등장합니다. 키르기스스탄에 사는 하산은 배고픈 동생을 위해 매일 지하 갱도에서 50킬로그램이 넘는 석탄을 옮기고 인도에 사는 파니어는 카펫 공장에서 하루 14시간을 일하며 카펫을 만듭니다.

그림책은 짧은 글과 간단한 그림으로 되어 있지만 그 안에는 많은 이야기가 담겨 있습니다. 아이들에게 충분한 시간을 주며 그림책을 읽습니다. 여기서 중요한 건 그림책의 내용을 내 삶과 비교하며 생각해 보는 겁니다. 이를 통해 아이들은 세상을 살면서 중요한 가치에 대해 고민합니다. 또한 나만의 행복이 아닌 함께 살아가는 의미에 대해서도 생각해 봅니다.

이제 그림책 내용과 연계해 공정 무역에 대해 알아봅니다. 우리가 생활 속에서 쓰고, 입고, 먹는 많은 물건이 그림책에 등장하는 어린 노동자들에 의해 생산되고 있습니다. 이들은 매일 열심히 일하지만, 불공정한 무역으로 제대로 된 수입을 얻지 못해 가난에서 벗어나지 못합니다.

아이들은 학습지를 보며 '공정'과 '무역'이란 낱말의 뜻을 생각하고 두 낱말이 합쳐진 '공정 무역'의 의미에 대해서도 생각해 봅니다. 그리고 이와 관련된 자기 경험을 떠올립니다. 배우는 내용이 내 삶과 연계될 때 아이들은 더 많은 생각을 하고 이야기를 합니다. 재미있던 일, 억울했던 일, 혼났던 일 등 다양한 경험을 친구들과 나눕니다.

다음으로 공정 무역에 대한 뉴스 영상을 시청합니다. 이를 통해 아이들은 공정하지 않은 무역도 있다는 사실을 알게 됩니다. 이런 무역은 그림책에 등장하는 하산과 파니어처럼 많은 시간을 일하지만, 충분한 보상을 받지 못하는 불공정한 거래를 만듭니다. 더욱이 낮은 수익을 보충하기 위해 더 많은 환경을 훼손해서 생산량을 늘리는 문제도 만듭니다. 공정 무역이라는 개념이 아이들에게는 조금 어려울 수도 있습니다. 하지만 공정 무역이라는 낱말 안에는 생산

자, 노동자, 정당한 대가, 생태계 훼손과 같은 아이들이 알아야 할 내용이 담겨 있습니다. 인간과 환경을 보호하고 여성과 아동의 권리 존중은 공정 무역에서 말하는 중요한 원칙 중 하나입니다.

 **준비물**

그림책 《거짓말 같은 이야기》, 공정 무역에 대한 뉴스 영상, 학습지

 **지도 방법**

1. 그림책 《거짓말 같은 이야기》를 읽고 등장인물들의 삶에 관한 이야기를 나눈다.
2. 학습지를 보며 '공정 무역'의 의미에 대해 생각한다.
3. 공정 무역에 관한 뉴스 영상을 시청한다.
4. 그림책에 등장하는 하산과 파니어 사례를 불공정한 거래, 환경 훼손과 관련지어 이야기를 나눈다.

 환경 수업 tip

공정 무역이라는 개념이 초등학생들에게는 어렵다. 따라서 '싸게만 사려는 사람들이 많다면 싸게 만들기 위해 노동력이 싼 아이들, 여자들, 노인들이 많은 일을 하게 된다. 또한 물건을 싸게 팔아야 하기에 환경을 생각할 여유도 없다. 그래서 환경이 파괴될 수밖에 없다'는 것과 같이 아이들이 이해할 수 있는 정도로 쉽게 풀어서 설명해야 한다.

 상현달 선생님의 eco talk

우리가 잘 알고 있는 할리우드 유명 스타인 휴 잭맨, 엠마 왓슨은 공정 무역을 지지하는 사람들입니다. 이들은 공정 무역을 홍보하고 공정 무역 커피를 판매하는 브랜드를 만들거나 공정 무역 패션 브랜드의 모델 겸 디자이너로 활동하고 있습니다. 공정 무역은 1946년 미국의 시민단체인 '텐 사우전드 빌리지'에서 시작된 국제 사회 시민 운동입니다. 공정 무역의 가치는 많은 사람들에게 알려지면서 1980년대 후반부터 확산되었습니다. 우리나라는 2000년 중반 이후에 확산되어 2017년에는 경기도 부천과 인천, 2018년에는 서울이 공정 무역 도시로 인증받았습니다.

행사 연계 ─ 5월 31일 '바다의 날'

빨간 물고기를
'테셀레이션' 으로 나타내요

수학 시간, 아이들은 도형을 배우고 있습니다. 삼각형, 사각형, 원의 특징을 알아보고 모눈종이에 그리면서 도형들과 친해지는 중입니다. 오늘은 동화로 원을 더 알아보고 바다 오염에 대해서도 생각해 봅니다.

〈빨간 동그라미〉는 사람들이 쉽게 버리는 바다 쓰레기가 돌고 돌아 다시 사람들에게 어떤 영향을 미치는지 알려 주는 동화입니다. 아이들은 동화를 읽고 바닷속에 빨간 동그라미를 그립니다. 아이들이 그린 그림에는 빨간 동그라미에 오염된 생물이 가득합니다. 바닷속은 많은 쓰레기들로 조금씩 죽어가고 있습니다.

"빨간 생물들은 결국 어떻게 될까요?"

"빨간 생물들을 먹은 사람들은 어떻게 될까요?"

아이들이 그림을 그리는 동안 질문을 합니다. 파란 바다가 익숙한 아이들은 파란 바다가 아닌 빨간 바다가 되어가는 모습에 생각이 많아집니다.

이제는 빨간 물고기를 활용한 '테셀레이션' 활동을 준비합니다. '테셀레이션'은 우리말로 '쪽맞추기'라고 하며 같은 모양의 조각들을 겹치거나 틈이 생기지 않게 놓으며 공간을 메꾸는 활동입니다. '테셀레이션' 물고기 도안 두 개를 준비했습니다. 각 모둠은 물고기 도안을 이리저리 옮기며 물고기들을 배치합니다. 처음에는 계속해서 겹치거나 틈이 생깁니다. 아이들은 물고기 도안을 뒤집고 돌리면서 조각들 사이에 틈이 생기지 않는 방법을 찾습니다. 시간이 지나자 물고기들이 서로 맞춰지기 시작합니다. 물고기 세 마리가 틈 없이 공간을 메꾸자 네 번째부터는 수월합니다. 방법을 찾은 아이들은 물고기를 빠른 속도로 배치하며 완성합니다. 완성한 모둠은 다른 모둠의 도안과 바꿔 활동합니다. '테셀레이션' 규칙을 찾은 아이들은 두 번째 물고기 도안을 쉽게 완성합니다.

두 가지 물고기 도안을 성공한 모둠은 원래 자기 모둠의 도안을 다시 맞춥니다. 이번에는 풀로 물고기들을 색지에 붙입니다. 그리고 빨간 동그라미 쓰레기로 인해 빨갛게 색이 변한 물고기들을 표현하기 위해 빨간 사인펜으로 색칠합니다.

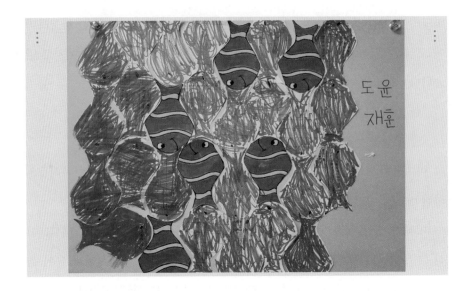

빨간 물고기 작품은 글을 쓰는 소재가 됩니다. 국어 시간, 아이들은 꾸며주는 말을 배우고 있습니다. 배운 내용을 바탕으로 빨간 물고기 작품을 보고 꾸며 주는 말을 넣어 설명하는 이야기를 만듭니다. 동일한 동화를 함께 읽고 같은 '테셀레이션' 작품을 만들었지만 아이들의 이야기는 모두 다릅니다. 이것은 바다와 물고기, 환경에 대해 아이들이 생각하고 이해하는 정도가 같지 않기 때문입니다. 하지만 오염된 바다를 걱정하는 마음은 모두 같아 보입니다.

 **준비물**

동화 〈빨간 동그라미〉, 학습지, '테셀레이션' 물고기 도안, 색지, 빨간 색연필, 빨간 사인펜, 풀

지도 방법

1. 동화 〈빨간 동그라미〉를 읽고 바닷속에 원을 그린다.
2. '테셀레이션' 물고기 도안을 맞춘다.
3. 도안을 모두 맞춘 후에는 다른 모둠과 도안을 바꿔서 활동한다.
4. 처음 물고기 도안을 색지 위에 풀로 붙인다.
5. 물고기를 빨간색으로 칠한다.
6. 빨간 물고기 작품을 보고 꾸며 주는 말을 넣어 설명하는 이야기를 만든다.

환경 수업 tip

인터넷에 '테셀레이션'이라고 검색하면 난이도가 낮은 것부터 높은 것까지 여러 종류의 도안을 찾을 수 있다. 새, 물고기, 강아지, 고양이부터 사람, 나뭇잎까지 공개되어 있기에 환경 수업의 방향에 맞는 도안을 선택하면 된다. 환경 관련 동화를 읽고 수학 시간에 적용한 후 통합이나 미술 시간에 표현하고 국어 시간에 확장하는 수업 활동으로 진행할 수 있다.

상현달 선생님의 eco talk

'바다의 날'은 바다 관련 산업의 중요성과 의의를 높이고 바다에 대한 관심을 높이기 위한 목적으로 1996년에 제정된 법정 기념일입니다. 미국은 5월 22일, 일본은 7월 셋째 주 월요일, 중국은 7월 11일, 유럽은 5월 20일을 '바다의 날'로 지정했습니다. '바다의 날'은 나라마다 날짜는 다르지만 많은 나라들이 국가 기념일이나 공휴일로 지정해 기념하고 있습니다. 특히 대한민국은 삼면이 바다로 둘러싸여 있기에 더욱 바다를 건강하게 지키고 보존해야 합니다.

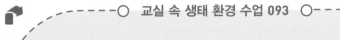
행사 연계 ─ 6월 5일 '세계 환경의 날'

보리피리를 만들고
밀로 그스름을 해요

　작년에 학교에 심은 밀과 보리가 쑥쑥 자랐습니다. 무엇이 보리고 무엇인
밀인지 아이들은 구분하지 못합니다. 아이들 눈에는 둘 다 땅에 핀 식물일 뿐
입니다. 보리가 무르익자 교장 선생님께서 보리피리 부는 방법을 가르쳐 주십
니다. 보리를 따서 입에 물고 바람을 불면 된다는 설명에 아이들은 그대로 따
라 합니다. 어떤 아이들은 소리가 잘 나는 반면 또 어떤 아이들은 바람 소리밖

에 들리지 않습니다. 소리가 나지 않는 아이들은 쉬는 시간마다 밖으로 나가 보리피리 부는 연습을 합니다.

음악 시간, 아이들은 대취타에 대해 배웁니다. 우리나라 전통 악기를 알아보고 음악도 감상합니다. 이때 '보리피리'가 생각났습니다. 대취타 음악에 맞춰 아이들이 보리피리를 불면서 연주하는 겁니다. 보리피리를 만들기 위해 보리를 한 움큼 떼서 교실로 가져옵니다. 연습을 충분히 한 후, 대취타 음악에 맞춰 보리피리를 불어 봅니다. 음정, 박자 모두 맞지 않고 '삑삑' 소리만 나지만 보리 피리 소리가 났다는 자체만으로도 아이들은 즐거워합니다.

보리피리를 불면서 음악 수업을 한 지 한 달 정도 지났습니다. 보리가 가득했던 화단이 노랗게 익은 밀로 가득합니다. 아이들은 교장 선생님께 낫 사용하는 방법과 주의 사항을 들은 후 직접 밀을 베 봅니다. 처음으로 낫을 들고 밀을 베는 아이들이지만 나중에 자기가 벤 밀을 먹을 수 있다는 말에 즐겁게 수확합니다. 수확한 밀을 보니 알곡이 탱글탱글하게 익었습니다.

이제 자신이 수확한 밀을 불에 굽습니다. 교장 선생님께서 아이들에게 이것이 '그스름'이라고 가르쳐 줍니다. 아이들에게는 밀을 불에 굽는 것도, '그스름'이라는 말도 모두 처음입니다. 밀이 어느 정도 구워지면 밀을 두 손으로 문지릅니다. 밀 안에 있던 밀알들이 쏙하고 밖으로 나타납니다. 손 위를 입으로 살살 불면 껍질은 날아가고 알곡만 남게 됩니다. 이제 가장 중요한 과정이 남아 있습니다. 바로 맛있게 구워진 알곡을 먹는 겁니다. 밀알을 입에 넣고 씹는 아이들의 표정을 보니 웃음이 가득합니다.

밀알을 맛있게 먹은 후 교실로 들어옵니다. 아이들에게 학습지를 나누어 줍

니다. 학습지에는 보리와 밀 사진이 있습니다. 사진을 보며 무엇이 보리이고 무엇이 밀인지 구분해 봅니다. 그리고 알고 있는 다양한 식물의 이름도 함께 기록합니다.

보리피리를 불고 밀을 구워 먹어본 시간은 아이들과 저에게 색다른 경험이었습니다. 이 모든 건 자연이 우리 주위에 있기에 가능합니다. 깨끗하고 건강한 환경을 만들어서 사람과 자연이 함께 살아갈 수 있도록 모두가 노력해야겠습니다.

 **준비물** ───────────────────○

밀과 보리, 낫, 장갑, 그스름에 필요한 도구, 학습지

지도 방법

1. 보리피리를 만들어 소리를 낸다.
2. 음악 시간, 대취타 음악에 맞춰 보리피리를 분다.
3. 낫을 사용하는 방법과 주의 사항을 듣고 밀을 수확한다.
4. 수확한 밀을 불에 구운 후 껍질을 까고 안에 있는 알곡을 먹는다.
5. 학습지에 있는 사진을 보면 보리와 밀을 구분하고, 내가 알고 있는 식물의 이름을 기록한다.

환경 수업 tip

가장 좋은 수업 방법은 아이들이 직접 몸으로 익히는 것이다. 특히 환경 수업은 이론적으로 아는 것도 중요하지만 배운 내용을 실천하는 것이 가장 중요하다. 직접 몸을 움직이는 과정을 통해 배움이 일어나기 때문이다. 아이들은 보리피리를 불고 밀을 수확하는 과정을 통해 자연이 가까이 있다는 사실을 알게 된다. 나무와 풀을 눈으로 관찰하고 냄새를 맡고 만져보며 자연과 조금 더 친밀해질 수 있다.

상현달 선생님의 eco talk

1972년 6월 5일부터 16일까지 스웨덴 스톡홀름에서는 113개국 정부 대표와 유엔 관계자가 참석한 환경 관련 국제회의가 열렸습니다. 스톡홀름 회의 이후 지구 환경 문제를 논의하는 중심 기구로 유엔환경계획이 만들어졌습니다. 유엔환경계획은 오존층 보호를 위해 만들어진 몬트리올 의정서를 비롯해 여러 국제 환경 협약, 지구 환경 보전 사업 등 지구 환경 문제를 해결하기 위한 국제적인 노력을 주도하고 있습니다.

행사 연계 ─ 6월 20일 '세계 난민의 날'

그림책 《같은 시간 다른 우리》를 읽고 글쓴이의 의도를 생각해요

　오늘 수업에 활용한 그림책은《같은 시간 다른 우리》라는 그림책입니다. 그림책은 서로 다른 환경에서 살아가는 두 명의 아이에 관한 이야기입니다. 두 아이 모두 같은 시간을 살아가지만, 어디에서 태어났느냐에 따라 삶의 방향이 완전히 달라집니다.

　작가는 전쟁, 가난, 종교, 정치 등 여러 이유로 고향을 떠나야 하는 난민의 삶을 대조적으로 나타내고 있습니다. 최근 연구에 따르면 기후 문제로 인해 앞으로 많은 사람이 지금 사는 곳에서 이동해야 한다고 합니다. 누구나 난민이 될 수 있는 위험에 처해 있는 겁니다. 오늘 수업에서는 정답을 가르쳐주지 않습니다. 아이들이 스스로 난민에 대해 생각하고 기후 위기, 식량 문제로 인해 난민이 발생할 수 있다는 위험성을 인식하는 것에 수업의 초점을 맞췄습니다.

그림책의 제목을 지운 후, 학습지 안에 넣었습니다. 그리고 작가가 책 제목을 왜 '같은 시간 다른 우리'라고 정했는지, 작가가 이 책을 쓴 의도를 생각해 볼 수 있도록 문항을 만들었습니다. 수업이 시작되자 자기 고향을 떠날 수밖에 없는 사람들에 관한 뉴스 영상을 시청합니다. 뉴스 영상을 본 후 이야기를 나눌 때, 난민 자체에 초점을 맞추기보다는 그런 현실 속에서 살아가는 아이들의 고통과 안타까움을 지금 내 상황과 비교해 볼 수 있도록 했습니다.

책은 처음부터 끝까지 두 아이의 모습을 대조적으로 보여주고 있습니다. 이 내용을 바탕으로 아이들은 작가가 책 제목을 '같은 시간 다른 우리'라고 지은 이유, 작가가 책을 쓴 의도를 고민한 후 학습지에 기록합니다. 그리고 내가 작가라면 책 제목을 어떻게 지을지 생각하고 제목이 비어 있는 곳을 채웁니다.

그림책에는 펼쳐진 한 장의 좌우 페이지에 쓰인 글은 같지만 서로 다른 그림이 그려져 있습니다. 아이들은 작가가 되어 그림책 내용과 어울리는 글과 그림을 창작해 봅니다. 아이들은 그림책의 내용을 다시 한번 생각하면서 상상력을 발휘합니다.

"어떤 경우에 이렇게 자기가 살고 있는 집을 떠나야 할까요?"

그림책에는 전쟁으로 인해 집과 학교를 떠나야 하는 상황이 표현되어 있습

니다. 하지만 전쟁 외에도 여러 가지 이유로 고향을 떠나야 하는 사람들이 있습니다. 가뭄이 예전보다 심해져서 아프리카에 사는 많은 사람들이 먹을 물을 구하지 못하고 있습니다. 비가 오지 않아 작물을 재배하지 못해 식량도 구하기 어려운 상황입니다. 지구 온난화, 가뭄, 태풍이 지금보다 더 심각해져 물과 먹을거리가 부족하면 누구라도 난민이 될 수 있습니다. 우리 미래의 모습이 그림책에서 본 등장인물들이 될 수도 있다는 것을 아이들에게 말해 줍니다.

 **준비물** ───────────────────○

그림책 《같은 시간 다른 우리》, 난민에 관한 뉴스 영상, 학습지

지도 방법

1. 고향을 떠날 수밖에 없는 사람들의 모습이 담긴 뉴스 영상을 시청한다.
2. 작가가 책 제목을 '같은 시간 다른 우리'라고 지은 이유와, 책을 쓴 의도를 학습지에 기록한다.
3. 내가 작가라면 책의 제목을 어떻게 지을지 생각한 후 빈칸에 제목을 쓴다.
4. 그림책의 전체적인 내용과 어울리게 한 장을 창작한다.
5. 기후 위기, 식량 문제로 인해 난민이 발생할 수 있다는 이야기를 나눈다.

환경 수업 tip

난민 문제는 옳고 그름의 문제를 떠나 올바른 정보를 전달하는 수준에서 이야기를 나누는 게 좋다. 가치 판단의 문제는 아이들의 가치관이 정확하게 형성되고 난민에 대해 다양한 지식을 얻은 후에 이루어져야 한다. 중요한 것은 식량 문제가 현재 지구촌 곳곳에서 발생하고 있으며 이로 인한 전쟁이 일어나면 난민이 발생할 수 있다는 내용으로 수업을 이끌어나간다.

상현달 선생님의 eco talk

난민이란 자신의 인종, 종교, 국적, 정치적 견해에 따른 탄압이 두려워 고향과 국가를 떠난 사람을 말합니다. 난민에 대한 정의를 국제법상 최초로 내린 것은 1951년 난민 협약이 체결되면서부터입니다. 현재 많은 난민이 자연재해나 인위적인 재해의 영향을 피해 다른 나라로 떠나고 있습니다. 지구 온난화 등으로 인해 해수면이 높아지면서 저지대에 있는 국가에 사는 사람들은 난민이 됩니다. 이것은 선진국들이 편리를 위해 무분별하게 개발을 진행하면서 많은 양의 이산화탄소를 배출한 것이 원인으로 꼽힙니다.

행사 연계 ─ 7월 3일 '국제 일회용 비닐봉지 없는 날'

썩는 비닐봉지가
땅속에서 분해 되는 데 얼마나 걸릴까요?

국어 시간, 그림책《검정토끼》로 환경 수업을 했습니다. 검정 비닐봉지를 아름다운 '검정토끼'로 묘사한 내용을 읽고 저와 아이들 모두 적지 않은 충격을 받았습니다. 그래서 물건을 담거나 환경 정화 활동을 할 때 사용하는 검정, 투명 비닐봉지 대신 썩는 비닐봉지를 구입했습니다. 비닐봉지를 사용할 수밖에 없다면 빨리 썩어서 사라지는 게 좋을 것 같다고 생각했습니다.

"선생님, 썩는 비닐봉지는 썩는 데 얼마나 걸려요?"

"선생님, 썩는 비닐봉지를 땅에 묻으면 정말 썩어요?"

아이들의 물음에 썩는 비닐봉지가 정말로 땅속에서 썩는지, 썩는다면 얼마나 걸리는지 궁금해졌습니다. 그래서 분리수거함에 있는 스티로폼 상자를 교실로 가져와 흙을 채운 후 검정 비닐봉지와 썩는 비닐봉지를 함께 묻었습니다. 2023년 7월 20일이었습니다.

약 한 달이 지난 2023년 8월 18일, 스티로폼 상자를 열어 검정 비닐봉지와 썩는 비닐봉지의 상태를 확인했습니다. 아이들은 한 달 정도 지났으니 썩는 비닐봉지가 조금이라도 썩어서 형태가 없어졌을 거라 했습니다. 하지만 두 비닐봉지 모두 상태가 하나도 변하지 않았습니다. 혹시 땅에 묻지 않아서일까 싶어 비닐봉지를 들고 아이들과 함께 화단으로 갔습니다. 그리고 땅을 파서 두 비닐봉지를 묻었습니다.

2023년 9월 20일, 또 한 달이 지났습니다. 그동안 비도 내리고 햇빛도 비추면서 땅이 마르고 굳기를 반복했습니다. 썩는 비닐봉지의 상태가 변했을 거라고 생각했습니다. 하지만 땅을 파서 꺼낸 두 비닐봉지 모두 처음 그대로였습니다. 아이들도 실망하는 눈치였습니다. 다시 두 비닐봉지를 땅에 묻고 조금 더 오래 기다려 보기로 했습니다.

2024년 1월 3일. 비닐봉지를 땅에 묻은 지 약 5개월이 흘렀습니다. 그사이 2023년에서 2024년으로 해가 바뀌었습니다. 그동안 눈이 오면서 땅이 얼고 녹기를 반복했습니다. 이번에는 분명 썩는 비닐봉지의 상태가 변했을 거라고 아이들은 생각했습니다. 하지만 안타깝게도 그대로였습니다.

2024년 4월 17일, 오늘은 땅속에 무엇이 있는지 땅을 파고 돋보기로 관찰하는 수업을 합니다. 수업을 하면서 작년에 묻어 놓은 비닐이 어떻게 되었는지 확인합니다. 8개월이 지났으니 썩는 비닐봉지는 조금이라도 형태가 변했을 거라고 생각했습니다. 비닐봉지를 꺼낸 순간 아이들의 기대가 실망으로 바뀌었습니다. 하나도 썩지 않았기 때문입니다. 과연 언제쯤 썩는 걸까요? 아이들도 저도 궁금해졌습니다. 1학기가 끝날 때쯤 다시 한번 확인해 봐야겠습니다.

 **준비물**

검정 비닐봉지, 썩는 비닐봉지, 모종삽, 돋보기

지도 방법

1. 검정 비닐봉지와 썩는 비닐봉지를 땅에 묻었을 때 사라지는 시간을 예상한다.
2. 검정 비닐봉지와 썩는 비닐봉지를 함께 땅에 묻는다.
3. 한 달마다 두 비닐봉지의 형태 변화를 관찰한다.
4. 모종삽으로 땅을 판 후, 땅속에 사는 동물을 돋보기로 관찰한다.

환경 수업 tip

썩는 비닐봉지라고 하면 대부분의 아이들은 몇 개월 안에 땅속에서 분해되어 사라진다고 생각한다. 하지만 1년이 지나도 썩는 비닐봉지는 땅속에서 썩지 않고 그대로 남아 있다. 썩는 비닐봉지에 썩는 기간을 표시해서 많은 사람이 알 수 있도록 하는 게 좋을 것 같다. 무엇보다도 가장 좋은 건 물건을 살 때 장바구니를 사용하거나 비닐봉지 자체를 받지 않는 것이다.

상현달 선생님의 eco talk

비닐봉지는 평균 25분 사용하고 버려지지만 분해되는 데는 500년이 걸립니다. 전세계 비닐봉지는 1분마다 100만 개 이상 버려지고, 깊이가 10,000미터 이상 되는 마리아나 해구에서는 30년이 넘은 비닐봉지가 발견되기도 합니다. 최근에는 생분해 비닐봉지를 많이 사용하고 있습니다. 생분해되는 원료로 옥수수 전분 등을 사용하지만 지금처럼 많은 소비를 감당하기 위해서는 옥수수 재배 지역을 늘릴 수밖에 없습니다. 따라서 소비를 줄이는 게 전제되지 않는다면 근본적인 문제를 해결하기는 어렵습니다.

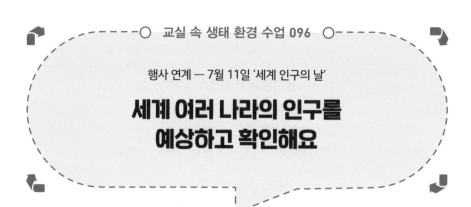

수학 시간, 큰 수에 대해 알아보고 있습니다. 단순히 문제를 해결하는 데서 벗어나 큰 수를 실제로 적용하는 방법을 고민합니다. 그리고 늘어만 가는 세계 인구가 지구 환경에 어떤 영향을 미칠지도 함께 생각해 보면 좋을 것 같습니다.

아들이 봤던 세계 여러 나라의 국기, 인구, 언어 등을 소개하는《진짜 진짜 재밌는 국기 그림책》이 떠올랐습니다. 퇴근 후, 그림책을 찾아 학습지 안에 나라 이름들을 기록합니다. 학습지에 기록된 나라들은 아이들이 수학 시간에 배우고 있는 '큰 수'를 표현할 만큼의 인구수가 있는 나라들입니다. 학습지는 크게 예상과 확인 칸으로 나눕니다. 아이들의 이해를 돕기 위해 대한민국을 예로 들어 기록해 놓았습니다.

다음 날 수학 시간, 학습지를 나누어 주고 활동을 설명합니다. 아이들은 먼저 열 개의 나라 이름만 보고 그 나라의 인구가 얼마 정도 될지 예상해 기록합니다. 인구를 기록할 때 읽기 칸에는 한글로 기록하고, 쓰기 칸에는 숫자를 써서 큰 수를 읽고 쓰는 방법을 익힙니다. 하지만 나라 이름만 보고 인구를 예상하는 건 쉽지 않습니다. 중국, 러시아, 미국은 익숙한 나라이면서 인구가 많다고 알고 있습니다. 하지만 스페인, 멕시코, 뉴질랜드와 같은 나라는 어느 대륙에 있는지 땅 크기가 얼마인지도 거의 알지 못합니다. 아이들이 조금 더 해당 나라를 알 수 있게 세계 지도를 활용하도록 안내합니다.

세계 지도를 보면 어느 대륙에 있는 나라인지, 땅의 크기는 다른 나라에 비해 큰지, 혹은 작은지를 대략 알 수 있습니다. 정확하지는 않지만, 알고 있는 나라들의 인구와 땅의 크기를 비교하면서 해당 나라의 인구를 구체적으로 추측해 봅니다. 친구들과 이야기를 나누면서 인구를 예상하기도 합니다. 같은 나라지만 아이들이 생각하는 관점과 기준이 다르기에 인구 차이가 크게 나기도 합니다. 시간이 지나자 각 나라의 인구를 예상하는 칸이 모두 채워집니다. 이제 정확한 인구를 확인할 차례입니다. 각 나라의 인구를 교사가 읽거나 칠판에 쓰면 아이들은 해당 내용을 확인 칸에 기록합니다. 그리고 자신이 예상한 인구와 얼마나 가까운지 계산합니다. 실제 그 나라의 인구와 자신이 예상한 인구가 가

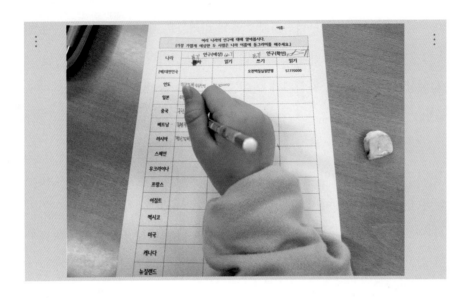

장 가까운 두 사람이 1점을 획득합니다.

"학습지에 있는 나라들의 인구는 대략 어느 정도 될까요?"

"그러면, 세계 인구는 어느 정도 될까요?"

"세계 인구는 늘어나고 있을까요? 줄어들고 있을까요?"

"지구는 그대로인데 세계 인구가 계속 늘어나면 어떤 문제가 발생할까요?"

인구 어림하기 활동이 끝난 후 아이들에게 여러 가지 발문합니다. 아이들은 발문에 답하면서 환경 문제도 함께 고민하는 시간을 갖습니다.

 **준비물**

학습지, 세계 지도

지도 방법

1. 학습지에 기록된 열개의 나라 인구를 예상해서 빈칸에 기록한다.
2. 세계 지도를 참고하고 친구들과 이야기를 나누며 인구를 예상한다.
3. 교사가 나라의 인구를 불러 주면 자신이 예상한 인구 차가 가장 적은 두 사람이 1점을 획득한다.
4. 활동이 끝나면 얻은 점수를 모두 더해 이긴 사람을 정한다.

환경 수업 tip

학습지에는 인구를 쓰고 읽을 수 있도록 두 개의 칸으로 분리했다. 이를 통해 학생들은 하나의 숫자를 두 가지 방법으로 쓸 수 있다는 걸 알게 된다. 그리고 활동이 끝나면 세계 인구가 어떻게 변화하고 있는지 언급하며 그로 인한 문제점들에 대해 이야기 나누는 시간을 갖는다. 인구의 증가는 주택 문제, 식량 문제, 쓰레기 문제와 밀접한 관련을 맺고 있다.

상현달 선생님의 eco talk

'세계 인구의 날'은 1987년 7월 11일, 전 세계 인구가 50억 명을 돌파한 것을 기념하는 '50억의 날'에서 유래했습니다. 1989년 유엔개발계획은 인구 문제에 대한 심각성을 알리는 것을 목표로 매년 7월 11일을 '세계 인구의 날'로 제정했습니다. OECD는 인구 증가로 인해 2030년이 되면 심각한 물 부족에 고통받는 인구가 지금보다 10억 명 이상 늘어나고 대기 오염으로 인한 사망자가 4배 이상 증가할 거라고 경고합니다. 지금과 같은 상태가 계속되면 기후 변화, 물 부족, 에너지 부족, 환경 오염이 더 심각해질 것입니다.

행사 연계 ─ 10월 4일 '세계 동물의 날'

자연을 보호해야 할까요?
개발해야 할까요?

　　오늘 수업은 종이로 동물과 놀이공원을 만들고, 자연을 보호하는 게 먼저인지 아니면 자연을 개발하는 게 더 중요한지 생각해 보는 활동으로 구성합니다. 또한, 미술, 실과, 국어 교과와 연계해 수업을 진행합니다. 캐논 크리에이티브 파크 사이트에서 동물 도안과 놀이공원 도안을 출력합니다. 아이들은 자신이 만들고 싶은 동물 도안을 선택한 후 도안을 가위로 자르고 풀과 테이프로 붙여서 입체적인 동물을 만듭니다. 이렇게 만든 동물을 한곳에 모으면 동물원이 됩니다.

다음으로 첫 번째 모둠은 롤러코스터를 만들고 두 번째 모둠은 회전목마를 만듭니다. 롤러코스터는 기다란 레일과 기둥이 중심이 되는 작품이고, 회전목마는 롤러코스터보다 조금 더 작고 세밀한 부품들이 들어 갑니다. 종이 조각과 결합해야 하는 부분이 많아서 롤러코스터보다 더 복잡하지만 완성된 회전목마는 밑 부분을 돌리면 실제 회전목마처럼 돌아갑니다. 이렇게 종이로 만든 롤러코스터와 회전목마는 커다란 놀이공원이 됩니다. 우리가 알고 있는 놀이공원은 동물원까지 포함해 넓은 부지 위에 만들어졌습니다. 동물원이 없는 놀이공원도 놀이 기구들이 들어가기 위해서는 부지가 클 수밖에 없습니다. 보통 놀이공원은 도시 중심지에서 떨어진 곳에 만들어집니다. 그곳에는 산이나 나무 등이 있으며 많은 동물의 서식지일 가능성이 높습니다.

아이들은 자연을 보호해야 한다, 아니면 개발해야 한다는 주장을 뒷받침하는 근거를 네 가지씩 찾아 학습지에 기록합니다. 자연과 사람이 함께 살아가기 위해 가장 좋은 방법은 자연을 보호하면서 개발하는 겁니다. 친구들과 이야기를 나누면서 어떻게 하면 자연과 사람 모두에게 도움이 될 수 있을지 생각합니다. 자연을 보호하면서 개발하는 것은 참 힘듭니다. 하지만 인간과 환경이 함께 공존해야 하기에 어렸을 때부터 이런 문제를 고민해 보는 경험은 중요합니다. 자연을 개발해 놀이공원을 만드는 이유는 사람들이 즐기는 오락거리를 위해서입니다. 아이들은 놀이기구를 타는 것과 같은 즐거움을 줄 수 있다면 굳이 놀이공원을 만들 필요가 없지 않냐고 이야기합니다.

　　교실에서 놀이공원에 온 것 같은 느낌을 주는 VR 체험을 해 봅니다. 유튜브에서 VR 롤러코스터 영상을 재생한 후 스마트폰을 VR 기기에 연결합니다. 체험하지 않는 친구들도 VR 기기를 쓴 것처럼 느끼기 위해 VR 기기를 전자 칠판에 미러링합니다. 조금 더 실감 나게 체험하는 방법은 뭐가 있을까요? 바로 4D 효과입니다. 아이들은 의자를 흔들고 바람을 일으키고 물을 뿌리는 등의 방법으로 친구가 실감나게 체험할 수 있도록 효과를 줍니다. 롤러코스터뿐만 아니라 하늘과 바다도 교실에서 여행할 수 있습니다. 교실이 놀이공원 못지않은 체험 장소가 되었습니다.

 **준비물**

동물·롤러코스터·회전목마 도안, 풀, 테이프, 학습지, 스마트폰, VR 기기

지도 방법

1. 동물 도안으로 동물을 만든다.
2. 첫 번째 모둠은 도안으로 롤러코스터를 만들고 두 번째 모둠은 회전목마를 만든다.
3. 학습지에 자연 보호, 개발이라는 주장에 대한 근거를 네 가지씩 찾아 기록한다.
4. 자연을 보호하면서 개발하는 방법에 대해 친구들과 이야기를 나눈다.
5. 스마트폰을 전자 칠판에 미러링한 후 VR 기기를 사용해 VR 체험을 한다.
6. VR 체험을 하는 친구에게 부채질하고 의자를 흔들면서 4D 효과를 구현한다.

환경 수업 tip

아이들은 무분별한 자연 개발의 부정적인 측면을 잘 알고 있다. 하지만 자연을 개발해야 한다는 사실도 어느 정도 인정한다. 가장 좋은 건 자연을 최대한 보존하며 지속 가능한 개발을 하는 거다. 자연과 사람이 공존하며 살아가야 함에 초점을 맞춰 아이들의 창의적인 아이디어를 이끌어 내는 것이 필요하다. 실현 가능성이 있으면 좋지만 그렇지 못하더라도 환경을 생각하는 의견이라면 모두 허용하는 것이 좋다.

상현달 선생님의 eco talk

산업 생산 및 도시화와 같은 활동은 인간이 동물의 서식지를 파괴하는 중요한 요인 중 하나입니다. 서식지 파괴는 자연의 서식지가 기능상 여러 생물종들을 유지할 수 없는 상태가 되었다는 것입니다. 이 과정에서 기존 서식지를 사용하고 있는 생명체들은 다른 생명체들로 대체되거나 파괴되어 생물 다양성이 감소합니다. 서식지 파괴 문제는 지구 환경과 다양한 생명체들을 보호하기 위한 핵심 문제입니다. 따라서 국립 공원이나 자연 보호 구역을 확대·관리하고 지속 가능한 농업, 산업 방식, 도시 개발을 통해 환경에 미치는 영향을 최소화해야 합니다.

행사 연계 — 10월 4일 '세계 동물의 날'

동물 울음소리를
글자로 나타내요

아이들은 음악 시간에 여러 노래를 부릅니다. 노래를 잘 부르기 위해서는 바른 자세도 필요하지만, 무엇보다도 노래의 음정과 박자를 듣고 정확하게 따라 부르는 것이 중요합니다. 우리는 다른 사람들의 말을 듣는다고 하지만 건성으로 들을 때가 많습니다. 아니면 내가 편한 대로 듣고 싶은 것만 듣는 경우도 많습니다. 그래서 오늘 음악 시간에는 정확하게 듣고 써 보는 활동을 해보려고 합니다.

"오리가 어떻게 우는지 알고 있나요?"

"칠면조가 어떻게 우는지 알고 있나요?"

오리, 소, 돼지와 같은 친숙한 동물들의 울음소리는 말로 쉽게 표현할 수 있습니다. 하지만 칠면조, 공작과 같은 동물들의 울음소리는 들어본 적이 없습니다. 동물들의 울음소리를 듣기 전에 각 동물이 어떻게 우는지 흉내 내 봅니다. 같은 소리로 동물들의 울음소리를 흉내 내기도 하지만 또 어떤 동물의 울음소리는 전혀 다르기도 합니다. 열 마리의 동물 울음소리를 모두 흉내 낸 후, 본격적으로 동물 울음소리를 듣고 글자로 나타내는 활동을 시작합니다.

학습지를 받은 아이들은 첫 번째 동물인 당나귀를 기록하고 울음소리가 스피커에서 나올 때까지 기다립니다. 당나귀 울음소리가 나오자 아이들은 혼란스러워합니다. 쉽게 글로 쓸 줄 알았지만 막상 글자로 나타내려니 쉽지 않습니다. 그래도 아이들은 귀에 들리는 그대로 울음소리를 기록합니다. 이 활동은 개인으로 이루어집니다. 모든 동물의 울음소리는 세 번씩 들려주고 세 번 소리를 듣는 동안에는 울음소리를 고칠 수 있습니다.

활동에서 점수를 얻는 방법은 동물 울음소리를 들리는 그대로 평범하게 기록해야 합니다. 그래야 내가 쓴 것과 같은 글자로 울음소리를 기록한 친구들이 많아지기 때문입니다. 예를 들어 오리 울음소리는 어떤 아이들에게는 '꽥꽥'으로 들리고 어떤 아이들에게는 '꽤액꽥'으로 들립니다. 같은 소리를 듣더라도 다르게 이해되는 겁니다. 이때 많은 사람의 귀에 들리는 평범한 글자로 써야 점수를 얻을 수 있습니다.

열 마리의 동물 울음소리를 모두 기록한 후, 아이들은 서로 돌아다니며 자

신과 같은 울음소리를 쓴 친구들이 있는지 확인합니다. 자신이 쓴 글자와 같은 친구들이 없으면 0점, 있다면 사람 수만큼 점수를 얻습니다. 아이들은 동물들의 울음소리를 잘 안다고 생각했지만, 막상 글로 표현하려니 어려웠습니다. 특히나 내가 들은 울음소리와 친구들이 들은 울음소리가 다른 걸 보고 이해하지 못하기도 합니다. 동물들에 대해 많이 알고 있다고 생각하지만, 잘 알지 못하는 경우도 많습니다. 오늘을 계기로 아이들이 주위에 있는 동물들의 작은 특징과 변화에도 관심을 가지게 되면 좋겠습니다.

 **준비물**

동물 울음소리 영상, 학습지

지도 방법

1. 여러 동물의 울음소리를 말로 표현한다.
2. 열 마리의 동물 울음소리를 세 번씩 듣고 글로 표현한다.
3. 교실을 돌아다니며 자신과 같이 동물 울음소리를 쓴 친구를 찾는다.
4. 자신이 쓴 글자와 같은 친구들이 있으면 사람 수만큼 점수를 얻는다.
5. 모든 친구를 만난 후에는 점수의 합계를 구한다.

환경 수업 tip

같은 동물 울음소리지만 누가 듣느냐에 따라 다르게 들린다. 만약 동물이 사람처럼 정확한 뜻을 지닌 말을 할 수 있다면 동물 울음소리를 쓰는 게 어렵지 않을 거다. 이 것은 우리가 동물에 관심을 더 가져야 할 이유이기도 하다. 정확한 낱말로 표현할 수 없기에 동물이 어떤 고통을 받고 있는지, 무엇을 원하는지 알 수 없다. 이런 관점으로 아이들과 이야기를 나누어도 의미 있는 수업이 될 것이다.

상현달 선생님의 eco talk

도시에 사는 사람들의 수가 늘어날수록 녹지는 줄어들 수밖에 없습니다. 그리고 그 곳에 원래부터 살고 있던 동물들은 쫓겨납니다. 도시가 사방으로 커지면 동물들은 구석으로 밀려나 고립됩니다. 먹이를 구하기 위해 이동하고 넓은 영역을 돌아다니는 특성을 지닌 동물에게 자동차는 또 다른 천적이 되었습니다. 멸종 위기 동물인 수달은 로드킬을 당해 도로에서 죽는 일이 많아졌습니다. 동물들의 서식지가 줄어드는 일은 하늘에서도 일어나고 있으며 새들도 큰 피해를 입고 있습니다. 전깃줄에 걸려 날개를 다치고 방음벽에 부딪혀 목숨을 잃고 있는 겁니다.

행사 연계 — 11월 마지막 주 금요일 '아무것도 사지 않는 날'

탄소 중립 댄스 챌린지에
참여해요

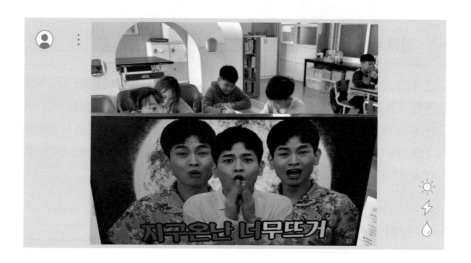

환경 수업을 고민하면서 수업 자료를 찾고 있었습니다. 그러다 재미있는 유튜브 영상을 발견했습니다. 환경부에서 제작한 '탄소중립송'입니다. 탄소 중립, 기후 위기와 같은 아이들에게 다소 어려운 내용을 쉽게 풀어서 노래로 전달하는 영상입니다. 노래를 들으며 전교생이 참여하는 댄스 챌린지를 하면 좋겠다는 생각이 들었습니다. 그래서 '탄소 중립 댄스 챌린지' 행사를 만들었습니다.

탄소 중립 댄스 챌린지에 참여하기 전, 음악 시간에 탄소중립송을 들어봅니다. 이때 영상은 보지 않고 노래만 듣습니다. 그리고 미리 나누어 준 학습지의 비어 있는 칸에 노래 가사를 기록합니다. 학습지를 채우기 위해서는 집중하며 노래를 들어야 합니다. 잠시라도 딴생각을 하면 가사를 놓칩니다. 처음 노래를 듣고 나서는 비어 있는 칸을 다 채우기 어렵습니다. 두 번 정도 듣고 빈칸을 채운 후, 채우지 못한 곳은 친구들과 비교하며 확인합니다. 친구들의 생각이 모이니 모든 빈칸이 채워집니다. 하지만 이렇게 채운 빈칸이 정답인지는 정확하지 않습니다. 이제 탄소중립송 영상을 보면서 가사를 확인합니다.

탄소중립송에 익숙해졌으니 본격적으로 탄소 중립 댄스 챌린지에 도전합니다. 아이들은 스마트폰과 삼각대를 챙겨 모둠별로 비어있는 학교 공간으로 이동합니다. 영상 촬영을 하며 노래를 틀어 주는 학생, 영상에 출연해 춤을 추는 학생으로 역할을 나눕니다. 그리고 어떤 동작으로 춤을 출지 이야기를 나눈 후 몇 번의 사전 연습을 합니다. 아이들은 연습을 하면서 춤 동작을 바꾸기도 하고 새롭게 만들어 넣기도 합니다. 탄소중립송 영상과 똑같을 필요 없이 아이들이 창의적으로 안무를 구성하면 됩니다.

일주일 동안 전교생이 탄소 중립 댄스 챌린지에 참여했습니다. 각 학년에서 촬영한 영상은 담당인 제게 보내주었습니다. 주말 동안 영상을 노래에 맞춰 연결하고 소리를 조정하는 등 편집했습니다. 탄소 중립 댄스 챌린지 영상이 완성되었습니다. 1분 20초가량의 영상을 모든 학년이 시청할 수 있도록 선생님들께 보냈습니다.

아이들은 영상을 시청하면서 한참 동안 웃습니다. 특히 자신이 나온 부분에

서는 부끄러운지 얼굴을 가리거나 책상 밑으로 들어 갑니다. 탄소 중립이라는 말이 아이들에게는 아직 어렵습니다. 하지만 오늘 하루만큼은 아무것도 사지 않으면서 탄소 중립을 실천하는 아이들이 되기를 바랍니다.

 **준비물**

탄소중립송(환경부 제작), 학습지, 스마트폰이나 태블릿, 삼각대

지도 방법

1. 환경부에서 제작한 탄소중립송을 들으며 가사를 기록한다.
2. 빈칸을 채우지 못한 곳은 친구들의 학습지와 비교하며 채워 나간다.
3. 탄소중립송 영상을 보며 가사를 확인한다.
4. 탄소중립송에 맞춰 춤을 추는 영상을 촬영한다.
5. 전교생이 참여한 영상을 모아 하나의 파일로 편집한다.
6. 편집한 파일을 각 학년 교사에게 보내 학생들이 영상을 감상할 수 있도록 한다.

환경 수업 tip

탄소 중립이라는 의미는 어른들에게도 어려운 개념이다. 따라서 아이들이 쉽게 이해할 수 있도록 노래를 활용하는 것도 좋은 방법이다. 유튜브에서 '탄소 중립'이라고 검색하면 방송국이나 국가 기관에서 제작한 10분 정도의 영상들이 있다. 교사가 이 영상을 먼저 본 후 중요 개념에 빈칸을 만들어 아이들이 채울 수 있도록 학습지를 만들면 효과적으로 탄소 중립에 대해서 학습할 수 있다.

상현달 선생님의 eco talk

2020년 과학 학술지 〈네이처〉에 실린 결과에 따르면 인간이 만든 물질의 무게가 1900년대 초만 하더라도 지구에 존재하는 동식물을 모두 합친 총무게의 3퍼센트였다고 합니다. 이 무게는 2000년 들어서 총무게의 절반에 이르렀고 2020년에는 총량과 같아졌습니다. 이런 속도를 감안하면 2026년쯤에는 사람이 만든 인공물이 지구 전체의 자연물 무게를 넘어서게 될 것입니다. 물건을 만들고 운반하고 폐기하는 모든 과정에서 탄소가 배출됩니다. 지금처럼 물건을 계속 찍어내면 인간은 탄소로 인한 심각한 기후 위기에 직면하게 될 것입니다.

행사 연계 — 12월 5일 '세계 토양의 날'

직접 키운 콩나물로
라면을 끓여요

환경 담당 선생님께서 콩나물 기르기 키트를 학생들에게 나누어 주었습니다. 아이들은 모두 모자인 줄 알았다고 합니다. 모양을 보니 정말 검은색 모자처럼 생겼습니다. 콩나물 기르는 방법을 간단하게 알려주고 집에 가져가서 키울 수 있도록 안내합니다. 아이들이 콩나물을 잘 기르면 좋겠습니다. 또 하나의 쓰레기가 발생하지 않았으면 하는 바람입니다. 작은 콩나물이지만 그 역시 하나의 생명이기에 관심과 사랑을 가졌으면 좋겠다는 생각도 합니다. 그래서 아이들에게 콩나물이 잘 자라면 콩나물 라면을 만들어 먹자고 제안했습니다. 아이들은 콩나물 라면이라는 말에 즐거워합니다. 아이들의 표정을 보니 콩나물이 잘 자랄 것 같습니다.

콩나물은 땅에 심지 않고 물만 주면 자랍니다. 하지만 대부분의 식물은 흙에서 자랍니다. 만약 흙이 사라진다면 어떤 일이 벌어질까요? 아이들과 이 문제에 대해 생각해 봅니다. 콩나물을 기르는 활동이지만 흙의 중요성과 기후 위기에 관한 내용도 포함되어 있습니다. 이야기를 들은 아이들은 더욱 애정을 가지고 콩나물을 키워야겠다고 말합니다. 콩나물 라면을 먹는 것도 좋지만 환경에 관한 이야기까지 더해지니 콩나물을 키우는 데 더욱 관심을 가지게 되었습니다.

아이들은 매일 콩나물이 자라는 모습을 학급 커뮤니티에 올리기로 했습니다. 집으로 돌아간 아이들은 콩나물을 키울 준비가 끝났다며 1일 차 사진을 올립니다. 매일 콩나물 사진이 학급 커뮤니티에 올라옵니다. 아이들은 서로의 콩나물이 얼만큼 자랐는지 보면서 응원의 메시지도 남깁니다. 콩나물 사진을 보니 하루가 다르게 쑥쑥 잘 자랍니다. 생각보다 콩나물은 빠른 속도로 커 갑니다. 10일 정도 되니 콩나물이 많이 자랐습니다. 물론 이 과정에서 썩거나 잘 자라지 않은 콩나물도 있습니다. 썩은 것은 골라 주면서 나머지 콩나물이 잘 자라도록 관리합니다.

수경 재배로 농작물을 기르기도 합니다. 땅의 오염이 심해지면 수경 재배가 일상화될 수 있습니다. 하지만 물이 오염되면 수경 재배도 어려워집니다. 그렇

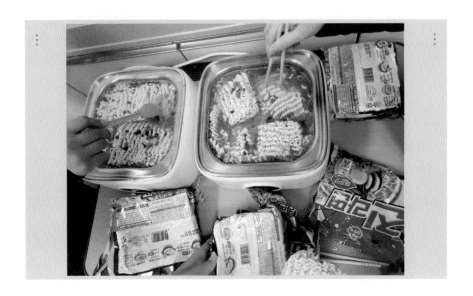

게까지 되지 않도록 땅부터 잘 보호해야 합니다.

콩나물이 뚜껑이 닫히지 않을 정도로 자랐습니다. 드디어 콩나물 라면을 먹는 날입니다. 집에서 가져온 콩나물을 씻은 후 라면에 넣어 끓입니다. 학교에서 라면을 먹는 것도 맛있는데 직접 키운 콩나물까지 넣으니, 이보다 맛있는 라면이 없습니다. 라면을 끓여서 먹는 활동이지만 그 안에는 흙의 소중함과 농작물을 키울 수 있는 땅의 고마움도 담겨 있습니다.

 **준비물**

콩나물 키우기 키트, 라면 찜기, 라면

지도 방법

1. 지구에 흙이 사라진다면 어떤 일이 벌어질지 생각해 본다.
2. 흙의 중요성과 함께 기후 위기에 관한 내용도 연결 지어 이야기를 나눈다.
3. 집에서 콩나물을 기르고 매일 자라는 과정을 학급 커뮤니티에 올린다.
4. 콩나물이 많이 자라면 학교로 가져와서 깨끗하게 씻은 후 라면에 넣고 끓인다.
5. 라면을 먹은 후, 수질 오염, 토양 오염에 대해서도 생각하는 시간을 갖는다.

환경 수업 tip

라면은 환경 수업을 하기에 좋은 수업 재료다. 라면 국물 200밀리리터를 맑은 물로 만들려면 물 1,460리터가 필요하다고 한다. 라면 국물의 7,300배에 해당하는 양이다. 또한 땅에 버리는 라면 국물은 식물을 말라 죽게 하고, 생태계를 교란해 동물들의 생존에 악영향을 미친다. 아이들이 라면을 먹을 때 이런 내용을 알고 있다면 더 신경 써서 뒤처리를 할 수 있을 것이다.

상현달 선생님의 eco talk

유엔은 2012년부터 12월 5일을 '세계 토양의 날'로 지정해 삶의 터진인 토양의 중요성을 알리고 토양을 보존하고자 노력하고 있습니다. 그리고 지구상에 흙이 사라지고 있는 심각성을 알리고자 2015년을 '세계 토양의 해'로 선포하였습니다. 농업이 발달하고 폭우, 태풍 등 기후 문제가 심각해지면서 우려할 정도의 토양 침식이 일어나고 있습니다. 유엔은 토양 침식으로 2037년까지 23조 달러의 음식이 사라질 것이고, 이에 따라 세계 인구의 40퍼센트가 고통받을 거라고 예측합니다. 토양에는 2조 5,000억 톤의 탄소가 저장되어 있습니다. 토양 침식 속도가 빨라지면 토양 속 탄소가 빠르게 방출되어 기후 변화가 더욱 심각해질 겁니다.

한 권으로 끝내는 초등 생태 환경 수업의 모든 것

생태 환경 수업 대백과 100

초판 1쇄 발행 2024년 5월 30일

지은이 전상현
펴낸이 민혜영
펴낸곳 (주)카시오페아 출판사
주소 서울시 마포구 월드컵북로 14길 56 4층
전화 02-303-5580 | **팩스** 02-2179-8768
홈페이지 www.cassiopeiabook.com | **전자우편** editor@cassiopeiabook.com
출판등록 2012년 12월 27일 제2014-000277호

© 전상현, 2024
ISBN 979-11-6827-186-9 (03370)